カントの宗教哲学〈上〉

Die Religionsphilosophie Kants

アルベルト・シュヴァイツァー

斎藤義一・上田閑照——《訳》

白水社

遊び　遊ぶ主体の現象学へ

ジャック・アンリオ　佐藤信夫訳■2730円

ホイジンガやカイヨワを読み直しながら《遊ぶ主体》の現象学へと展開し、より人間的な行為としての自律性を指示する名著。

遊星的思考へ

コスタス・アクセロス　高橋允昭訳■5565円

世界の歴史と思考の歴史の内部から人間の力と弱さを見ること、それが遊星的思考である。デリダによる形而上学の脱構築の先駆をなす論集。

現代の哲学的人間学★

ボルノウ、プレスナー他　藤田健治他訳■4725円

9人の思想家の連続講演から成る「今日の哲学的人間学」にハイデガーとヤスパースの論考を加えて、哲学的人間学の成果と問題点を鳥瞰する。

今日のフランス思想

エドゥアール・モロ=シール　田島節夫他訳■2940円

「実存」と「構造」を両極とし、人文諸科学のあらゆる分野に影響を与えたサルトルからフーコーにいたる二次大戦後のフランス思想の簡明な見取図。

ショーペンハウアーとニーチェ★

記号学とは何か　メッセージと信号

ルイ・プリエート　丸山圭三郎訳■2940円

ソシュール以後の記号学の権威による基本的原理と検証の見事な結実であり、新しい人間科学への道をも示唆する名著。

二十世紀の言語学

ジョルジュ・ムーナン　佐藤信夫訳■4200円

ソシュール、チョムスキーなど今世紀の言語学者13人を選び、言語をめぐる諸概念が形成される現場、言語認識論の歴史的ドラマを活写する。

ヤーコブソン　現象学的構造主義

エルマー・ホーレンシュタイン　川本茂雄、千葉文夫訳■5040円

哲学と言語学との対話を通してヤーコブソン言語理論のエッセンスを浮き彫りにすると共に、思想史上の興味深いダイナミクスを描き出す。

共時言語学

アンドレ・マルティネ　渡瀬嘉朗訳■5460円

言語学の対象規定、音韻論と音声学との対比などを通じて、著者の主張する二重分節、関与性、経済性などの理論が浮き彫りにされる。

キリスト教の精神とその運命

広い視野から照明を当てる「一生の哲学」形成の一側面を伝える西洋精神史上の一ドキュメント。

国家制度とアナーキー

ミハイル・バクーニン　左近　毅訳■4725円

国家を極限とする権力一般の腐朽の必然性を鋭く突き、社会主義体制の自壊を先取りする内容ともなったバクーニン思想の総決算。

科学認識論

ガストン・バシュラール　竹内良知訳■3885円

科学および科学史に関するバシュラール思想の核心を伝えるべく編集された好著。フーコーやアルチュセールの理解にも必読の書である。

コスモスの崩壊　閉ざされた世界から無限の宇宙へ

アレクサンドル・コイレ　野沢　協訳■4410円

古代・中世の《コスモス》概念の崩壊とその後の過程を追跡し、《科学革命》の重要な一側面を明らかにした科学思想史の古典的名著。

ポリローグ

ジュリア・クリステヴァ　足立和浩他訳■5040円

記号象徴作用のさまざまな実践を通して、西欧的ロゴスを問い直し、その乗り越えの方向を示すクリステヴァの記号論の集大成。

的運命　イエス理解の本質的な限界を見据えるヘーゲルの初期神学論集。

キリスト教と文明★

エーミル・ブルンナー　熊沢義宣訳■3150円

存在、真理、時間、意味、人格と人間性、正義、自由、創造性など、人間の基本的な諸問題にキリスト教が与える解答の思想的な意味を論じる文明論。

フェミニズムの歴史★

ブノワット・グルー　山口昌子訳■3150円

さまざまな形をとって現われる《女ぎらい》の本質をユーモアと皮肉を交えて分析する。フランスの女性作家によるユニークな女性解放思想史。

泰平の日記

渡辺一夫■5040円

16世紀フランスの世相を語るある無名の市民の日記を通して、戦乱の時代にはさまれた名君フランソワ一世の「泰平の世」の姿を豊かな学殖を傾けて語る。

ヨーロッパ小説論

R・P・ブラックマー　篠田一士監訳■4410円

ジョイス『ユリシーズ』、ドストエフスキー『罪と罰』など9編の小説の内部にある力を摘出し、そこから小説の構造を照らし出す論集。

音楽ノート

ヴィルヘルム・フルトヴェングラー　芦津丈夫訳■2625円

大指揮者の遺稿集。音楽、芸術、人間についての鋭い警句にあふれた論説は、哲人でもあった巨匠の内面をあますところなく示している。

フルトヴェングラーの手紙

フランク・ティース編　仙北谷晃一訳■4410円

少年時代から死の年まで、大指揮者の精神的軌跡を包括的に浮かび上がらせる三百通の手紙。音楽芸術の真の理解をめざして闘い抜いた感動的な記録。

ワーグナーとニーチェ★

フィッシャー=ディースカウ　荒井秀直訳■4725円

ワーグナーとニーチェの生涯をふまえつつ、豊富な資料をもとに彼らの《友情と離反》を19世紀後半の精神史のなかに再現したなまなましい記録。

ショパンの手紙

アーサー・ヘドレイ編　小松雄一郎訳■6090円

書簡を年代順に編集してショパンの人間像を浮き彫りにする、いわば書簡で綴る伝記。同時代の芸術家たちの華麗で劇的な肖像も興味深い。

オペラを読む　ロマン派オペラと文学形式

ピーター・コンラッド　富士川義之訳■3990円

オペラは演劇ではなく小説の一形態であるという大胆な仮説に基づき、オペラと小説との関わりを広い視野のもとに捉えた野心作。

イタリアのアヴァン・ギャルド　未来派からピランデルロへ

田之倉　稔■3570円

20世紀初頭のイタリアにおける前衛芸術運動を詳細に検討し、背景となるイタリアの風土やヨーロッパにおける芸術運動の多層構造を明らかにする。

映画のなかの文学　文学のなかの映画

飯島　正■3990円

すぐれた映画批評家にして小説の読み手である著者が、内外のシナリオを引用しながら、文学の中に映画を読み、映画の中に文学を観る楽しみを語る。

★印は在庫僅少本です。万一品切れの際はご容赦ください。

カントの宗教哲学（上）

Albert Schweitzer:
DIE RELIGIONSPHILOSOPHIE KANTS (1899)

——『純粋理性批判』から『単なる理性の
限界内における宗教』にいたるまでの——

〔凡例〕

原文（　）は、訳文（　）

原文――挿入句――は、訳文――挿入句――

なお、右の（　）と――挿入句――とは、長文の文脈の崩れを防ぐために訳文においてのみ用いた場合も多い。

訳文中〔　〕は、原文の意味を補足するために訳者が挿入した説明、もしくは、人名や事柄についての訳注。訳注は必要最小限にとどめた。

カントの著作からの引用文の頁はケールバッハ（K. Kehrbach）編纂のレクラム文庫版に基づいている。

序

カントの宗教哲学に関しては、すぐれた参考文献がすでにたくさんあるので、この題目を新たに取り扱う著作はすべて、その存在の有意義なことを弁明する義務があると思わざるをえない。現代の哲学が大きな関心をもってカントを研究しているにもかかわらず、その宗教哲学についての発表論文は、それがなにか有意義な成果をあげて従来の成果に添加することになるというような期待をもはや持つことができないように、思われもするからである。

この本はみずからの立場を弁明するために、次のことを主張する。すなわち、これはカントの宗教哲学に関する著作であろうとするのでもなければ、またなにか断定をくだそうとする意図をもっているものでもない、ただカントの宗教哲学に関する諸著作に伍して、カントその人の言葉にふたたび耳を傾けることをその目的としているのである、と。それゆえに、この本は主として、宗教哲学の諸問題となんらかの連関をもっているところのカントの思想の批判的分析を提供するのである。こうした企ては無用ではあるまい。だが、この企てが学問的意義をもっているかどうか、を決定することは、読者諸賢にお任せしたいと思う。

さしあたり一つの誤解だけは防いでおく必要がある。カントの主要著作の中の宗教哲学に触れた諸節に関して、私が以下におこなった分析によって、カントの宗教哲学の普通一般の像は個々の面でいくぶん変形された。このために思想は豊富になったが、しかしそのかわり統一と完結性が失われることになった。またこれによってカントの宗教哲学のさまざまの展開の段階は、普通見られるよりも、いっそう強く浮彫りにされた。カントの宗教哲学のこの像の方が、一般的な宗教哲学的研究の枠の内で示された像よりも、個々の面でおそらく歴史的にいっそう忠実であるという理由で、後者に今や取って代ろうと思っているのだ、と臆断することはまちがいであろう。十九世紀の宗教哲学の発展を規定したところの、カントの宗教哲学をもはや分析したり、記述したりする必要はない。そうした意味でのカントの宗教哲学はクノー・フィシャー*によって典型的に叙述されたのである。フィシャーの叙述は『実践理性批判』の根本思想に準拠したカントの宗教哲学の叙述である、と規定することができよう。これに反し、宗教哲学に関係の深いカントの諸著作についての以下の私の分析に従って叙述されるようなカントの宗教哲学は、十九世紀の宗教哲学の発展に対してはほとんど影響するところがなかったのである。しかしながらそれならば、こうした像を描いてみることはいったいどんな価値をもっているのか。

歴史的に影響の大きかった形態の背後に姿を消してしまったところの、真の形態を取り出そうとする関心は、もとよりきわめてつまらぬもののように思われもする。しかしこの企ても、次のような考察をしてみる場合には、全然別個の意義をもってくるのである。カントの宗教哲学は大きな発展を経験した。この発展は合法則的なものである。だから今、この発展の法則を認識することに成功するならば、この法則が十九世紀における宗教哲学の発展の法則と同一のものとして証明されることは考え得ることなのではないだろうか。換言すれば、問題は、カントの宗教哲学の展開がある意味では十九世紀における宗教哲学の発展の予造ではないか、ということである。

カントの宗教哲学をここで新たに取り扱うさいの関心については、こうした示唆だけで十分であろう。

以下の私の叙述の中でカントの言葉づかいにしきりに頼ったのは、この本が分析的研究を本質としている以上やむをえなかったのである。しかしながら、この本の中で「カント風の文体」が、カントの思想の忠実な叙述が要求すると思われる以上に、強く注意をひくことがしばしばありうるとするならば、これはひとえに、カントに対する長年にわたる研鑽が、著者の著述家としての発展の状況に応じて、大なり小なり、影響している、ということから説明されうるであろう。

この現在の論述を著者がするようになったのは、著者の尊敬する師、シュトラースブルク大学のテオバルト・ツィーグラー教授**の慫慂によるのである。またこの研究の第一節〔すなわち第一部〕は、シュトラースブルク大学のヴィンデルバント教授***のなみなみならぬ好意ある注意と助言とによるところが多いのである。両教授に対してここに深甚の感謝の意を表しておきたい。

シュトラースブルクにて

一八九九年十二月

シュヴァイツァー

* フィシャー（Kuno Fischer）一八二四―一九〇七。ドイツの有名な哲学史家。ハイデルベルク大学教授。カント研究により変形されたヘーゲル学者であった。『近世哲学史』十巻によりカント哲学の復興、ヘーゲル哲学の宣伝に貢献した。

** ツィーグラー（Theobald Ziegler）一八四六―一九一八。ドイツの哲学者。一八八四―一九一一年の間シュトラースブルク大学で哲学・教育学を講じた。シラーおよびゲーテの影響が大きい実証主義者といわれる。道徳はいっさいの超自然的なものと関係がなく、善とは社会・人類に幸福を与えるものであり、最高善の理念においては個人主義と社会主義とは一致すると説いた。

*** ヴィンデルバント（Wilhelm Windelband）一八四八―一九一五。ドイツの哲学者、哲学史家。フィシャーやロッツェの感化をうけ、一八八二年シュトラースブルク大学教授、一九〇三年ハイデルベルク大学教授となり、新カント学派の一派西南学派の学宗。価値哲学を説き、規範としての価値をもって文化哲学一般の原理と考えた。

文献目録

——以下の論述においては、一般的な宗教哲学に関する著作のほかに、次の著作が利用された——

ティロー* (Christfried Albert Thilo)『カントの宗教哲学』(Kant's Religionsphilosophie. Zeitschr. f. exakte Philos. Bd. V. Leipzig 1865.)

パウル (L. Paul)『カントの根本悪論』(Kant's Lehre vom Radikal-Bösen. Halle 1865.)

ベンダー (W. Bender)『カントの宗教の概念』(Kant's Religionsbegriff. Fichte's Zeitschr.f. Philos. Bd. LXI. 1872.)

カフタン** (Julius Kaftan)『護教論的意味をもつカントの宗教哲学的見解』(Die religionsphilosophische Anschauung Kant's in ihrer Bedeutung für die Apologetik. Basel 1873.)

プンエル (G. Ch. Pünjer)『カントの宗教哲学の体系的研究』(Kant's Religionsphilosophie im Zusammenhang seines Systems.1874.)

ホルツマン*** (Heinrich Julius Holtzmann)『カントの宗教哲学』(Kant's Religionsphilosophie. Zeitschr. f. w. Th. 1875. 1. Heft. S. 161 ff.)

ブリデル (Bridel)『カントの宗教哲学』(La philosophie de la religion de Kant. 1876.) この論文はカントの

宗教哲学に関する、フランス語で書かれた最良の叙述である。

ゴットシェック(J. Gottscheck)『カントの神存在の証明』(Kant's Beweis für das Dasein Gottes. 1878.)

カーツェル(E. Katzer)『カントとヘルバルト[****]による道徳的な神の証明』(Der moralische Gottesbeweis nach Kant und Herbart. 1877.)

シュレンプフ[****](Christoph Schrempf)『キリスト教的世界観とカントの道徳的信仰』(Die christliche Weltanschaung und Kant's sittlicher Glaube. 1891.)

ローレンツ(G. Lorenz)『カントにおける哲学的方法としての要請の提出について』(Über die Aufstellung von Postulaten als philosophischer Methode bei Kant. Philos. Monatsch. Bd. XXIX. 1893.)

* ティロー　一八一三―九四。ドイツの哲学者。ヘルバルト学派に属す。ヘルバルトの実在論を継承し、哲学的認識と啓示とを峻別し、神および万物の認識は哲学のみによっては不可能であると主張した。

** カフタン　一八四九―一九二六。ドイツ神学者。バーゼル、ベルリン各大学教授。リッチェル神学を展開し、信仰は人間の業ではなく、人間における神の業であるというルター的思考を強調し、ペラギウス主義に反対した。

*** ホルツマン　一八三二―一九一〇。ドイツ福音主義神学者。ハイデルベルク、シュトラースブルクの各大学の教授。批評的歴史的研究の方法を新約聖書学の領域に確立し、この方面の代表者の一人。

**** ヘルバルト(Johann Friedrich Herbart)　一七七六―一八四一。ドイツの哲学者。ケーニヒスベルク大学教授。哲学は概念の修正であるとし、論理学、形而上学、美学の三部に分つ。また心理学と倫理学を基礎にして、体系的な教育学を組織した。

＊＊＊ シュレンプ　一八六〇―一九四〇。ドイツの宗教学者。シュトゥットガルト工科大学教授。思想的にはゲーテ、ニーチェ、ことにキエルケゴールの感化を受け、自由な反教派的な宗教的体験に基づく人格形成を求め、教会制度に反対した。キエルケゴール全集の独訳者としても有名である。

目次

緒論

カントの宗教哲学は宗教哲学というものを、『純粋理性批判』が展開しているような批判的観念論の基礎の上に、カントの道徳法則のとらえ方を援用して、組み立てようとする試みである。——さて、『純粋理性批判』につづいて現れる著作はすべて、強弱の程度の差はあるにしても、なんらかの仕方で批判的観念論の宗教哲学的意義にもまた関係しているわけであって、そのかぎりは、カントの宗教哲学の叙述はこれらすべての著作をそれ相応に、みずからの考察の圏内に引き入れなければならないのである。今ここで問題となることは、〔一〕この叙述が、カントの宗教哲学と批判的観念論との結びつきから生じてくるような、カントの宗教哲学の一般的プランの中へ、いろいろの著作の個々の思想の歩みを、区別することなく入れ込むべきものであるかどうか、ということである。そういう場合には、これらの著作の個々の特徴は、統一的な像の輪郭を示すために利用されることになる。それともまた、〔二〕個々の著作の宗教哲学的な思想の歩みが、それぞれ別々に考察される場合には、一つの統一的な像にうまく組み合わされるかどうか、がそもそも疑問になってくるようないろいろの輪郭をきっと表わすことになるのではないか、ということである。カントの宗教哲学に関する研究のプランと設計に対しては後者〔即ち二の方向〕の可能性を顧慮することが、たしかに叙述がなんらの前提をもつまいとする関心からして、推奨に値する。なぜかと言えば、この研究がもし前者の道〔すなわち一の方向〕を進んでゆき、そしていろいろの思想が後者の可能性をかえりみることなく、個々の著作における緊密な連関から離されて、カントの宗教哲学の一般的な企画の中に持ち込まれるならば、ここにはすでに、カントの宗教哲学は全体的にみて一つの統一的な輪郭をもっているということ、従ってまた批判後期の諸著作のどの宗教哲学的思想もこの統一ある連関の中に挿入されるということ、が前提として含まれているからである。こうした純粋に理論的な考察から離れてみても、なおほかにいろいろの事情が第二の方法を用いるべきであるということを証拠だててくれるのである。すなわち、カントの宗教哲学の統一的な叙述は、もしもひとがその宗教哲学のすべての陳述を『実践理性批判』のプランと思想に従って無理にでもまとめようと思わない場合には、幾多の難点に出会うにちがいない、ということを示唆する証拠はいくらもあるからである。こうした難点は、カントの宗教哲学の主要概念の一つを、その成立とその意義とを考慮して、カントのいろいろの叙述の中にたどってゆくと、ただちに現れてくる。例えば、ローレンツが要請という概念に関して、そういうことをやっている(『カントにおける哲学的方法としての要請の提出について』哲学月刊、第二十九巻、第二号、一八九三年)。彼は要請の数、順序、および表現の仕方に関してカント自身が動揺していることに注意をうながしているのである。

要請という概念に関してのこの注意は、カントの宗教哲学の一般的研究に対して、次のような問題の説明根拠を探究してみる場合には、いっそう大きな意義をもってくる。すなわち、『実践理性批判』の叙述においてカントの宗教哲学を完全に支配している要請の概念が、『純粋理性批判』の、宗教哲学に触れている諸節においては、まだ出来上がっておらず、しかるに『判断力批判』の道徳神学および『純粋理性の限界内の宗教』〔訳註。シュヴァイツァーは『単なる理性の限界内の宗教』を『純粋理性の限界内の宗教』と別称している。〕においては完全に後退しているのは、いかなる理由に基づくのであるか、と。前の事情と同じようなもう一つの外的な――外的とはいってもやはり、叙述の思想のはこびの基礎となんらかの連関をもっているにちがいないところの――事情としては、『実践理性批判』につづいて現れた宗教哲学的な諸叙述において、「超感性的」という語のために「英知的」という語が後退していることが注意をひくのである。同様にまた、例えば、「最高善」あるいは「道徳的立法者にして世界支配者」というカント的概念を宗教哲学的思想の連関の全系列を通じて追求してみる場合にも、多くの動揺に出会うのである。カントの宗教の定義もまた、この種のいっそう広範囲にわたる問題を惹起するのである。

宗教の定義は『純粋理性批判』の宗教哲学に触れる部分には欠けている。しかし、宗教の内容が「神、自由および不死性」という三つの理念あるいは三つの要請と関係するものとして考えられるかぎり、そして他方、宗教を「われわれの義務を神の掟として認識すること」だと規定する、宗教の定義が直接にはただ第一の〔すなわち神の〕要請にのみ関係するわけだから、やはり、この宗教の定義が宗教の内容に対してどのように関係するか、ということもまた問題となるのである。宗教の定義が直接には第一の要請にのみ関係することは、宗教の定義の主要個所〔『判断力批判』三八五頁〕からもまた明らかであり、そこでは宗教の定義は目的論的および道徳神学的な思想を通じて道徳的な神という概念を獲得する仕方および可能性を展開しようとするところの、一つの思想連関の進行から生じてきているのである。従って純粋に形式的に見ると、カントの宗教の規定の内容は、それが三つの要請に関係づけられるかぎり、カントの宗教の定義よりは、豊かであり、包括的であることになろう。

それゆえに、ひとがカントの宗教哲学の思想連関の研究に深入りすることなくして、その宗教哲学のどんな概念を手がけるにせよ、次のごとき要求、すなわち、カントの宗教哲学の叙述においては、いろいろの著作の中にある個々の思想の歩みを一つの統一的全体に合体することを目ざして進んでゆく前に、まず第一にこれらの個々の思想の歩みに別々の研究がささげられるべきである、という要求を証示する事情および問題が数多く見受けられるのである。このように個々の思想の歩みに別々の研究をささげるというやり方は、普通一般のやり方よりもわずらわしく、また厄介なものである。というのは、後者によれば、カントの宗教哲学は『実践理性批判』の思想と相おおい、それゆえに『実践理性批判』がいかなる叙述の基礎にも置かれうるし、またいかなる他のカントの宗教哲学的思想の歩みもこの批判から光を受け取ることになるからである。しかしながら、この私が取る方法はわずらわしく厄介なものであるけれども、このような研究がカントの宗教哲学に対するあらゆる研究の根底にあるところの目的――すなわち批判的観念論により宗教哲学を基礎づけることが成功したかどうか、の問題に対する答――ときわめて密接に関係するのだから、その労は十分につぐなわれることになるのである。換言すれば、今提案した方法では、叙述の初めに出てくる理論的考察はこの中心問題に対する答を与えはしない、かえって答は研究をまって明らかになるのである。カントによって述べられたもろもろの思想の歩みは批判的観念論の宗教哲学が表わしている統一的な像に合体されるかどうか、ということを私によって取られる方法が証明しなければならないかぎり、答は研究の中からいわば生え出てくるのである。かくして以下の研究のプランは正当なものとして理由づけられ、またカントの宗教哲学に関するあらゆる研究の究極的関心に根ざしているものとして示されることになろう。

第一部　『純粋理性批判』の「宗教哲学的スケッチ」

〔第一部訳者解説〕

第一章――ここではまず「宗教哲学的スケッチ」という語は『純粋理性批判』の先験的方法論の第二章「純粋理性の規準」において展開された思想全般をさすことを明言している。この「スケッチ」に対して批判的観念論の「宗教哲学的プラン」(すなわち、ここでは特に「先験的弁証論」全般に見られる宗教哲学的思想)がいかなる関係に立つか、が大きな問題として提起され、その解決の最初の手がかりとして先験的仮説が取り上げられる。この仮説はもちろん魂の不死に関してのみ立てられているが、その解決は理性の実践的使用により可能なることが知らされる。つまり実践的使用によって理論は道徳・宗教の領域へ導かれてゆくことをカントは示したのである。先験的な三つの理念、すなわち心理学的、宇宙論的および神学的理念は理論理性にとって同一の価値を有するがゆえに、心理学的理念が実践的領域へ引き入れられる可能性をもつものとすると、三つの理念がそろって実践的領域に実現されうるかのごとく見えるが、実はしからず、ひとり先験的自由の理念のみが実現されてゆくのである。このことは理論面での三つの理念の順序(不死性・自由・神)が実践的に実現されるさいにはその順序が変って、自由・不死性・神という形をとることのうちに明白に看取される。理論的な三つの理念は実践的に実現されようとするさいにことごとく道徳的‐宗教的関心に裏打ちされた理念に変るのではあるが、それらのうちで自由の理念のみが、道徳的法則と特別に関係づけられることから、優先権が与えられるのである。

第二章――ここでは前章の問題をいっそう掘り下げてゆく。「プラン」に見られる先験的諸理念は理論的な懐疑の立場を克服することにより、今や実践的に評価される。かくして不死性・自由・神という「先験的理念の体系」が造られる。ところでこれらの理念は宇宙論的二律背反に見られる三つの理念にそれぞれ対応するのである。実際、宇宙論的な三つの理念において先験的な三つの理念は実践的領域へと準備される。つまり二律背反の定立命題——ただし第一のそれは除外されるが——に実践的関心が注がれている。第二、第三、第四の各定立に見られる宇宙論的理念は、認識する主体——これは同時に行為する主体でもある——の実践的関心に基づいて、この主体との関係において捉えられてゆく。かくして魂の単純性は不死性の理念へ変更され、原因性の理念は現象一般から人間の行為にかかわるようになり、自由が批判的観念論の中心的位置を占める概念となり、最後の必然的存在者の理念は世界系列の第一項から、目的論的世界原理たる原存在者へと移行してゆく。ここに実践的評価を受けた三つの理念の図式、すなわち理念の三者一体性が成立するのである。もちろん不死性・自由・神の順位はカントの普通の順序すなわち神・自由・不死性とも一致しないし、また「スケッチ」においても自由が先頭に立つのであるがゆえに、問題は残るが、とにかく以上を通して明らかなことは、宇宙論的な三つの理念の後方により広い範囲を有する先験的な三つの理念があり、前方にはより狭い範囲の「三つの理念の図式」が存在し、さらにはるか前方に究極的理念としての自由が存在することである。自由の理念こそ実践的実現の主役である。それではいかなる手続きによって自由の理念が実現されるか。換言すれば、「プラン」は「スケッチ」の思想に対していかなる準備をやっているか。

第三章——自由の理念は「プラン」が終始一貫して追究した唯一の問題である。カントは自由を先験的自由と実践的自由との二つに分けたが、前者は現象一般の原因性にかかわり、後者は人間の行為（あるいは活動）にのみかかわるとされた。しかし前者はいかにして後者に移行するのか。後者は道徳的法則と結びつくことにより初めて実践的に実現されるが、シュヴァイツァーは道徳法則の抬頭によって先験的自由が無視されてしまうと考えた。「プラン」はその課題たる先験的理念の実践的実現を十分果していないと考えた。とにかく実現された実践的自由が今や「三つの理念の図式」の中の自由の位置に取って代ることによって、先験的－宇宙論的理念の三重性が、従ってまた、「プラン」自体も破壊される。さらに言えば、理論的かつ実践的な使用における理性の統一が廃棄されることになる。「スケッチ」では自由の理念が道徳法則と関係することにより、人間の道徳的行為の問題が生じ、これがために批判的観念論の前提たる英知界と現象界との関係に大きな問題が現れてくる。とにかく実践的－道徳的自由と相関的に今や道徳的世界の理念が取り上げられてくる。この理念も二重的にとらえられる。一方では純粋に英知界と同一視されながらも、感性的能力に対してはそのまま現象界に現れる（これは後に『実践理性批判』の個的主体の道徳において斉合的に展開される）。他方では現象界をこの理念にふさわしくするための形成の原理として考えられ、従ってそれは目的論的に道徳的人類共同体と同一視される（これは後に『判断力批判』『単なる理性の限界内の宗教』において明確にされる）。このように「スケッチ」には相異なれる思想の系列が含まれているのである。

第四章――ここでは道徳的世界の完成のために徳と幸福とを問題としている。徳と幸福とが結合するためには、自然界と道徳的世界ないし英知界の原因たる神の存在が必然的に問われざるをえない。カントにおいては徳福には二通りの関係の仕方が見られ、従って神の概念も――これに連関して不死性の理念も――二様の在り方をする、とシュヴァイツァーは考える。一方では徳福の完全一致がカントのいわゆる自己報酬的な道徳性の体系の中に示され、そこでは人類の道徳的完成のために神の理念が実現される。他方ではいわゆる徳にふさわしき幸福のとらえ方が見られ、徳福の結合は前者の場合のごとく、直接因果関係に立たず、そのためにかえって神の理念が保証人的意味で実現されるのである。前者の方向では徳福が人類的見地からとらえられるに反し、後者の方向では個的主体に即して考えられる。この両系列が「スケッチ」では未展開的統一をなしているが、後に自由の場合と同じく大きく分岐してゆくのである。個的主体の道徳的世界は世界生起全体に及ばず、ために感性界から分離され、従って前者のごとく、世界の形成原理たりえず、全く未来の世界(来世)となる。来世が英知界となる。神の理念も来世と結びつかなければ、無意味となる。しかるに前者の方向では神の理念は来世とは独立に実現される。道徳的世界はこの世の道徳的完成としての最高善であり、神はこの世における人類の道徳的活動を勇気づけるとともに間接に援助するものと考えられるからである。さらに言えば、前者の方向では神の概念は道徳的立法者から世界支配者へ、後者の方向では英知界の創始者から道徳的存在者へ移ることが見られる。かように「スケッチ」では相対立する思想の系列が明確になった。ここで分析的研究は終りに達した。

第五章――これまでに「スケッチ」に関して概観してきた諸問題は、「純粋理性の規準」の章の第一節と第二節とにおいて展開されていた。残りの第三節は思想的には大して重要ではない。ただ「スケッチ」全体が「プラン」に対してもつ関係を回顧するに役立つ。こうした意味からシュヴァイツァーもカントの宗教哲学の「スケッチ」と「プラン」の関係を明瞭にとらえるために、分析的に検討してきたその成果全体を、逆に言わば下から綜合的に組み立ててみることを通して、みずからの研究の正当なることを示そうとするのである。彼は『純粋理性批判』に見られる宗教哲学的思想の全体をいくつかの同心円の重層的体系として輪郭づけてとらえている。最大円はカントの宗教哲学の一般的特色にかかわり(われわれの第一章)、次に大きい円は「プラン」と「スケッチ」との区別と分離にかかわり(われわれの第二章)、次の円は「プラン」の特色にかかはり

（われわれの第三章）、最小円は「スケッチ」の特色にかかわる（われわれの第四章）とされる。そして最小円の中に、二つの異なれる思想の系列がさらに区別される（この第五章にくわしく対比的に述べている）。とにかくこれまでは最大円から最小円に向かって追究されてきたが、ここでは逆に二つの思想系列（最小円の内容）から順次にたどられて最大円に到らんとするのである。大体の内容はわれわれがすでに触れてきたので、今述べることは割愛したい。しかしこれまでに示されなかった考えも随所に示されているのみでなく、全体がよくまとめ上げられているので、この第五章を先に読み、その後に第一章からたどってみる方がよいと思われる。結局シュヴァイツァーが言わんとしたことは、「スケッチ」が「プラン」とは独立して、すでに完結せる一草稿としてカント自身によって作成されていたものであり、『純粋理性批判』の中に挿入されるときに、いろいろと修正を加えられていることが歴然としているということ、従って、更に又「スケッチ」が「プラン」と無関係であるにせよ、「スケッチ」に盛られている思想はカントの以後の宗教哲学の展開全体に対して、その基盤を提供する意味において、決定的な重要さを包蔵しているということである。

第一章　「宗教哲学的スケッチ(1)」と批判的観念論の「宗教哲学的プラン」との関係

道徳的‐宗教的関心がカントの思想の歩みの中で注意をひくところの『純粋理性批判』の部分を「宗教哲学的スケッチ」という言葉で示すことは、カントの叙述の仕方からみても正しいことが認められる。「純粋理性批判の訓練」の六〇五頁以降は、実際スケッチ風のものを含んでいる。なぜかと言えば、『実践理性批判』が示すような完結性はないけれども、もろもろの思想の歩みが純粋に並存的な形をとって現れてくるからである。もちろん、要請という概念、宗教の定義、道徳法則の自律の包括的な基礎づけ、およびこれと連関的に深められた自由の問題の取扱いはここではまだ達成されていない。この節全体が人間的認識の限界に関する批判的研究の締めくくりをなしているにすぎない。すなわち、この章は純粋理性の思弁的使用から区別された純粋理性の実践的使用を論じている。しかしながら、批判的観念論の諸研究とのこうした密接な結びつきによって、まさしく「宗教哲学的スケッチ」は批判的観念論の宗教哲学の叙述に対してすこぶる価値あるものとなるのである。

（1）「宗教哲学的スケッチ」という語のもとに、今後は「純粋理性の規準」の三つの節、すなわち『純粋理性批判』の六〇三頁から六二八頁に至るまでの部分が総括されるのである。

批判的観念論の陳述と「宗教哲学的スケッチ」とのこうした密接な結びつきから、『純粋理性批判』のこの宗教哲学に触れる節が、たとい輪郭的であるにしても、「批判的観念論」の宗教哲学であるかぎりにおいての、カントの宗教哲学の最も斉合的な叙述を提供しているということを、推論することはいとも容易にできるであろう。

さて、「宗教哲学的スケッチ」の思想の組立ては、『純粋理性批判』の諸研究の中で告げられているような、批判的観念論の「宗教哲学的プラン」に実際一致するか。先験的弁証論が「宗教哲学的スケッチ」の基礎を据えようとするかぎり、この弁証論の「宗教哲学的プラン」と、「宗教哲学的スケッチのプラン」とは相おおうものであるか。このさしあたり奇妙に思われる問題をまさしく問題として認めるためには、カントの宗教哲学に関するたいていの叙述においては『純粋理性批判』の「宗教哲学的スケッチ」が全然かえりみられていない、という事情を指摘するだけで十分である。しかしこうした事情も、この節〔すなわち「純粋理性の訓練」の節〕が簡潔な輪郭をもってではあるが、批判的観念論の上に組み立てられるカントの宗教哲学の本来のプランを述べたものであるとするならば、正当に是認されることはむずかしいであろう。提出されたこの問題を解決するためには、『純粋理性批判』の「先験的弁証論」から「宗教哲学的スケッチ」の叙述へ橋渡しをする思想を、まず第一に大まかに述べておく必要がある。

先験的諸理念の弁証的仮象が発見された後に、理念という この思惟形象を介して、純粋理性はみずからのすべての認識を一つの体系の中に入れようとした(二九〇頁)。理念には三つあり、それらは「魂」の本質、われわれの世界認識の完結、存在の基礎にある原存在者にかかわる。そのかぎり三つの理念は相互の間に一種の段階順位を示すのである。「（魂の）自己認識から世界認識へ、そしてこの世界認識を介して原存在者へと進むことは、すこぶる自然な進展なのであるから、この進展は前提から結論へ向かっての理性の論理的進行に似ているように見える」（二九〇頁）。さて、この三つの理念に関係するすべての理論的な理性の陳述は、われわれの認識の本質と認識の仕方に照らしてみると、超絶的〔すなわち空想的〕であり、しかも理性の陳述が相互に廃棄しあうことから、その超絶的なる所以が明かにされる、ということが「弁証論」において示されている。こういうことは必然的に、経験を踏越えてゆくあらゆる主張に対して懐疑的態度をとるようにする。しかしながら、懐疑論が独断論に対する対立の中にのみ基礎をもっているかぎり、そのようなみずからの真の本質を明らかにし、そしてみずから独断論に陥ることのないように警戒しようとする暁には、「自己矛盾を起した純粋理性の懐疑的満足は不可能なことである」（五七八頁）として示されることは、どうも宿命的に避けえられないことである。その結果研究は地面をば、必要なものとして認識された建築のために均《な》らすということに向かってゆく。先験的仮説という野原がその普請場を与えてくれる。「いったん対象そのものの可能性が与えられる場合には、対象の実在性に関して私見に逃れることは十分許される。この私見がしかし、根拠を有すべきためには、その説明根拠と、くわしく言えば、現実に与えられ、従って確実であるところのものと、連結されなければならない。そしてそういう場合に私見は仮説と言われるのである」（五八六―五八七頁）。この先験的諸仮説は批判的観念論の成果に基づいている。かような仮説が、心理学的理念に関係する場合には、おそらく次のように理解される。「魂の非物質的な、そして物体的変転をこうむることなき本性」（五九二頁以降）の想定が問題となる。批判的観念論の成果から「われわれの身体は次のような基本的な現象にほかならない、すなわち、現在の状態において（生存において）感性の全能力と、従ってすべての思惟とは、制約としてのこの基本的現象に関係することになるのである。身体との分離は、認識力のこの感性的使用の終りであり、またその知性的使用の始めであろう」（五九二頁）、ということが証明される。こうした考察は「被造物の出生と死去と連関するいろいろの偶然性があるにもかかわらず、被造物の永遠の存続」を問題にするさいに、重要な意義をもってくるのである。この思想が、「人類全体の永続」の問題に関係づけられる場合には、なんらの価値をもたない。しかしこれが各個人に関係することになるや否や、以前に基礎づけられた先験的仮説、すなわち「いっさいの生命は本来全く英知的であり、決して時間的変化をこうむらない、また誕生によって始まったのでもなく、死によって終りもしないであろう。さらにこの生は単なる現象にほかならず、換言すれば、純粋な精神生活の感性的表象であり、感性界全体は単なる像である云々」（五九三頁）という仮説が提示されるようになる。これで先験的仮説の例の引用は終っている。先験的仮説の例は心理学的理念にのみかかわるのであって、他方宇宙論的理念と神学的理念とに関しては全然触れられておらない。

さてしかしながら、この仮説は、批判的観念論から指示された軌道の中を動いているにしても、可能的認識を全くもてあそぶものにほかならない。純粋理性の領域ではいかなる私見も成立することができない。「純粋理性が定言的に判断することがらは（理性の認識するすべてのことがらと同じく）必然的でなければならない。そうでなければ、それは全く無意味である」（五九四頁）からである。純粋理性の領域でのあらゆる主張は「絶対自明の確実さをもって証明するような」証明を伴なっていなければならない。「なぜかと言えば、理性の理念の現実性（五九九頁をもまた参照されたい）を単に蓋然的たらしめようとすることが不合理なことは、幾何学の命題を単に蓋然的に証明しようと思うのと同じだからである云々」（五九〇頁）。

　それゆえに先験的仮説はそれ自身によって価値をもつのではなく、かえってこれらの三つの理念に関して理性がそれらの必然性をほかの方法で証示することができるような場合にのみ、その価値をもつのである。この新しい道は五九一頁にかすかに示される。「しかし後に至って明らかにせられるように、理性は単なる思弁の分野においては十分な論拠を欠くがために前提することができなかったものを、実践的使用に関しては、想定する権利をもっているのである」。われわれは六〇九頁において新しき道の出発点に立つ。すなわち、理性は、理性に対して大きな関心を具有しているもろもろの対象を感知するのである。理性はこれらの対象に接近するために、単なる思弁の道を歩み始めるのであるが、しかしそれらは理性から逃げてゆく。おそらく理性になお残されているただ一つの道、すなわち実践的使用の道において、理性に対してよりよき幸運が期待されうるであろう。かようにして研究は実践的見地における純粋理性の正しい使用を目ざしてゆくのである（六〇五頁以降）。そしてやがて研究の展開をまって、理性の諸理念は実現される〔訳註。即ち真に実在性を与えられるという意味である。シュヴァイツァーは以下にしきりにこの語を用いる。」のである。ここにこそ先験的仮説の意義が正しく評価されて示される。比喩的に言えば、先験的仮説は援軍が近づいて来ることができるまで、陣地を守護し、どんな敵の攻撃をもはね返さなければならない。次に、援軍といっしょになって敵の兵力に対する優勢を示し、たとい大勢の包囲軍を完全に駆逐することができなくとも、固守している陣地を安全に所有することができる、ということである。そこでカントはこのことを、次のように言い表わしている。「ある物を実践的に必然的な前提として主張する者の方が有利である（所有する者の立場が有利なのである melior est conditio possidentis）」（五九一頁）。

　実践的な理性使用は道徳と宗教との領域へと導いてゆく。そのさい、批判的観念論が理性の諸理念の可能性を明らかにする先験的仮説に対して、素材を与えるのである。それゆえに、先験的仮説の、実践的使用における理性の想定に対する上記の関係のうちには、同時に批判的観念論の、これを基礎とする宗教哲学に対する関係が与えられている。実践的領域において実現される諸理念は、批判的観念論という手段によって実践的領域へと準備されるのである。換言すれば、諸理念は一種の均衡状態の中に移され、そこから、次に実践的使用における理性が、それらの理念をばその実践的領域へと引き寄せるのである。この関係はカントの専用語の中にもまた現れている。というのは、彼は『純粋理性批判』においてはいたるところで、純粋理性の理論的（思弁的）および実践的使用について語っているが、しかし次の『実践理性批判』においてのごとく、「理論的理性」と「実践的理性」との間に区別を立てていないからである。用語のこの区別は思想の相異に根ざしている。『純粋理性批判』は、その表現の仕方を通して、批判が理性の無制約的統一を弁護するものである、ということを示していることだけは明瞭である。こうした事情はこの批判に対応する「宗教哲学的プラン」に対して、すこぶる重要である。換言すれば、この事情は理性の諸理念が問題になる場合には、これらの理念は理性が理論的に使用されると、実践的に使用されるとのいかんを問わず、理性の共有財を表わす、ということを物語るのである。後に至って実践理性が実在性を与える理念は、どうみても、以前に理性が理論の面で主張しようとして結局できなかった当の理念なのである。このことこそは、宗教哲学が上述のプランに従って、批判的観念論によって地ならしをされた普請場の上に建てられるべきである、ということに対する根本前提をなすのである。実践的使用における理性が徐々に思想の系列の中に登場してくる仕方もまた、このことを証明する。われわれの認識を理性の諸理念によって完成するということに関して、いつまでも懐疑論に踏みとどまることは不可能であるということが、この出発点をなすのである。ここでは悟性の認識〔すなわち自然科学的認識〕を完成せんとする理性が、心理学的、宇宙論的および神学的諸領域において被制約的なものに対して無制約的なものを求めることによって、造り出した理念が問題となる。批判的観念論によってここに均衡状態に保たれているこれらの理念は、理性の理論的使用に対してそうであったような蓋然的実在性から脱し、理性の実践的使用によって、この使用に相応した客観的実在性に達すべきである。かように実践的な理性使用と理論的な理性使用とに対して理念が同一であるということが、ここで示された「宗教哲学的プラン」を実現する可能性の前提となるのである。

われわれの研究のこの個所で、理性の実践的使用の確立が表明された以上、理論理性の三つの理念が一挙に、同時に、それぞれ他の理念から独立して、実践的な実在性を与えられる、ということをひとは期待するかもしれない。これらの三つの理念は均衡状態の瞬間においては、いずれも同じ荷重を示すのである。そして同一平面上に、相互に結びつけられることなく、存在している。これらの理念に対して落下する運動の力を与えてやる場合には、これらは同時に固い大地に届かずにはいない。さて、「宗教哲学的スケッチ」における叙述がさらに進んでゆき、そしてまたカントの宗教哲学一般の叙述が進んでゆくと、上記のプランの本質に根ざしているこうした期待は、全く当てはずれとなってしまうのである。たとえて言えば次のような場合と同じ印象をうける。ひとが競馬場で競走馬が同一の速さで自分の傍を通ってゆくのを見物している。そして競走路が曲っているために、競走馬が決勝点を通過する瞬間まで、われわれの視界から消えてしまうのである。ところが今度は、フィールドが一変してしまい、競走馬たちは違った間隔で走ってくる、しかもひとは馬がわれわれの視界から遠ざけられている間に、このような違った駆進を制約していた過程については知るよしもないのである。それは指揮の仕方に相異があったためなのか、それともまた割当てられた重さが同じでなかったことから説明されるのか。

目下のところ、少くとも説明は与えられていない。三つの理性理念の実践的な実現も前の比喩と同じ事情にある。換言すれば、われわれがこれらの理念を眼に留めているかぎり、それらは同じ調子で進んでゆく、それにもかかわらず、実践的な実在性を与えられる瞬間に分岐するのである。自由の理念が先頭に立ち、それに続いて二つの他の理念が同等の調子で進んでゆく。こうした現象の理由は、理論的な理性使用が実践的な理性使用に切り換えられる瞬間の中にのみ求められうるのである。かくしてわれわれは理論的理性使用ならびに実践的理性使用における理性理念の数と本質について、ぜひともはっきりと理解しておかなければならない。

いっそう厳密に限定すると、問題は次のように言い表わされる。すなわち、心理学的、宇宙論的および神学的諸領域にかかわる理念間の選出はどのような原理に従ってなされるのであるか、と。というのはこの選出の仕方によれば、神、自由および不死性という三つの理念が、実践的な実在性を与えられるさいには、自由、神および不死性(あるいは来生)という順位で表わされるからである。

カントはこの問題に対していかなる解答をも与えなかった。これに関しては第二版の註が有益である。そこではカントは心理学的、宇宙論的および神学的諸理念をば、後の弁証的取扱いの順位で展開した後に、神、自由および不死性の理念と結びつけている。すなわち、「形而上学はその探究の本来の目的に対して、神、自由および不死性という三種の理念のみを有している。それで第二の概念は第一の概念と結びついて、必然的結論としての第三の概念へ導かなければならない。形而上学がこれ以外において論究するものはすべて、形而上学にとっては、これらの理念とその実在性とに到達するための手段たるにすぎない。形而上学がこれらの理念を必要とするのは、自然科学のためではなくして、自然を超出するためである。これらの理念に対する洞察は、神学、道徳および両者の結合によって宗教を、従ってわれわれの存在の最高の諸目的を思弁的能力に依存せしめ、その他のなにものにも依存せしめないであろう。理念の体系的表象においては上述の順序が綜合的順序として最適のものであろう。しかし綜合的順序に必然的に先行しなければならない整頓においては、この順序を逆にする分析的順序が、われわれの大きな企図を実行する目的にかなうものであろう。なぜかと言えば、われわれは経験が直接にわれわれに提示するところのもの、すなわち心理学から宇宙論へ進み、そこからついに神の認識にまで進みゆくからである」(二一九〇頁)。この個所はわれわれが今取り扱っている問題に対してすこぶる重要である。この個所以降ではそれほど判然と現れてこないのであるが、ここでは自由の理念が、選出の中で宇宙論的諸理念の総体を代表したということ、また理念の選出は形而上学の問題であり、形而上学は理念の中に心理学的、宇宙論的および神学的諸問題の全精髄をみるということ、換言すれば、これらの理念はかような問題の一種の総括を表わすということ、が明瞭になる。理念の実現が思弁的な理性使用とのみ結びつけられる、という仮説的な場合を立てていることは、理念が道徳的あるいは宗教的領域に踏み入る瞬間に、(現にここに見られるプランによれば)いかなる変形をもこうむるものではない、ということを示している。しかしながら、カントはこの同じ節において、三つの理念の相互間の独立性と同権性とを取り消している。というのは、彼はこれらの理念をば、神学および道徳の宗教に対する結びつきに関して、第二の概念は第一の概念と結びつけられて、必然的に結論としての第三の概念へと導かれてゆかなければならない、とするような相互の体系的関係の中に置くからである。かくして不死性の理念の独立性は取り消された。なぜかと言えば、この理念は宗教哲学の領域においては神および自由の理念から帰結するものとして理解されるからである。カントの宗教概念の内容に対しては、この引用の個所は神学および道徳に不死性の理念が付加することによって初めて宗教の概念が成就される、ということを物語っている。この上もなく奇妙に思われてならないことは、これら三つの理念に実在性を与える仕方が、ここで示された綜合的連結あるいは順位の形態をとっては、『純粋理性批判』においてもまた『実践理性批判』においても決して現れてこないで、かえって自由、神および不死性という順序が厳守されるか(『純粋理性批判』のごとく)、あるいは不死性の理念の実現が神の理念に先行して現れてくるか(『実践理性批判』のごとく)のいずれかである、ということである。

三つの理念は完全な明瞭さをもって六〇五頁にふたたび現れてくるが、しかし上記の綜合的に制約された順位においてではなく、「意志の自由、魂の不死性、神の存在」(六〇五頁)という排列で現れてくるのである。このことは、理念を実践的－道徳的領域へ、次に宗教的領域へと引き渡そうとする展開がここでまさに始まるだけに、ますますもって奇妙に思われる。というのは、「われわれの現存在の最高目的」に対する理念の関係のためにこそ、二九〇頁の註がまさしく神、自由、不死性という綜合的順序を説明したのであったから。実践的領域へのひたすらな転向は次のような考察によって起って来る(六〇五頁)。すなわち、「これらの三つの対象(意志の自由、魂の不死性、神の存在)に関しては、理性の思弁的関心はきわめて微々たるものである。また思弁的関心から言えば、先験的探究という、労苦に満ち不断の障害と格闘しなければならない仕事は容易に引き受けられないであろう。なぜかと言えば、すべてこれによって発見される可能性のあるものは、自然の研究になに一つ役立たないからである」〔訳註。カントの原文と幾分異なっている〕。意志の自由は意欲の英知的原因にのみかかわる。なぜかと言えば、行為は、空間と時間の中で経過するかぎり、自然の機構《メカニズム》の傘下に入るからである。魂の精神的本性（これとともに不死性）もまた現象界における〔心の〕状態の説明にはなに一つ役立つことができない。目的論的世界観察は、なるほど最高の英知体〔すなわち神〕をある限界内で必要なものとして主張するが、しかし生起の説明は機械的法則に従ってのみなされうるのである（六〇六頁参照）。六〇七頁には、「かくのごとく、これらの三つの基本命題はわれわれの知識にとって全然不必要である。それにもかかわらず、われわれの理性がしきりにこれらを推薦してやまないというのであれば、思うに、その重要性は本来ただ実践的なものにのみかかわらなければならないであろう」と言われている。かようにして三つの理念は、しかもこれらに六〇六頁において与えられた意味において、実践的な理性使用の領域へと引き渡されるのである。

　さて実践的使用における理性は、それがこれらの理念の実現に対する関心を制約するかぎりにおいて、どういう意味をもつか、ということが問題となる。実践理性は「その目的が理性によって完全に先天的に与えられるところの、純粋に実践的な法則」を含んでおり、従って全く「道徳法則」に関して実践的な理性である（六〇七頁参照）。ところで目下のカントの叙述の大まかな特徴にとって重要なことは、この叙述が道徳的に規定された純粋な実践理性の概念にまさに到達しながらも、『実践理性批判』が後に非常に包括的な仕方でやっているような、道徳法則の絶対的自律と先天性の基礎づけを全然与えていない、ということである。カントが後になって（六一一頁に）、ここで等関に付したものを取り返してくる仕方には興味深いものがある。すなわち、「完全にアプリオリに（経験的動機と無関係に）、理性的存在一般の行動、換言すれば、自由の使用を限定するところの純粋な道徳法則が現実に存すること、ならびにこれらの法則は端的に命令し、従ってすべての関係においてて必然的であること、を私は想定する。私はこの命題を当然、前提することができる。というのは、私は最も進歩的な道徳論者の証明ばかりでなく、なんぴとでもかような法則を判明に思惟しようとする人の道徳的判断を根拠とすることができるからである」（六一一頁と六一二頁参照）。

かようにして道徳法則に関して実践的な理性使用の概念が得られた。そしてこの概念に思弁的理性の諸理念が関係する。というのはこれらの理念は「意志が自由であり、神が存在し、また来世が存在する場合に、なされなければならないこと」という遠大な意図を有するからである。「これはもともとわれわれの最高目的についての態度に関するものであるから、われわれの理性の組織におけるーーわれわれのために賢明な処理をするーー自然の究極的意図は道徳的なもののみを目ざすのである」（六〇七頁）。かくして純粋理性の思弁的諸理念は、それらが実現を見ると思われるその瞬間に、純粋に道徳的-宗教的関心に裏づけられた理念となってしまったのである。これらの理念は、まだ十分に規定されていない最高目的に関係づけられることによって、それら自身のうちに一種の論理的関係を得てくる。第二版の二九〇頁にそうした関係の記述が試みられたことは、すでにわれわれの見てきたところである。理念が志向する道徳法則は、三つの理念に対して一律でない引力を及ぼし、また三つの理念間の相互の引力をもまた活溌にするが、その結果、理性の実践的使用を立証することによって、三つの理念を実践的な関心——これによってのみ理念は実践的な実在性を与えられるのであるが——に関して無記的なるその位置から、同時に、一列のままで動かそうとするプランは、今や断念されなければならなくなる。三つの理念は、道徳法則によって且つ究極目的に対する関係によって、同時に相互の関係を獲得したのである。『実践理性批判』は後になってこうした結論を導き出し、そして宗教的関心に裏づけられた諸理念を、それらが理論的理性使用において演ずる役割を完全に無視して、実践的強制から、それらの実践的連関の順位において展開すると同時に、それらに実在性を与えたのである。こうした過程は、実は理論理性と実践理性との分離がすでに遂行されたということと一致している。

「宗教哲学的スケッチ」は、思弁的理念がその実現のために道徳的-実践的領域へ移行する可能性を前提することに根ざしている諸難点を、やはり全然見逃しているわけではない。スケッチは理論的使用における理性と実践的使用における理性とを取り扱っている、そしてこの二つの理性の使用は統一され、「一、私は何を知ることができるか。二、私は何をなすべきか。三、私は何を期望することができるか」という三つの問いの連関の中に示されるべきことになる(六一〇頁参照)。そのさい、第一の問いは思弁的な理性使用を、第二の問いは実践的な理性使用を、第三の問いは実践的関心と思弁的関心とをいっしょにしてもっている理性使用を、説明すべきものである(六一〇頁参照)。こうした前提に立って、実践的使用における理性は自由の理念に実践的な実在性を与えることにとりかかるのである。

実践的使用における理性は六〇八頁と六〇九頁に現れてくるが、それはむしろ自由の理念を、実践的実現を志向する理念の三重性〔すなわち三つ一組であるということ〕から分離することを示すために役立っている。

第二章　先験的理念の体系と宇宙論的理念の体系と「三つの理念の図式」との間に見られる関係

われわれは、自由の問題を取扱うに及んで、「宗教哲学的スケッチ」の積極的な陳述が、そこまで橋渡しをする思想の歩みの輪郭からはっきりと浮び上ってき始める個所に到達したのである。われわれは『純粋理性批判』が批判的な仕事〔訳註。おそらく三つの理念の思弁的性格を論ずる「弁証論」の前半。〕から神、自由および不死性という三つの理念に実践的な実在性を与える諸節へ到達するまさにその間の思想の概観を得るために、今までに、橋渡しをするもろもろの思想の歩みを——その最も一般的なとらえ方で——示してきた。

われわれは今までの研究の要旨をまとめてみよう。橋渡しをする思想の核心は、カントによってここで堅く守られている言葉づかいの中に示される。すなわち、カントは「理論的使用における純粋理性」および「実践的使用における純粋理性」という語によって、ここでは後になってからよりもはるかに力強く、理性の絶対的統一が彼の思想の展開の前提である、ということを表明しているのである。かくして宗教哲学的な思想の進展は、ここでは次のような前提に基づいていることが示されている。すなわち、その前提とは実践的使用における理性が実現する「諸理念」は、理論的使用における理性が被制約的なものから無制約的なものへと前進してゆくべしとする強制から、どうしても求めざるをえなかった諸理念と絶対的に相おうものである、ということである。懐疑論の克服こそ、前に考察した橋渡しをする思想の出発点をなしているのである。これをもって「先験的弁証論の宗教哲学的プラン」の根本思想が言い表わされている。ところでこの根本思想は、問題にされた理念の数から、いかにして後に至って実践的な実在性を与えられる三つの理念が展開してくるのか、すなわち、これらの三つの理念がまさしくいかにして実践的‐宗教的な評価を獲得するのか、ということが明瞭に示されるように要求した。今まで見てきたところから、カントはこれらの「三つの理念」の特殊な由来については、なに一つ報告していないことが分った。つまり上に考察した橋渡しをする思想は、われわれにこの過程を明瞭に示してくれなかった。しかしながらカントの宗教哲学を完全に理解するためには、カントがここでおこなった選出の仕方に対する洞察は、弁証論の「宗教哲学的プラン」に関して、非常に重要なものである。それでこの「宗教哲学的プラン」のごく一般的な特色を、われわれは上にすでに描いてみた。それゆえ、われわれはこのプランを完全に明瞭にすべきであるならば、われわれの研究を推し進めるに際しては、次のような問い、すなわち、いかにして「先験的弁証論」が「先験的理念の体系」から発して神、自由および不死性という三つの「理念」に到達するのであるか、という問いから出発しなければならない。

懐疑論の克服が、橋渡しする思想の出発点をなしているが、懐疑論そのものは誤謬推理において、二律背反において、また「純粋理性の理想」に関する節において取り扱われたいっさいの命題に関係する。しかし実際には、三つの「理念」に関してのみ懐疑論が克服されるのである。というのは、三つの理念のうち不死性の理念は心理学的論争の実践的関心を総括すべきであり、自由の理念は宇宙論的諸問題の実践的関心を総括すべきであり、しかるに他方、神の理念は純粋理性の理想についての詳論から発現しているからである。しかしここで奇妙に思われることは、純粋理性の誤謬推理の取扱いが、ここで取り扱われる諸命題の実践的関心全体が不死性という理念においてその極に達する、ということを橋渡し的に示唆することもなく終っている、ということであり、それのみか、人格性としての魂に関する問題の究明の中で、この第三の誤謬推理〔訳註。われわれの魂は数的に同一であり、単一であって従って知性的実体としては人格性であるということは誤りであることが明かにされる。〕の大きな実践的関心の示唆は一つもなされていない、ということである。純粋理性の理想に関する節もまた、神の理念が、宗教的関心に裏づけられた「理念」として後になって実践的な理性使用と結びついてふたたびわれわれに現れてくるような形態にもたらされることなく、終っているのである。

「宇宙論的理念」の取扱いは前の二つの理念のそれとは全然別の事情にある。たしかに「理念」という語の使用は、一般的な「先験的諸理念」から、神、自由および不死性という三つの理念が実践的関心の温かい息吹きによって、他の「先験的諸理念を」とらえてしまっている硬直から護られているところの諸節に対して、言わば橋渡しの役を果している。「先験的理念」という語が標準的に規定されている節（『純粋理性批判』の二七二頁から二八四頁に至るまでの個所）に立ち帰ってみる時、われわれはそこで与えられた概念規定があまりにも広範囲にわたるので、「理念」という語——これが神、自由および不死性という三つの理念に完全に収め込まれるかぎりにおいてではあるが

――の、後に至っての使用は、中間に説明を挿入することがなければ、説明されえないことが分るのである。ことに問題となる二八三頁の定義は、理念という語の、後に至っての特殊な使用の準備をなに一つ含んでいない。この定義はこうである、「私が理念と言うのは必然的理性概念であって、これに合致する対象は決して感能において与えられることはできない。してみると、われわれがここで考察した純粋理性概念は先験的理念である。それは純粋理性の概念である。なんとなれば、それはすべての経験的認識をば制約の絶対的総体によって規定せられたものとみなすからである」、と。二八四頁ではこの理念の概念は悟性の実践的使用と結びつけられる。理念は以前には「解決なき課題」であるにすぎなかったのに、実践的な理性使用においてはつねに現実的であり、「しかのみならず理性のあらゆる実践的使用の欠くべからざる制約」とされている。けれども注意すべきことは、後になって実践的な理性使用を制約する道徳的な要素が、ここでは全然強調されていない、ということである。

「先験的理念の体系」の取扱いがもっと先に進んだところでは、理念という語は全く後退している。人格性としての思惟する主体の永遠の存在は、不死性という後の理念がそれによって準備されるであろうような理念としては示されていない。宇宙論的二律背反に関する究明の中での〔理念の〕概念の使用が、理念の概念の展開における最初の中間項をなしている。「先験的理念の体系」に対応するものとして（二八七頁）、われわれは「宇宙論的理念の体系」（三四一頁）に出会うのである。かくしてわれわれは宇宙論的二律背反に関するこの節の中で、純粋理性の純粋な理論的使用からその実践的使用へと導く二つの重要な連絡線に出会う。すでに上に注意したように、まず第一に二律背反の弁証的取扱いは、ここで論議される諸問題が実践的領域に対してもつ意義を述べ、そしてこれらの問題に対し、それらに相応する明確な規定を与える、といった長々と続く論述に終っている。同時にまた、この同じ節は「宇宙論的理念の体系」について論ずることによって、「理念」という語をふたたび取り上げ、これを「先験的理念の体系」というこの大きな節へも適用している。この宇宙論的理念の体系という語は、「先験的理念の体系」と比例的関係をもつという点で特色をもったものである。この語は宇宙論的問題において究明されるすべての思想が、誤謬推理に関する思想にとっては大して際立っていなかったところの体系的連関のうちに立っているのだ、ということを意味しているのである。

カントは宇宙論的究明において討議されている個々の対象に対して理念という語を用いることに対しては、用心深くまた控えめな態度をとっている。彼は三四五頁で四つの宇宙論的理念について、はっきりとこう言っている、「かようなわけで範疇の四項目に準拠して、四つの宇宙論的理念以上は存しない」と。理念という語に関する言葉づかいは自由の概念に対してだけ首尾一貫的になし続けられた。この事実の根拠と意味については、われわれはただちに検討するであろう。しかしながら、カントは、実践的な理性使用の観点から宇宙論的二律背反の中で取り扱われている思想に対する関心が明らかにされる節において、宇宙論的諸理念を体系的に結びつけたままにしているのであるから、「宇宙論的理念の体系」という見出しの下に告げられている思想のうちに終始一貫して踏みとどまっているわけである。この体系的な結びつきの最も明瞭な表現は、宇宙論的理念が実践的使用における理性の照明領域に入るまさにその決定的転換点を示すところの行間に見られる。決定的な重要さをもったこれらの行は三八五頁にあるのである。理性は宇宙論的二律背反の中のそれぞれの「定立」に対してどんな関心をもっているか。「第一にある実践的関心が現れる。善良な心をもつ者は誰でも、もし彼の真の利益を解するならば、これに心から同感する。世界が始まりをもつこと、私の思惟する自我が単純で不朽的な本性をもつこと、それが同時に彼の有意的な行為において自由であって自然の強制に超然としていること、最後に世界を構成する事物の全秩序が一つの原存在者から由来し、万象がこの原存在者から統一と合目的的連結とを得てくるということ――これらのことはまさしく道徳および宗教の礎石である」。(1)

(1) これに対しては三八三頁の上半をもまた参照されたい。

これらの行間の意味全体を理解するためには、ひとはわれわれがここではカントが「弁証論」一般の中で論議された問題の実践的価値をではなく、宇宙論的思想の実践的価値のみを特に取り上げている節を取扱っているのだ、ということを再三再四銘記しなければならない。つまりわれわれは「宇宙論的諸理念の体系」をのみ問題としているのである。四つの二律背反はことごとく主張されているのであり、またこの四者はことごとく実践的評価を受けており、またこれらはことごとくすでに以前に弁証的に問題にされたさいにもっていた一定の連関の中に立っている。これらの二律背反は実践的に評価されると同時に、それらがもつ普遍性から切り離されて、認識する主体に対するそれらの関係に従って明確に規定される、という方向に屈折されてしまったのである。それでは、二律背反はそれらの弁証的仮象を看破する、認識する主体の道徳的で宗教的な世界把握に対して、どういう意味をもたなければならないのか。

「世界は時間の中で始まりをもち、空間に関しても限界の中に囲まれている」(三五四頁)、という第一の二律背反〔の定立〕が、この新しい方向づけに一番矛盾する。この第一の二律背反は確かに二律背反の弁証的取扱いの中でいささかよそよそしいものに見える。この二律背反がわれわれに与えられずに終ったとしても、「弁証論」には何も欠けるところがなかったであろう、という印象を受けるのである。この二律背反の従属的位置〔訳註。すなわち他の二律背反に比して劣れる位置にあることを指す。〕は先験的理念が実践的使用における理性の領域へ進出するそのとたんに明瞭になる。この二律背反はみずからの範囲の半分を遺棄してしまった、というのは、それはなおその時間的性格のみを失わずにもっているが、これに反し空間との関係を失ってしまったからである。二八五頁には、「世界が始まりをもつことは……道徳と宗教との礎石である」、と述べられている。この省略文において初めに挙げられた第一の宇宙論的理念と結文の思想との結びつきのいかにも不自然なことが明確に際立ってくるので、第一の宇宙論的理念が他の三つの宇宙論的理念との体系的連関によってのみ、新しい〔実践的な〕領域に引きずり込まれる、ということが示されている。そのさいこれらの理念がこうむった畸形化と実践的理性使用の異様な雰囲気とは、この第一の二律背反のいかんともしがたき末路をいっそう速めている。それは衰弱しきって、沈んでゆく。それにまた次の個所でこの死去のことが決してわれわれに告げられていない。これこそあらゆる作為された存在のもつ運命なのである。

第二の二律背反の定立はこの新しい〔すなわち実践的領域に対する〕関係の下では、第一のそれよりもはるかに抵抗力をもっている、ということが証明される。この定立は一般的に表現されて、次のように言われた、「世界における複合的実体はどれも単純な部分より成り立っている、そして一般に実在するものは単純体か、そうでなければ単純体から組成されたものにほかならない」と（三六〇頁）。この定立は実践的に評価されるさいには、次のような形式をとるのである。すなわち、「私の思惟する自己は単純で不朽的本性をもっているということは……道徳と宗教との礎石である」、という形式をとるのである（三八五頁）。第二の宇宙論的理念は実践的領域では、認識する主体に対するそれの実践的関係の方向に向けられることによって、その宇宙論的性格を全く喪失してしまったのである。つまりそれは「不死性の理念」へ変形される過程の中にとらえられる。ここでたしかにこの二律背反の新しい形態の輪郭が明瞭に浮き上がってくる。ここにわれわれは、第二の宇宙論的二律背反の定立が実践的領域へ移行するさいに、誤謬推理の諸思想が実践的に評価されて表現されなければならなかったであろうような形態を帯びてくる、という驚くべき成果を得るのである。第二の宇宙論的二律背反の定立は「不死性の理念」を与える。それだからこそ、誤謬推理において論議された思想の実践的評価が、あの節の末尾に欠けていたのである。宇宙論的二律背反の第二の定立の実践的な形態は、はからずも、もろもろの誤謬推理が認識する主体に関して誤謬推理の意義を論じているかぎりは、それらは第二の宇宙論的二律背反の一つの特殊な場合以外のなにものでもない、という否定すべからざる証明をしてくれる。認識する主体に対するこうした関係が別の側面から、すなわち、ここではどうしても実践的に評価せざるを得なくなるがために、第二の宇宙論的二律背反へ持ち込まれる時には、今まで隠されていた二部合奏が明瞭になってくるのである。

それでは第三の宇宙論的二律背反はどうであるか。この定立はこう言っている、「自然の法則に従う原因性は、世界の現象がことごとくそれから導出されうる唯一の原因ではない。現象の説明にはなお自由による原因性を想定することが必然的である」と（三六八頁）。この定立は実践的領域では新しい形式でこう言っている、「私の思惟的自己――これは単純で不朽の本性をもっているが――は同時にその有意的な行為において自由であり、自然の強制に超然としているということ……このことは道徳と宗教との礎石である」と（三八五頁）。この宇宙論的理念の屈折は、前の第二の宇宙論的理念の屈折と同じ原理に基づいている。第三の二律背反の定立もまた、思惟する主体の方へその方向を与えられることによって、明確に規定される。現象一般の法則的連関に対する問いの代りに、自然機構《メカニズム》に対する人間の行為の関係についての問いが現れてくるのである。自然機構《メカニズム》と相並ぶ生起の原理としての自由についての問題は、「思惟する自己」――これが同時に実践的自我でもあるかぎりにおいてであるが――に対して特殊な関係に立つところの現象に限られて、考察される。われわれはここで批判的観念論が実践的関心から人間の行為と現象との区別の原理を端的に求めるところの、決定的な地点に立つのである――もっともこの区別の原理を見つけることができるわけではないが。三八五頁にあるこの個所は、将来に対する予言のように見える。自由の問題の取扱いはカントの哲学の全体を通じて、この区別の原理を求めてゆくであろうが、しかし批判的観念論の本質上、真に道理にかなった原理を見つけることができず、ただ任意的な原理を見つけることができるにすぎないであろう。カントが、ここで行為という語を「有意的な」という形容詞によって、あたかも端的な「行為」と「有意的な行為」との間に区別を立てるだけで自由の問題の取扱いに対してなんとか申しわけができるかのごとく、制限していることは、偶然であろうか。問題の個所の「有意的な」という形容詞の使用は、ここで批判的観念論によって試みられた行為と現象との区別と同様に、任意的なものではないか。ここで論ぜられた「有意的な」という語の中にもまた、将来に対する示唆が伏在する。すなわち、われわれは『実践理性批判』の中にある自由の問題の取扱いの決定的な個所において、この「有意的な行為」という語にふたたび出会うのであるが、そこでこの語によって起ってくる諸困難のもつれを詳細に吟味するであろう。

第三の「宇宙論的理念」が「神、自由、不死性」という三つの理念の図式の中の「自由の理念」へと方向転換する地点は、「現象」という語(三六八頁参照)を「行為」(三八五頁参照)によって代置することによって示される。この「自由の理念」は批判的観念論の宗教哲学の基本的「理念」なのである。世界全体が、批判的観念論によれば、「思惟する主体」に関しては現象にすぎないならば、自由の理念は現象としての「思惟する主体」の、現象界に対する関係にかかわるのである。自由の理念は批判的観念論の宗教哲学の中心に立つのである。いっさいの解決の可能性――および批判的観念論が道徳的意味における自由の問題に持ち込む、いっさいの新しい困難――は、カントの宗教哲学が「自由の理念」に実在性を与えようと一歩踏み出す場合には、ほとんどほどくことのできないような混乱に捲き込まれるのである。それゆえに、自由の問題の取扱いが、カントのあらゆる宗教哲学の思想の歩みの発端において、陰に陽に、抬頭してくるということもまた、説明がつくのである。批判的観念論が道徳的－宗教的関心と結びつけられるかどうか、それともそれはこの結びつきに対して無関心であるのかどうかという問題が、ここで決定されることになる。

われわれは最後の宇宙論的二律背反へ移ってゆこう。この二律背反は定立の中でこう言っている、「世界にはその部分としてか、あるいはその原因として、端的に必然的な存在者であるところの或るものが属する」と（三七四頁）。この定立は実践的関心の領域では次のような形態をとる、すなわち、「世界を構成する事物の全秩序が一つの原存在者から由来し、いっさいがそれから彼の統一と合目的的連結を得てくるということは、道徳と宗教の礎石である」という形態をとるのである（三八五頁）。

第四の宇宙論的理念が実践的に評価されることによって受けた変化は、前の宇宙論的理念のそれに劣らず興味深いものである。第四の二律背反の弁証的取扱いにおいても、この二律背反を明確に規定する場合と同様に、カントは、ここで討議される事柄と純粋理性の理想に関する節の思想との間の区別を主張するために、非常に狭い境界を定めたのである。この最後の二律背反の明確な規定と究明とにおいては、経験的系列からその最高の絶対的な項へ上昇することだけが問題とされている。神は必然的存在者として、すなわち世界系列における最高の項としてのみ問題となるのである

（三七八頁参照）。しかしながら、われわれはこの宇宙論的理念の実践的な評価においては、前よりもはるかに発展した思想に出会うのである。原存在者は、第四の宇宙論的二律背反においてのように、ただ「絶対的措定」としてのみ考察されるのではなく、さらにそれが現象の統一と合目的的な連結を制約するかぎりにおいて、考察される。宇宙論的思想の歩みは目的論的動機をもって貫かれている。このことは三八五頁で宇宙論的諸理念が屈折した結果に基づくのである。宇宙論的諸理念の実践的評価は、これらの理念が認識する主体に対する関係を保持する、ということに基づいているとするならば、存在と生起の絶対的制約にかかわる第四の宇宙論的理念は、必然的に目的論的な方向を与えられなければならない。なぜかと言えば、目的論の本質は、現象界において現われるかぎりの存在と生起が、現象としての認識する主体に対する関係の中で評価される、ということに基づいているからである。かように三八五頁にある「原存在者」は三七四頁にある「端的に必然的な存在者」よりもはるかに内容の豊富な概念である。三八五頁にある「原存在者」は、「先験的弁証論」の第三章が「純粋理性の理想」の中であらわに示しているところの、完全な内容をもっている。

かくして第四の「宇宙論的理念」に関する研究のさいには、すでに第二の宇宙論的理念の取扱いのさいに明らかにされたことがらがくり返される。そのさい第二の宇宙論的理念が三八五頁で与えられた実践的な方向づけによってわれわれにあらわに示したことは、純粋理性の誤謬推理が、その現実的意味からすれば、第二の宇宙論的二律背反の特殊の場合を布延したものであるにすぎない、ということである。〔それと同じく〕第四の二律背反の目下の形態からして、この二律背反は――ここでは簡潔に論述されているが――その実際の布延を先験的理想に関する究明の中でやっている、ということが分るし、それにまた、第四の「宇宙論的理念」と「純粋理性の理想」との分離は技巧的なものである、ということが分るのである。従ってこの両者が理性の実践的使用の方に方向づけられる時、また両者が認識する主体に対するそれらの関係において考察される時、両者はその実践的形態においては相おおうものである以上、両者を別々に離して理論的に取り扱うこともまた、内面的根拠からは是認されるものではない、ということが明らかになる。カント自身純粋理性の理想に関する究明の中で、原存在者の確立に関して宇宙論的要素と目的論的要素との間に支配するあの相互制約性という関係を、神の証明を批判するさいに、力をこめて強調していることもまた、このことと一致するのである。それゆえに三つの理念の図式の中の「神の理念」は、第四の宇宙論的二律背反が実践的な理性使用の中に新しく方向づけられるさいに受け取った形態なのである。

われわれは今三八五頁のこの重要な節についてのもろもろの究明をまとめてみよう。この節は、宇宙論的理念の体系の個々の項が実践的に評価されるさいにそれらがわれわれに現れてくる形態を示してくれる。第一の理念は不具になって夭折する。第二の「宇宙論的理念」は「不死性の理念」の形態を得てくる。第三の宇宙論的理念は「自由の理念」として現れてくる。第四の宇宙論的理念の中に、われわれは「神の理念」のあらゆる特徴を認める。四つの宇宙論的理念の体系から、神、自由および不死性という「三つの理念の図式」が成立してきた。この図式はここで、後に至ってカントの宗教哲学を支配するような形態をとって、われわれに立ち現れてくる。そしてこれらの三つの理念の実践的−宗教的な思想内容は驚くべき簡単明瞭なとらえ方で描かれている、しかも、あたかも三つの理念の提供された形態が後の三つの宇宙論的理念から、実践的方向づけを受けることによって、これ以上前提も中間項も必要とせずに、ただちに生じてきた形態であるかのごとくに、描かれているのである。これこそこの個所の非常に重要な点なのである。すなわち、この個所はカントの宗教哲学の三つの理念の図式を、「宇宙論的理念の体系」が理性の実践的使用のさいに受け取るところの形態として把握するように、われわれに対して要求する。この個所はカントの宗教哲学をば、誤謬推理と純粋理性の理想とを顧慮することなく、描いている。というのは、それは一方では、誤謬推理に関する節が三つの理念の図式に与えたであろう寄与を、すなわち不死性の理念を、直接に第二の宇宙論的理念から導出する、とともに他方では、先験的理想に関する節が三つの理念の図式に与えたはずである寄与を、すなわち神の理念を、その実践的全内容もろともに、直接に第四の宇宙論的理念から獲得するからである。この個所は中間項なしに、宇宙論的諸理念から獲得された、不死性、自由および神という三つの理念に一つの体系的連関を授けているが、この連関は宇宙論的二律背反がその中で取り扱われたところのあの体系的連関と厳密な比例関係をなしているのである。この連関はカントによってしばしば使用されている、見慣れた「神—自由—不死性」という順序に従った理念の順位とも合致しないし、また「宗教哲学的スケッチ」ならびに『実践理性批判』の中にある宗教哲学において理念が論究されるさいの順位とも合致しない。なぜかと言うと、両者の場合〔すなわち「宗教哲学的スケッチ」と『実践理性批判』において〕自由の理念が先頭に置かれるからである。

かくしてわれわれはここで三つの理念の図式の選出、形式的規定、内容規定および体系的排列をば、宇宙論的理念の体系との唯一のかつ自然的な結びつきにおいて成就されるものとして、立証した。認識する主体の自己自身に対する関係から、現象としての認識する主体が自己を現象界へと関係させるその関係へ、さらに現象界からやがて、その原根拠〔すなわち神〕へこの現象界を関係させる関係へと向かっての進展が、その連結の原理なのである。この排列が後の三つの宇宙論的二律背反の順列と、三八五頁にある「宇宙論的理念の体系」の実践的評価との基礎をなしている。さて個々の理念を吟味した結果、三つの理念の図式の中にある三理念はことごとく後の三つの宇宙論的理念へ直接に還帰してゆくということ、従ってまた純粋理性の誤謬推理と純粋理性の理想との思想はそれ自身においてではなく、かえってただこれらの思想が二つの宇宙論的理念の特殊の布延であるかぎりにおいてのみ、実践的に明確に規定されて三つの理念の図式の中にふたたび現れてくるということ、がすでに明らかになった。今や理念の順列に関しても——これらの理念が理論的使用から実践的使用へ移行することによって、この順列がいかなる変更をも受けなかったと仮定するかぎり——前と同じことが示されるのである。換言すれば、三八五頁と二九〇頁とを比較してみれば、「宇宙論的理念の体系」における理念の連関は、二九〇頁で「先験的理念の体系」に対する排列の原理として言われているのと同じ原理によって支配されていることが分るのである。「自己自身の認識（魂の認識）から世界の認識へ進み、さらにこれを介して原存在者へと進む、ということは非常に自然な進展であって、前提から結論へと進む理性の理論的進行に似ているように思われる」(二九〇頁)。この個所はすでに以前にこの研究において評価された。というのは、カントが神、自由および不死性という三つの理念をば、これらを連結する思想を述べることもせずに、心理学、宇宙論および神学に関する「弁証論」の三つの節と関係をさせようとしたことが、第二版に対する註から結論されたからである。ところで三八五頁と比較してみると、カントはそこでは同じ三つの理念をば、同じ排列の原理に従って、心理学、宇宙論および神学——カントがこれらの三者を弁証的に取り扱うかぎりにおいて——から導出しないで、かえってそれらの理念を三つの後の方の宇宙論的理念との直接な関係において展開していることが分るのである。それゆえに、われわれは三つの理念の図式を、ある場合には「先験的理念の体系」と結びついて展開するものとして、またある場合には「宇宙論的理念の体系」と結びついて展開するものとして表わしたのである。

この事実は「弁証論」におけるカントの宗教哲学の基礎づけにとってはきわめて重要である。それは、二つの思想の系列が、その関係においては同心円にも比すべく、並存的に進んでゆくさまを示してくれる。もっともカントはこの相互対立的に排斥し合うこの並存関係を調停すべき必要を感じてはいないのであるが。ひとはこの事実を『純粋理性批判』の成立の歴史から説明したい、という気にもなりうるであろう。ある面では言うまでもなく、この成立の歴史についてのいっそう正確な知識が、この二つの思想の系列の並存関係について多くの解決を与えうるであろう。他面ではこの二つの思想の並存関係と、これに結びつけられる三つの理念の図式の出所に関する不明瞭さとは、カントの宗教哲学一般の特色に属するのである。二九〇頁にある第二版に対する注目すべき註が、まさにこのことを示している。そしてこの註は『実践理性批判』の成立と時間的には近いころに現れているのである。

この二重の思想の歩みに対する洞察によって、われわれは「理念」という概念が理論的領域から実践的領域へと移行するさいの、この概念の展開の歴史に関して新しい明瞭さを獲得する。この展開の起点をなすものは、以前にすでに注意したように、「先験的理念」という広い意味をもった概念である。神、自由および不死性だけを「理念」として示すところの三つの理念の図式との関係において、理念という語が得てくる含蓄深き意味が、その帰着点をなすのである。さて、われわれが「理念」という語の使用の仕方を追求することによって、われわれはこの語が、「宇宙論的理念の体系」という標題(三四一頁)に選ばれた名称がすでに示しているように、宇宙論的二律背反に関する節の中でようやくふたたび勢力を得てくる、ということが分った。理念という語の使用に関する研究のもとですでに、われわれはここでは理論的理性使用から実践的理性使用の領域へ移動するさいに理念という概念がたどる展開の段階を問題にしているのだ、という考えが語られた。われわれは「宇宙論的理念の体系」の位置が、後方へ向かっては「先験的理念の体系」に対する関係において、ならびに、前方に向かっては神、自由および不死性という三つの理念の図式に対する関係において、いっそう厳密に検討した後であるから、今やわれわれは上に予想していた認識をいっそう厳密に、規定することができるのである。すなわち、「宇宙論的理念の体系」は「先験的理念の体系」とは異なったものではなく、かえってそれは普遍的にとらえられた「先験的理念の体系」が三つの理念の図式へ移動するさいに、その領域をせばめる役をなすのである。「理念の体系」は双方の場合において同一であるし、またこの体系の排列の原理も双方の場合において同一である。そして新しい〔実践的な〕方向づけという同一の操作によって、この二つの体系から不死、自由、神という三つの理念の図式へと到達するのであるが、そのさいの排列の原理はここでもまた依然として同一である。この関係は、三つの平行線によって異なった間隔をおいて切断されるところの三つの光線の例をもって説明されるであろう。頂点から最も遠くへだたっている平行線は、三つの光線をA′B′C′の三点において切断する。これが「先験的理念の体系」である。第二の平行線は右のようにして得られた光線の切片を二対一の関係に区分する。この交叉点A″B″C″が「宇宙論的理念の体系」を表わす。第三の平行線はこの新たに得られた切片をふたたび二対一の関係に区分する。すなわち、A‴B‴C‴は三つの理念の図式を表示する。光線の頂点では三つの交叉点はいっしょになる。すなわち、三つの理念は一つの理念のうちに含まれてしまい、そこには本来一つの「理念」――自由の理念――のみが存在するのである。かくしてわれわれは、ここに選ばれた幾何学の例証に誘われて、『実践理性批判』における要請の実現に関する批判が初めてはっきりさせるであろうところの思想を言い表わしたのである。

理念という概念の展開の歴史に対するこうした洞察から、今やすでに以前に触れられた事実、すなわち宇宙論的二律背反に関する節だけが、実践的な理性使用のために、ここで論究された思想の評価に対して橋渡しを提供する、という事実もまた説明がつくのである。誤謬推理の節と「純粋理性の理想」に関する節とが単に第二と第四の宇宙論的理念の特殊の布延にすぎず、また「宇宙論的理念の体系」は「先験的理念の体系」が「三つの理念の図式」へ移動するさいの移行形態であるとするならば、この二つの節は、それらが三つの理念の図式にもたらす寄与を大いに期待されるような、特別の、実践的な橋渡しをなに一つ提供することができない、ということはしごく当然なのである。それはいわば思想の歩みの高次の合法性というものであって、このことは「先験的弁証論」の第二篇の第一章と第三章とのもとでは、その第二章と比較してみるとき、実践的な追究が欠けているということのうちに、実は語られているのである。

三八二頁から四五一頁に至るまで、いろいろの節を通じて行きわたっている、宇宙論的二律背反の実践的な追究においては、そこで論究されている自由の理念が主要な関心を喚起する。この理念がカントの哲学一般の中で、そして特に宗教哲学の中で、占める中心的な位置が、ここに明瞭に現れてくる。ここで自由の理念がそうであるほどには、どこにおいてもいかなる理念もその実践的実現に対して準備されはしないのである。ここで論究された自由の概念に対して「理念」という語がしばしば使用されているのに対して、「宇宙論的理念の体系」のその他の諸定立に対しては理念という語の使用がかなりに制限されているという事態が、上のことを十分示唆している。カントがこの連関〔すなわち自由と理念とのそれ〕において自由をば、ある場合には「先験的理念」として、ある場合には「宇宙論的理念」として述べていること――もっとも後者の名称は前者の名称に本来的には従属の関係に立たなければならない、ということを暗示することもなく——は、以前に詳述した私の研究が正当であることを非常によく示してくれるのである。この自由の理念は、それがまさに実践的な実在性を与えられようとするその地点にまで、カントが究明したところの唯一の理念なのである。『実践理性批判』においてと同じく、「宗教哲学的スケッチ」において先頭に論ぜられるのは、まさにこの自由の理念なのである。それゆえに、「弁証論の宗教哲学的プラン」に関するこの研究を終るに当って、自由の理念の実践的な実現が「弁証論」の第二篇第二章の、あの橋渡しをする諸節の中で受ける準備を簡単に明示することが、なおわれわれに残されている。かくしてのみ次に「宗教哲学的スケッチ」に移って行って、六〇八頁と六〇九頁で行われている自由の理念の取扱いと実現とが、カントによってこの問題の中で提示された準備に一致するかどうか、またどの程度に一致するか、ということを決定することができるからである。

自由の理念に実践的な実在性を与えるための準備は、四二八頁から四四五頁にかけて遂行されている。あらゆる点からみて、これらの頁において提示された詳論は、「弁証論」におけるカントの陳述の頂点を示している。究明全体がカントの表現においてはすこぶる効果の大きい漸増法の調子をもって推し進められてゆく。

さしあたり、問題にされている課題について明瞭さが得られる。実践的意味での自由の理念と、理論的理性使用における自由の先験的あるいは宇宙論的理念とは相互にどんな関係に立つのであるか。カントは四二九頁では前者の意味を「決意性が感性の衝動による強制から独立すること」であるとしている。また後者は「自然の法則に従う原因性が唯一の原因性であるかどうか、それとも自然の説明にはなお自由による原因性を想定することが必然的であるかどうか」(三六八頁)を決定することにかかわる。ここに再現された定義のみに固執すると、あたかも相互に独立した二つの自由の理念があり、その一方はその実現のためには他方に頼ることがないかのごとくに、見ることもできるであろう。しかしながら、三八五頁ではすでに、自由の実践的理念は、「自由の宇宙論的理念」が実践的な理性使用の領域へ移行するさいに受け取る形態として把握されているのである。四二九頁はこの関係を新たに証言し、そして——この点に思想の進展が存するのであるが——この両理念の連結にこそ自由の実践的理念を実現するための困難が基づいている、という事情を強調している。「ここにきわめて重要なことがある。というのは、自由の実践的概念が自由のこの先験的理念を基礎とするからであり、そして古来実践的自由の可能性に関する問題を取り囲んでいた難点の本来の契機をなすものは、自由の先験的理念であるからである」(四二九頁)。ひとはこの命題をカントの自由の問題の取扱いの基本的説明と呼ぶことができるであろう。それゆえに、この難点の解決の可能性こそまさに先験的哲学が取り組まなければならぬ仕事なのである(四三一頁)。そのさい現象界の性格に対する批判的観念論の洞察は、この難点の除去がそこから企てられうるところの、唯一の地点を提供する。「なぜかといえば、現象それ自身が物自体であるならば、自由は救われようがないからである」(四三一頁)。それゆえに、普遍的な「自然必然性」と連結せられる自由という宇宙論的理念は、この連結が一般に是認されるならば、批判的観念論の手段によって表現されなければならない。「自由の宇宙論的理念」はここでは自由の実践的理念を目ざして取り扱われていることは、自由と因果の法則との関係に関する問題が、第三の宇宙論的二律背反の場合のように、もはや現象一般に関係するのではなく、かえって三八五頁においてのように、現象の因果性そのものに対する人間の活動〔あるいは行為〕の関係にかかわる、ということをみれば分る。カントの表現はここでは驚くべき明瞭さに達する。すなわち、「人間は感性界の現象の一つであり、その限りではまたその原因性が経験的法則に従わなければならぬところの自然原因の一つである。それだから人間がまたかような一つの自然原因として経験的性格をもたなければならぬことは、他のすべての自然物と同様である。しかしながら、人間はその他の場合には全自然を感能によってのみ知るのであるが、自己自身をば単なる統覚によっても、くわしくいえば、それを彼が全然感能の印象にかぞえることができない働きおよび内的限定においても、認識する。そして彼自身一方ではもとより現象体ではあるけれども、他方では、というのは一種の能力に関しては、単なる英知的対象である。なぜかといえば、この対象の活動は感性の感受性には全然かぞえられえないからである」(四三七頁と四三八頁)。「当為」によって表現されるような種類の必然性は、理性が現象に関して原因性をもつという場合をそれ自身で可能であるとしてあらわにする(四三八頁と四三九頁)。実践的自由を自由の先験的理念との不可分的関係において考察してみる場合には、この実践的自由の現実性あるいは可能性に関してはここではなに一つ述べられていないことが分る。「自由からの原因性に対して自然は少くとも矛盾しないということのみが、われわれがなし遂げえた唯一の事柄であり、そしてこれのみが実にわれわれにとって重要な関心事だったのである」(四四五頁)。

この右の言葉は、一方では自由の問題の橋渡しをする批判的取扱いの成果がすこぶる控えめなものであることを承認しなければならぬが、しかし他方では自由の理念に実践的な実在性を与えることをそもそも不可能にしないようにするためには、ここで達成された事柄だけで十分である、という認識を言い表わしているのである。そしてこの言葉はこの重要な節、すなわち、第三の宇宙論的理念が「自由の理念」として理性の実践的使用において踏み越えてゆくべき限界すれすれのところにまで、この理念を送り届けるところの節の結びの言葉となっている。カントの陳述の根本前提は四二九頁に言い表わされている、自由の先験的理念に対する自由の実践的理念の関係である。「宗教哲学的スケッチ」における自由の理念の取扱いはこの前提と連結するのか、それとも連結しないのであるか。この問いの解決をまって初めて、「宗教哲学的スケッチ」が実際に積極的な詳論であり、そして『純粋理性批判』の批判的な諸研究がこれに対して消極的な予備仕事を提供したのであるか、といういっそう普遍的な問いは決定されるのである。自由の問題のこの個所の重要性を認識するためには、どうしてわれわれがこの研究の中でこの自由の問題へと導かれてきたか、ということを思い返してみさえすればよい。

まず第一に、われわれはカントが批判的仕事から宗教哲学の構築へと向かって進んでゆく時にいだいていた思想の概観を一般的に述べた。この思想の根本をなす思想として、われわれは理論的使用および実践的使用における理性の統一、ならびにそこから全体の「宗教哲学的プラン」に対して生じてくる諸帰結を認識した。われわれはこの概観を、六〇五頁以降にある本来の「宗教哲学的スケッチ」の始まりにまで論述してしまった後に、それまでに得られた一般的な思想から、「先験的弁証論の宗教哲学的プラン」の個々の問題にいっそう多く向けられる研究を、どうしても企てる必要が起ってきたのである。これとともに、三つの理念の図式が「先験的理念の体系」に対していかなる関係に立っているのか、という問いが、ますます明瞭に主要問題として擡頭してきた。この同じ問いは同時に、「弁証論」の第二篇において理念の実践的実現がどの程度に、可能性、形式および内容の面で準備されているか、という問いを包含していた。研究の結果、この問いに答えるためには、宇宙論的理念の体系に関する詳論が決定的に重要であることが立証された。しかしながら同時にまた、カントのこれに関する詳論の中で自由の理念こそが、彼が実践的な理性使用の限界に至るまでのすべての段階において、追求している唯一の理念である、ということが分った。これとともに、自由の理念のみが「弁証論の宗教哲学的プラン」についてわれわれに物語りうるということ、またこの自由の理念から主として、「宗教哲学的スケッチ」が『純粋理性批判』の「弁証論」の根底にある「宗教哲学的プラン」に一致するかどうか、ということの決定が見いだされうる、ということが分ったのである。

第三章　自由の本質およびこれと相関的な二つの世界の構造

ここで問題となっている問いを明瞭に見てとるためには、ひとは『実践理性批判』における実践的自由の問題の取扱いを目下の個所に対する解釈の規準として用いることは、度外視してかからなければならない。というのは、そのようにして初めて自由の理念に実践的な実在性を与えようとする最初の試みと、それ以後のすべての試みとの間の差異が洞察されるからである。カントはここでは厳密に先験的自由の概念と実践的自由の概念とを区別している。六〇八頁にはこう言っている、「私はさしあたって自由という概念を実践的意味においてのみ用い、先験的意味における自由の概念をば——これは現象を説明する理由として経験的に前提されえず、かえってそれ自身理性に対する課題なのであるが、すでに前の論述で解決されたものとして——考慮の外におくであろう、ということをまずここでことわっておかなければならない」と（六〇八頁）。「感性的衝動から独立で、従って理性からのみ表象せられる動機によって規定せられうる」ような決意性が、実践的自由として示される。また六〇八頁には「実践的自由は経験によって証明されることができる」と言われている。「もともとわれわれを刺戟するもの、換言すれば、感能を直接に触発するもの、が人間の決意性を規定しうるばかりではなく、われわれは間接にそれ自身有利でありあるいは有害であるものの表象によって、われわれの感性的欲求能力に対する影響を克服する能力をもっている。われわれの全状態に関して何が欲求される価値をもっているか、換言すれば、何が善くて有益であるかに関する、この熟慮は理性を根拠とする。それゆえに理性もまた法則を与える。そして理性の法則は命令《インペラチーフ》すなわち自由の客観的法則であって、何が起らなければならないかを主張する、それがおそらくは決して起らぬにしても。この点でそれは起るところのことのみに関与する自然法則とは異なる。それゆえ理性の法則が実践的法則とも呼ばれるのである」(六〇八頁と六〇九頁)。

　ここでは、後に至って見られるような、カントの道徳法則の純粋な表現の仕方がまだ達成されていない、ということに注意を向けるためには、右の文の中で「善い」と「有益である」とが並列していることを思い浮べさえすればよい。ここでは理性の法則が感性の衝動から絶対的にではなく、ただ相対的にのみ区別されている。というのは、理性の法則は「間接に有利でありあるいは有害であるもの」、すなわち「われわれの全状態に関して欲求される価値をもっている、換言すれば、善くて有益である」ものを志向するからである。この事態は実践的自由が一つの「自然原因」として示されるまさにその時に、完全に明瞭になる。すなわち、「われわれはだから実践的自由を経験によって、自然原因の一つとして、従って意志の規定における理性の原因性として、認識する。しかるに先験的自由はこの理性そのものが(現象の系列を始める理性の原因性に関して)感性界のすべての規定する原因から独立であることを要求する、そしてそのかぎり、自然法則に反し、従ってすべての可能的経験に背反するように見える。それゆえに、先験的自由は一個の課題たるにとどまるのである」。

それゆえに、われわれは純粋理性の規準の中で、この規準が実践的使用においてのみ可能であるかぎり、「二つの問い、すなわち、神は存在するか、また来生は存在するか、という問い」（六〇九頁）と関係するのみである。（先験的意味での）自由に関する問いは、「思弁的知識にのみ関係するもので、われわれは実践的なものを問題とする場合には、全く無関心なものとしてこれを等閑に付してさしつかえない。その上この問いはすでに純粋理性の二律背反に関する章で十分に究明されているのである」（六〇九頁）。かようにして自由の問題は片づけられた。すなわち、それは一番先に目標点を通過してしまったのである。しかしこの勝利は有効なものとして承認されるかどうか、が問題である。

「先験的弁証論の宗教哲学的プラン」は純粋理性の思弁的理念――この理念の重要性は実践的な理性使用に関係する、ということが明らかであるかぎり――に、実践的な理性使用を考慮して、実践的な実在性を与える、ということを基礎としていた。自由の理念は第三の宇宙論的理念に対応している。すなわち、それは「自然の法則に従う原因性は、世界の現象がことごとくそれから導出されうる唯一の原因であるのか、それともなお自由からの原因性が想定可能であるのかどうか」（『純粋理性批判』三六八頁参照）という問題にかかわるのである。理性存在者にとっては、かように立てられた問題は関心をそそるものである。なぜかというと、理性的存在者が彼の活動を、ただ現象としてその中に織り込まれるところの自然機構《メカニズム》に従ってのみ、因果性という普遍的法則によって説明すべきであるのか、それともこの同じ活動を、われわれの意欲の英知的原因にかかわる限り自由であるところの英知的行為《タート》の時間‐空間的把握としてみなすことができるのかどうか、ということは、この問題の解決にかかっているからである。実践的な実在性を与えられることを目ざしてゆく自由の理念は——今までに言われたことの全部をこのようにまとめることができるのであるが——、自由の先験的理念なのであり、そしてこの先験的理念は批判的観念論によって可能なるものとして述べられたところの、英知界と現象界との関係に基礎づけられているのである。

さてしかし、六〇八頁と六〇九頁とにおいては実践的自由の理念は再三再四自由の先験的理念とのあらゆる類似性を拒否している。というのも邪魔になる付属物〔すなわち自由の先験的理念〕を振り落すことによっていっそう容易に目標に到達しようとするためなのである。これによりこのやり方は「先験的弁証論」全体の「宗教哲学的プラン」に矛盾し、理性の思弁的関心と実践的関心との予告されていた統一を破壊し、そして『純粋理性批判』の研究の重要な部分を完全に無価値なものにする。というのは、この重要な部分は自由の問題にかかわり、自由の理念に実践的な実在性を与えるように準備するものだからである。換言すれば、われわれが確認しなければならないことは、六〇八頁と六〇九頁とにおいて自由の理念に実践的な実在性を与えるにさいしては、どうみても奇妙で新しい、批判的観念論と全然相触れることのない、自由の理念のとらえ方が現れてきて、これが今や先験的自由の理念の位置に忍び込んでこの先験的自由の理念を全く無価値なものにしてしまう、ということである。かくして、実在性を与えられるように努力する自由は、実践的な理性使用における先験的自由の理念であるのに、実践的自由と先験的自由との間に区別がつけられることによって、自由の理念に実践的な実在性が与えられることになるのである。

こうした足取りを強制する原因の数々がカントの叙述の中にあることが認識されるのである。この強制は、自由の問題が実践的に道徳的な領域へと移行してゆくとたんに、自由の問題が変更を受ける、ということに基づいている。

カントは六〇八頁と六〇九頁では「道徳的法則」そのものを自由の問題と結びつけず、かえってわれわれの理性の実践的能力を、これ以上考えることができないような、有用性に関する洗練された考慮と関係づけて展開しているけれども、しかし六〇七頁において到達された考え、すなわち、道徳的法則に関してのみ純粋に実践的な理性が存在する、という考えははるか後にまで影響を残している。それだから、六〇八頁と六〇九頁では、後に至って見られる道徳法則の純粋なとらえ方が、まだ根底におかれていないとしても、それにもかかわらず、実践的自由の規定は最後には道徳的自由に関係してくるのである。そしてこの道徳的自由を目標とすることに対して自由の問題一般は今やようやく関心をもつに至るのである。かようにして叙述は、それが先験的自由の理念と実践的自由の理念とに対して立てる区別の原理の中に、難点のあることをわれわれに認識せしめる。この難点は批判的観念論によって準備された自由の理念に対して道徳的関心が加わることによって成立するのである。カントはこのことを六〇九頁に次のように言い表わしている、すなわち、自分は「実践的自由」を「自然原因の一つ」として示し、また先験的自由が「自然法則に背反する」ように見えるかぎり、この先験的自由を実践的領域に対して無関係な、純粋な知識の課題として提出するのである、と。このことは、先験的自由がまだ現象と活動との区別の彼岸に立っていたのに、実践的自由の理念は活動にのみ関係する、ということ以外の何ものをも意味するものではない。われわれが現象を必然的に先天的事実により強制されて英知的根拠へ還元しなければならないとともに還元することができるからといって、われわれは現象を自由なるものとして表象することができるかどうか、ということは、道徳法則の事実との関係において方向づけられるところの実践的な理性使用に関する研究において、まさしく決定されるべきであろう。それにもかかわらず、かように全然これまでの自由の理念の観念論的-批判的な諸前提の上に組み立てられていない実践的自由の理念が、神、自由、不死性という三つ一組の理念の中に含まれている自由の位置を占めようとするのであるが、しかし、そのさい他の二つの理念は批判的観念論によって開拓された、現象界と英知界との区別とまだ結びついているのである。それゆえに、形式的な考察によってさえ、六〇八頁と六〇九頁とにおいて企てられた置換と代置は不可能であるということが、確証されるのである。

ところで容易に看過される事情が、もう一つこれに加わってくる。自由の理念はこれまでの三つ一組の理念の中では第三の宇宙論的理念の位置を占めていた。かようにして（理論的使用ならびに実践的使用における）理性の唯一の関心を構成している理念の三重性〔三つ一組であること〕が成立したのである。四三四頁以降にある重要な節の標題が、このことを「普遍的自然必然性と連結せられた自由の宇宙論的理念の解明」というような表現の仕方で言い表わしている。自由の先験的理念はいっさいの現象の総体に関係するのであるから、そのさい自由の理念は人間の活動――それが現象であるかぎりにおいて――にも適用される、ということが認められている。というのは、現象であるかぎりの人間の活動をばわれわれによって空間と時間との中で経過するものとして把握される、他の生起〔すなわち現象〕から区画しようと欲することもないし、また区画することもできないからである。これに反し、実践的自由の問題は人間の活動の領域にのみかかわる。すなわち、実践的意味での自由は生起の特定の区画された領域にかかわる「自然原因」なのである。このことは自由の実践的理念が、われわれが以前に注意したように、人間の活動を現象としてのその規定性において理解するのではない、ということと連関している。なぜかといえば、活動を現象とみなすこの前提のもとでは、現象界において人間の活動の領域を区画することに関しての区別根拠は、見いだしえないからである。批判的観念論に対しては、人間という現象と自然機構《メカニズム》によって結びつけられた「いわゆる人間の活動」は、共に現象にすぎない。批判的観念論の前提に従って方向づけられる自由の理念は、現象の総体に関係しなければならない。そしてそれがこの総体を包括するかぎりにおいてのみ、それは人間の「活動」にもまた関係するのである。このことは次のように表現されることができる。すなわち、自由の先験的理念は「現象」としての人間の活動に関係し、実践的自由の理念は人間の活動そのものに関係する。換言すれば、みずからの「自然原因」(六〇九頁)により他の自然の生起から判然と区別され、そして自由によって原因づけられたるものとして、世界の生起に端的に対立せしめられるところの生起に関係するのである。このことから帰結することは、

「実践的自由の理念」が理念の三重性の中に含まれているこれまでの自由の理念に取って代るまさにその時に、この理念の三重性はもはや心理学的理念、宇宙論的理念、神学的理念のあの三重性と結びつかなくなる、あるいは他の思想の歩みに従っていえば、宇宙論的諸理念の体系ともはや結びつかなくなる、ということである。なぜかといえば、自由の問題はもはや全く宇宙論的問題の領域に関係することはなく、かえってこの自由の理念〔すなわち実践的自由のそれ〕にとっての世界は、ただ人間だけであるからである。現在の理念の三重性のうちで心理学的理念と神学的理念とだけが擁護されている。不死性の理念と自由の理念とは前者〔すなわち心理学的理念〕を二重に擁護する。かくして実践的領域において心理学的、宇宙論的および神学的諸領域の究極問題が解決されたかのような錯覚が起ってくるのである。

それゆえに、「弁証論の宗教哲学的プラン」は二つの点で大きな穴を開けられた。すなわち、実践的な実在性を与えられた自由の理念は、その前提の面からもその範囲の面からも、この理念が実践的な実在性を与えられる以前の自由の理念に決して一致しないのである。かくして実践的使用および理論的使用における理性の統一は廃棄された。なぜかといえば、思弁的理性の自由の理念は実践的理性の自由の理念とは完全に異なったものであるからである。われわれは名義上でのみ、理論的使用および実践的使用における一つの純粋理性を有するのである。実際には理論的理性と実践的理性との分離が前提されている。ここで始まった展開は、後に至って『実践理性批判』の中でふたたび取り上げられて、完全な明瞭さと斉合性とをもって成就されるのである。『実践理性批判』は、それが実践的に実現すべき三つのものを理論的理性から受け継ぐのではない、かえってそれはこれらの三者をば、時をたがえず、一挙に実現しなければやまぬ実践的強制からして、その内容、範囲および規定性に関して展開するのである。

われわれは自由の理念に実践的‐道徳的関心が付け加わるさいに、この理念が受ける変更――これが六〇八頁と六〇九頁に見られる『純粋理性批判』の取扱い方の根底にあるものとして立証されるかぎりにおいて――を簡単にまとめてみよう。それには大体二つあるが、この二つも相互に連関している。

〔一〕自由の理念は、それが道徳法則に関係することによって、批判的観念論により標準的に規定された現象界と英知界との区別、との連関を喪失する。というのは、英知界は実践的自由に対して無関係なものとなるからである。〔二〕同時に自由の問題の領域は狭められる。宇宙論的理念にふさわしく世界の生起――これがわれわれによって現象として把握されるかぎりにおいて――の総体に関係することなく、この実践的意味での自由の理念は人間の活動の領域に対してのみ深い関係をもつのである。批判的観念論に基づく宗教哲学が道徳的自由の理念に関して行ういっさいの試みは、この二つの問題点の間を動いているのである。従って、道徳法則の事実と、批判的観念論によって方向づけられた自由との結びつきが問題となる。この結びつきの種々の可能性に対しては、一方の因子の意義が上昇するにつれて他方の因子の意義が下降するという関係がみられる。批判的‐観念論的にとらえられた自由の理念は、生起の原理としては、それが関係する現象の全領域の内部において、人間の活動を明確に区画することができない。すなわち、人間の活動は、こうした意味での自由の理念に対しては、他の諸現象と因果的連関に立つ現象たるにすぎないのである。ところが道徳法則は、それが人間に対してかつ人間のうちでのみ意識にのぼってくるかぎり、われわれの行為の道徳的評価の可能性のためにも、また生起の原理としての道徳法則の活動の可能性を維持するためにも、人間の行為の領域を区画することを要求するのである。

今やひとは自由の理念の二つの関係をば、その領域に関して相異なれる二つの自由の理念へと分割することができる。先験的自由は現象界を領域としてもち、また実践的自由は人間の行為を領域としてもち、そしてそのさい両者は相互に独立している。これこそ「宗教哲学的スケッチ」の解決なのである(『純粋理性批判』六〇八頁と六〇九頁)。しかしこの解決は問題を回避した結果である。このやり方の不当で見込みのないものであることは、いったんこの領域の分離が不可能であることを見きわめるや、ただちに分るのである。というのは、先験的自由の理念は、人間の行為が現象として表現されるかぎり、この人間の行為の領域をもまた包括するからである。

もう一つ別の解決の試み(1)は次のようなものである。すなわち、先験的自由の理念が展開され、これから独立に、道徳法則の深められたかつ純粋な理解によって実践的自由が規定され、そしてこの自由が必然的なものとして証示された後に、ひとは実践的自由を先験的自由と結びつけ、両者を統一して両者の実践的な実現を達成することができる。というのは、現象界と英知界との間の批判的-観念論的区別および関係規定が、実践的-道徳的自由の問題に適用され、その結果、同一の行為が現象として見られるときには合法則的必然的であるが、しかし英知的行《タート》としては自由であり、道徳的責任を免れえないからである。これこそ批判的観念論の地盤の上に組み立てられる宗教哲学の最も斉合的な試みなのである。そしてこの試みは『実践理性批判』の中で遂行されている。ここでは、先験的自由は実践的自由との結びつきにおいて優位に立つのである。換言すれば、自由の理念を実現するための人間の行為は、それ自身自由である英知的な生起の時間 - 空間的把握としてのみ見なされ、そしてそのさい英知界はその原因性の法則たる道徳法則の中でみずからの実践的な実在性を証示するならば、このような見方はあらゆる現象に無差別に押し拡げられて、あらゆる現象に道徳的評価が適用されえなければならなくなる。なぜかといえば、あらゆる現象はそれらの英知的根拠の中では、英知界の原因性の法則としての道徳法則へと還帰してゆくからである。かくしてこの解決の結果においては、先験的意味での自由の理念が優先することによって、実践的 - 道徳的自由の理念から要求された人間の行為の領域の区画は、現象界と英知界との普遍的な区別が現れてくるとたんに、抹殺されるのである。先験的自由の理念は実現されても、実践的 - 道徳的自由の理念は実現されないのである。

（1） カントにおける自由の問題のさまざまなとらえ方と解決との、ここでのこの概観の中で示唆されている思想を正当化するための証明は、研究を推し進めてゆくうちに、やがてこの思想の叙述をも同時に兼ねてなされるはずである。

〔ところが逆に〕実践的 - 道徳的自由の理念は、自由の理念の取扱いのもとで人間の行為の領域の区画がいっそう明確に示されるや否や、先験的自由の理念との結びつきにおいて優位を占めるようになる。このように人間の行為の領域の区画が明確に示されるのは、人間の諸行為の相互の間の連関が道徳の原理に従っての世界生起を表現すべきものであるかぎりにおいて、この連関が自由の理念の評価のために特に強調されることによってであり、それによって人間の行為の領域は生起一般の領域にまで拡がり、あるいは生起一般の領域をなんらかの仕方で道徳的に規定してみずからのうちにとらえ込むようになるからである。この実践的自由の実現こそは、『判断力批判』において目的論に基礎づけられる道徳神学が、世界および世界生起の究極目的として、道徳的に規定された「人類」を実践的に措定する、という形式の下で達成するものであり、そこでは自由の理念のこの実践的実現のために、自然機構《メカニズム》はこの道徳的な究極目的を目ざしての生起の結合の背後に後退するのである。すなわち、ここでは自由の問題の解決は、いっさいの生起が自然機構《メカニズム》の中で現象として表現されることを少しもそこなうことなく、道徳法則にかかわる原理に従ってそれらが結びつけられている、と考えられることによって得られる。現象界全体は人間の行動から類推して無限の段階において表象され、かくして先験的自由の理念から要求された現象の総体は、実践的‐道徳的自由の理念から要求された人間の行為の領域の区別と調停されるのである。

　実践的‐道徳的自由の理念の研究が人間の行動の道徳的評価を維持するための可能性に関して企てられるかぎり、この研究もまた、やがては自由の問題を個々に独立せる行為に関してではなく、一主体の諸行為の総体に関して論ずる——そのさい諸行為は一つの連関の中にもたらされるのであるが――ようになるのである。すなわち、「諸行為《タート》の相互間の自然的連関」は実に根源的に善きあるいは根源的に悪しき心情に導いてゆく。というのは、いっそう完成された深みのうちにとらえられた道徳法則は、この二つの心情の状態の間に無記なる点を確定することができないからである。しかのみならず、こうした行為に対して道徳的責任が維持されるべきであるならば、道徳的あるいは非道徳的な心情の状態の始点と終点とはともに人間の自由なる行為《タート》として明示されなければならない。これは『単なる理性の限界内の宗教』〔訳註。「単なる」は原文には「純粋な」とあるが。これは間違いである。〕の第一篇の中で提起されている自由の問題である。先験的自由の理念との結びつきは放棄されてしまい、そしてこれと同時に、道徳的意味での自由の問題を批判的観念論の援助をもって解決することができる、という確信も放棄されてしまったのである。

カントの宗教哲学が道徳的自由の理念の実現のために批判的観念論の諸前提の助けを借りてやった試みについてのこの簡単な概観によっても、彼の宗教哲学は、問題の難点をまだ全然理解していない「宗教哲学的スケッチ」から、問題が解決不可能であるとして明らかになるところの根本悪の研究に至るまでの全般を通じて、道徳的自由の問題が受け取ることのできるすべてのとらえ方を絶えず深めて取り扱っている、ということが分るのである。というのは、こうしたとらえ方は道徳法則の把握が絶えず深まってゆくことによって、なんらかの形式で研究をうながさずにはおかぬからである。自由の問題の純粋に道徳的な関心がこのように力強く抬頭してくるにつれて、先験的自由の理念は、これと実践的自由の理念との結びつきの面ではますます後退していった。それゆえに、自由の問題に関しては、カントの宗教哲学の展開は道徳的要素の絶えざる抬頭と、批判的観念論が宗教哲学の組立てのために持ち込んでいる素材の絶えざる撤退とによって特色づけられるのである。さて自由の理念はそのつどこれと結びつけられる陳述の基礎をなしている。従って自由の理念の問題の取扱い方の変更は、すべての思想連関の変更、およびこの連関に根ざしているいっさいの概念の改鋳を結果するのである。

「宗教哲学的スケッチ」の中に見られる、理性の実践的使用における自由の理念の取扱いの特色および意義を洞察するために必要であったところの——今後の展開に対する——こうした予想を立てた後、われわれはふたたびこのスケッチの思想の歩みに関する研究を取り上げよう。実践的な理性使用に関しては、宇宙論的問題に対応する自由の理念の代りに、実践的自由の理念が理念の三重性の中に入り込んできた、そしてこの理念は人間の行為の領域にのみ関係するのである。自由の理念はかくしてみずからの位置から追い出されるが、後に至ってふたたび研究の思想の運びの中に復帰してくる。というのは、この理念は現象の総体に対する普遍的な関係をもつがために、実践的-道徳的見地から興味深きものとして示されるからである。すなわち、この理念は道徳的世界という実践的理念として現れてくるのである(六一二頁)。この「道徳的世界という実践的理念」に対する前置きが、すでにこの理念と実践的自由の理念との類似性を示している。換言すれば、道徳法則の事実がその出発点をなしている。六一一頁にはこう述べられている、「完全に先天的(経験的動機すなわち幸福と無関係)に、理性存在者一般の行動——すなわち自由の使用——を規定するところの純粋な道徳的法則が現実に存在すること、ならびにこれらの法則は端的に(他の経験的目的の前提のもとに単に仮説的にではなく)命令し、従ってすべての関係において必然的であることを私は想定する」と。さて、次に六一二頁では道徳的使用における自由の理念に実践的な実在性を与えることに関するいっさいの難点が、再現してくる。道徳法則が人間の行為という生起の原理として示されるならば、自由な行為としての人間の活動は、「特殊な体系的統一、すなわち道徳的な統一」を実践的な実在性として立証しなければならない。「しかるに理性の思弁的原理に従える体系的な自然統一は証明されることができなかった」(六一二頁)。「原理」という語の使用が、ここに見られる難点を告知している。というのは、この語はこの数行の間で四回現れてくるが、しかもその度ごとに別個の結びつきをして現れてきている。まず第一に「理性の思弁的使用においてではないけれども、一種の実践的使用、すなわち道徳的使用における経験の可能性の原理」が問題となるのである。次には「理性の思弁的原理に従っての体系的な自然統一」が問題である。次に第三に「道徳的理性原理の原因性」が問題である。最後に「実践的使用における、特にしかし道徳的使用における純粋理性の原理」が問題である(六一三頁)。ここでの難点は六〇八頁と六〇九頁においてよりもはるかに強靭な力をもっている。しかしこの解決は依然として前と同じである。すなわち、人間の行為の領域が自然の生起の領域から区画されて、理性の自由な原因性へ還元されるのである。「なぜかといえば、理性は自由一般に関しては原因性をもっているけれども、全自然に関してはそれをもたず、従って道徳的理性原理は自由な行為をば惹起することができるけれども、自然法則をば惹起することはできないからである」。

六〇八頁と六〇九頁においての解決の試みとの合致は、まだ続くのである。われわれは六〇七頁に「道徳的法則だけは純粋理性の産物であり、従ってそれのみが純粋理性の実践的使用に属し、そして規準を許容する」(六〇七頁)、ということが証示されているにもかかわらず、六〇八頁と六〇九頁では純粋理性の実践的使用の純粋に道徳的な被制約性が後退し、自由の実践的な実現が実践理性との関係においてのみ一般に企てられているということを確認した。しかし次に六一二頁では、六〇八頁と六〇九頁においてと同じように、自由の理念の取扱いの面ではこうした規定から遠ざかっている。というのは、理性の道徳的使用のほかに、もう一つの別の実践的な理性使用の可能性の余地が残され、しかのみならず「実践的使用における純粋理性の原理」に「普遍的に客観的な実在性」――この規定は「特に道徳的使用に関して」(六一二頁)のみ妥当するものであるとはいえ――が帰せられているからである。

これこそは、実践的自由の理念に、先験的自由の理念の援助を借りずに、実践的な実在性を与えようとする試みの中に含まれている第二の歩みである。さてしかし、実現された自由の理念は、その宇宙論的規定性に従ってみずからの帰結を引き出してくる。というのは、それは道徳的世界という概念をば、宇宙論的規定性と同時に与えられたものとして提示するからである。「世界がすべての道徳的法則に合致していると仮定するかぎり(世界は理性的存在者の自由によってそうありうる、また道徳性の必然的法則に従ってそうなければならない、のであるが)私はこれを道徳的世界と名づける」(六一一頁)。人間の行動と自然の生起との間に今しがた引かれた制限を維持することは不可能であるということが、ここで分るのである。なぜかといえば、二つの領域の連関は、この道徳的世界――これをわれわれに明示することができるためには――においては「それにおける道徳のすべての制約(目的)のみでなく、すべての障害(人間の性質の弱さあるいは不純さ)をさえも考慮の外におかれる」(六一一頁)ということの中に告知されているからである。しかし一度人間の行動と自然の生起との汎通的な相互被制約性がわずかでも問題にされるや否や、以前に退けられた、実践的自由の理念と自由の先験的理念との結びつきをなんらかの形で取りもどし、かくして人間の行動が現象として他の諸現象との連関に立つかぎりにおいて、この行動の道徳的自由を証示する必然性もまた、生じてくるのである。その時には自由の理念は、自然機構《メカニズム》のほかに、なお道徳的原理に従っての現象一般の結合を実践的実在性として想定する可能性に関係する。この問題は六一二頁の連関においては次のように表現される、すなわち、「感性界を可能なかぎりこの理念に合致せしめるために、実際に感性界に対して勢力をもつことができるし、またもつべきである」ところの道徳的世界という「実践的理念」が、いかにして「感性界」に対するその関係の中でみずからの客観的実在性を証示することができるか、と。かくして実践的自由の理念を、自由の宇宙論的理念、換言すれば、自由の先験的理念との結びつきにおいてのみ実現すべき必然性が、洞察されるのである。自由の先験的理念の諸前提は、この理念が批判的観念論の成果に従って方向づけられるかぎりにおいて、斉合的に立てられる。すなわち、道徳的世界は現象界と英知界との区別に結びつけられ、従って「道徳的世界は単に英知界として考えられることになる」。

この問題のもつ意義は、ここでは明瞭に認識されていない。この解決と、この問題に対する観念論的‐批判的諸規定の適用とは、同じ不明瞭さを示している。批判的観念論はただ一つの英知界についてのみ斉合的に語ることができる。すなわち、まさにこの英知界を、われわれはわれわれの認識能力の性質上、現象界としてのみ経験において把握することができるのである。英知界はわれわれに対して経験的に与えられる現象界と同一のものである。ただし、英知界は時間と空間という直観形式の中で表現されないだけである。われわれが現象として自然機構《メカニズム》の連関の中でのみとらえる出来事が、かの英知界では時空的‐必然的な連結の中に現れないかぎりにおいて、自由は英知界のうちに存在する。というのは、この必然的な連結は、カントによって述べられた仕方では、われわれの感性的直観能力によってはじめて産出されるものだからである。それゆえに、英知界が現象界に対する関係は、作用因が質料に対する関係ではなく、本質がその表出に対する関係なのである。かくして道徳的世界という理念を実践的に実現するために、道徳的世界が英知界と合併されるにしても、道徳的世界はわれわれの感性的認識能力に対しては現象界としてのみ表示されるし、またこの道徳界における道徳的出来事は自然機構《メカニズム》という連関の中でのみわれわれに現れてくる。『実践理性批判』はこの合併の斉合的な遂行を示してくれるのである。

「宗教哲学的スケッチ」に関する目下の節は、道徳的関心のために批判的観念論の諸結論を放棄している。すなわち、この節は道徳的世界をある英知界と合併する。ところで道徳的世界は現象界と相おおうものである、ただし、道徳的世界では道徳の障害が考慮の外におかれる（六一二頁の引用の個所を参照されたい。さらに六一三頁には「さて、ある英知界、すなわち道徳的世界においては云々」とあり、また六一四頁には「ある英知界、すなわち道徳的世界」と言われている）。かように規定されて、道徳的世界は現象界と英知界との間の閾の上に存在するのである。それで道徳的理想が現象的な世界の生起の中で絶えず実現されるべきであるかぎりにおいて、現象界に対する〔道徳的世界の〕関係は形成的原理の関係たるべきである。ここに道徳的関心と観念論的‐批判的概念規定とは矛盾に充ちた関係に入ったのであるが、不定冠詞〔すなわちあるという冠詞〕の使用のためにこの矛盾が外的にはおおわれているにすぎない。

思想の結びつきも同様に不可能である。というのは、六一二頁においてこの結びつきを表現している形態が、すでにこのことを示している。その個所は、連関づけて引用すると、次のようになる、すなわち、「世界がすべての道徳的法則に合致していると仮定するかぎり（世界は理性的存在者の自由によってそうありうるし、また道徳性の必然的法則に従ってそうなければならないのであるが）、私はこれを道徳的世界と名づける。この世界においてはそれにおける道徳のすべての制約（目的）のみでなく、すべての障害（人間の性質の弱さあるいは不純さ）さえも考慮の外におかれるゆえに、そのかぎりにおいて、この世界は単に英知界として考えられる。だからその限りにおいてこの世界は単なる、しかし実践的な理念であって、感性界をこの理念に可能なかぎり合致せしめるために、感性界に対して勢力をもつことができるし、またもつべきである。道徳的世界という理念はそれゆえに客観的実在性を有する。けれどもそれは英知的直観の対象へ関係するというわけではなくして(われわれはそういうものを全然考えることができない)、かえって感性界へ、といっても実践的使用における純粋理性の対象としての感性界へ関係するのである」(六一二頁)。このようにして、ここでのこの道徳的世界の概念のとらえ方においては、先験的自由の理念と実践的-道徳的自由の理念とは結びつけられている。また宇宙論的自由の理念の復帰およびこれとともに与えられる現象の総体への関係は、人間の行為の領域が世界の生起へまで拡大されることによって、達成される。というのは、道徳的世界という理念において前提されるところの世界の概念は、人間の共同体において完成される、すなわち、道徳的人類が道徳的世界と同一視されるからである。道徳的世界は「理性存在者の自由な決意性が道徳的法則にのっとって、自己自身の自由ならびにあらゆる他人の自由との汎通的な体系的統一を具有するかぎりにおいて、感性界における理性存在者の神秘的団体(corpus mysticum)として」(六一三頁)考えられるのである。

道徳的世界と道徳的人類とを同一視することが可能であるということの基礎づけは、ここでは示されていない。この基礎づけは、『判断力批判』において道徳的人類は創造の究極目的にして自己目的であり、そして創造によって世界の生起全体がこの道徳的究極目的への関係を得てくる、という思想を通してはじめてなされるのである。目下のスケッチにおいては、『判断力批判』において道徳神学をば、その基盤を目的論の中に求め、そして目的論からは必然的として認識されながらも、達成されなかった創造の究極目的即自己目的という概念を自己のものとするように駆りたてるところの関心のみが、確認されうるのである。このように、目下のスケッチにおいては、道徳的自由の自己完成への関心から、人間の行動の領域が普遍的に見られ無限の広さをもつものとして考察されて、道徳的評価に対してはこの領域は世界の生起をうちに包み込むほどに拡大されるのである。

第四章　最高善の問題と神および不死性の二理念との関係

右に述べたような前提の下に立って、神の概念は道徳的世界——この世界が道徳的人類の中に表現されるかぎりにおいてであるが——の完成の可能性との関係において実践的な実在性が与えられることになる。この道徳的世界においては「幸福は道徳性の体系と必然的に結びつけられる。なぜかといえば、道徳的法則によって動機づけられるとともにまた制御される自由そのものが、一般的幸福の原因となり、従って理性存在者自身が、かような原理の手引によって、彼自身および同時に他の存在者の持続的福祉の創始者となるであろうからである」(六一三頁)。さてしかし、たといひとりひとりの理性存在者が「道徳的法則にふさわしく行動しなかった」(六一三頁) としても、道徳的責任は存続しているのであるから、この道徳的世界を実現する可能性が確保されるべきであるならば、このことは道徳的法則によって命令するところの最高の理性が、同時に自然の原因として根底におかれる場合」(六一四頁) にのみ可能である。かようにしてここで神の概念は、同時に道徳的世界を表現すべきところの、道徳的に完成される人類の可能性との関係において実践的に必然的なものとして実現されてくる。この思想は六一四頁が示しているように、神という理念に実践的な実在性を与えるために、道徳的立法者としての神の概念から「自然の原因」としての神の概念へと移ってゆく。道徳的人類との関係において提出された神の概念は、道徳的人類が道徳的世界の概念にまで拡大されるかぎりにおいて、世界一般との関係を得てくるのである。この思想はカントの宗教哲学に対してははなはだ重要である。なぜかというと、この思想のみが世界支配者としての神と道徳法則との結びつきを実現することができ、その結果道徳的立法者の概念によって道徳法則の自律が危険にさらされることがないからである（周知の危険に関しては六一九頁参照。すなわち「しかしながらもし実践理性がいったんこの高い地点に達したならば云々」の個所を見られたい）。

神の概念が人類の道徳的完成との関係において実践的な実在性を与えられる、ということについての考えをここでは輪郭的に述べたにすぎないが、この思想はさらに推し進められて、『判断力批判』の道徳神学において、特にこの神学の諸前提の陳述の中でふたたび取り上げられてくるのである。次にこの思想は、要素として含まれている幸福の思想が除去されて、完全に純粋になった形では、『単なる理性の限界内の宗教』において現れてくる。そしてそこでは道徳的な神の概念は「道徳的法則の下に立つ倫理的共同体」という概念との関係において実践的な実在性を与えられるようになるのである。

目下のスケッチ風の、思想の取扱いにおいては、思想の本来の内容は幸福の概念によっておおわれる。というのは、幸福の概念は、それが普通もう一つ別の思想の歩みの中で登場してくるような仕方によって、ここでわれわれが出会う思想の連関の特有性に対する洞察を曖昧にするからである。カントの宗教哲学の研究においてこうした二つの思想の系列の区別は非常に重要なものであるから、われわれは二つの思想の系列がさしあたりまだ十分に展開されない形をとって並存的にわれわれに現れてくるところのこの「宗教哲学的スケッチ」においては、両者の輪郭をば、両者の相異に対する洞察のために、示唆しておく必要がある。両者を表面上同一なものとする媒概念は幸福の概念なのである。六一三頁以降において神の理念を実現するさいに幸福の概念の位置はどういうものになるか。ここでは道徳的世界の概念は道徳的人類に関係づけられ、後者においては人間的－道徳的行動が幸福の原因性の原理として考えられている。道徳的世界というこの概念のもとでは完全な道徳性は完全な幸福と同一のものである。すなわち、道徳的世界は「自己報償的な道徳性の体系」なのである(六一三頁)。かような意味をもった道徳的世界における個人の道徳的活動は、それゆえに、道徳性の完成によって自己自身の幸福およびそれと同時に他人の幸福を与えることを目ざしてゆく。道徳的世界に対して使命づけられた人類のすべての構成員が、このようには行為しないであろう、ということが予想されるにもかかわらず、このように理解された道徳的活動の権能を維持してゆくためにこそ、カントは神の概念に実在性を与えようとするのである。

しかしながら普通一般にはカントは、道徳的世界に関して、今しがた前提された関係、すなわち、幸福が人類の徳全体の結果として考察され、そういうものとして個人の道徳的活動を要求するという関係とは、別の関係を徳と幸福との間に確定している。これに関する周知の思想は、徳をば幸福にふさわしくなるようにする努力としてとらえる、ということに基づいている。特に『実践理性批判』から知られる後者の思想と、上に考察された六一三頁のカントの論述との間の区別は全く重要なものである。六一三頁の論述においては、完全な道徳性と完全な幸福とは全く同一のものとなって道徳的世界を表現する。これに反して徳が幸福に値するようになる努力にすぎないならば、こうしたとらえ方は次のような思想の系列を前提としている。すなわち、この思想の系列においては完全な道徳性と完全な幸福とは全く異なった、因果連関により結びつけられることなき、二つのものであり、従って、自己報償的な道徳性の体系において主張されていることとは異って(1)、完全な道徳性自身はやはり決して完全な幸福を必然的に結果として伴うことができないのである。

徳を幸福に値するようになる努力として把握することは、もともと必然的に神の理念に実在性を与えるという目的に基づいている。すなわち、神は有徳的な主体に対して徳と幸福との間の結びつきを作り出すところのものである。これに反してもう一つの思想の連関においては、徳と幸福との関係はもともと神の理念の補足的な助力を全然目的としていない。だから事実上の関係の変則性が確認されてはじめて神の存在の必然性が要求される。すなわち、「他人が道徳的法則に適合して行動をしなく」、またそのために人類の完全な道徳性が疑問視されるとしても、「各人が自由を特殊的に使用することに対しては道徳的法則の拘束性」を維持するために、神という理念が必然的なものとして認識されるのである。なぜかといえば、完全な道徳性を空しきものとすることによって、同時に幸福も自己報償的な道徳性の体系において不可能にされるからである。

(1) 主として『実践理性批判』において登場して来るような形態をとっての徳と幸福との関係のとらえ

方と、「自己報償的な道徳性の体系」がこの関係を示しているような仕方との間の区別は、『実践理性批判』の一三八頁に適切な表現を見いだすのである。そこではまさにこの関係に関する『実践理性批判』の二律背反が問題にされている。この個所にこう言われている、「心術の道徳性は、原因として、感性界における結果としての幸福との、直接的ではないけれども、間接的な（自然の英知的創造者を介して）しかも必然的な連関をもつことは、不可能ではない。しかしこの結びつきは感能の対象である自然においては、偶然的なものとして以外に起りえないから、最高善たるには不十分である」と。われわれはこの決定的な説明において重要なる点をまとめ上げてみよう。一、徳と幸福との間の連関は、決して直接的なものではなくして、かえって間接的なものである。二、この間接的な連関を維持するためには、神の存在を措定することが必要である。それゆえに、この間接的な連関の確定は、もともと神という理念に基礎づけられているのである。神の理念は、『純粋理性批判』の六一三頁におけるように、単に必然的な補足なのではない。三、それのみか、徳と幸福が原因と結果の関係に立つものと考えられる場合には、このことは感性界においてはいつも偶然的にのみ起るものとして表象されるべきである。そして徳と幸福のこの結びつきは最高善に達することは決してない。こういう考えは、「宗教哲学的スケッチ」が六一三頁において理想として提示しているところの、自己報償的な道徳性の体系として考えられる道徳的世界からなんとかけ離れていることだろう。

かようにして本来二つの思想の系列の間に大きな区別が成立するのであるが、この区別は、その思想の系列が神の概念に必然的に実在性を与えることを目的としているのか、それとも目的としていないのか、という仕方を吟味してみる場合に、とくに明瞭に現れてくる。ここで認識された相異にもかかわらず、さしあたり、六一四頁において神の理念に実在性を与えるまさにそのときに、六一三頁の思想の系列がふつうの思想の系列と関係することができる、ということは驚かざるをえない。というのは、六一四頁では徳は「幸福に値するようにする努力」として現れてくるからである。このふつうの思想の方もそれ自体としては、「宗教哲学的スケッチ」に無縁のものではない。それは六一一頁には十全な形式をもって言い表わされている。つまり道徳法則は「幸福に値するようになるために、われわれがいかに行動すべきであるか」を命令するのである、と(六一一頁)。六一三頁は徳と幸福との間に、これとは別の結びつきを前提した。六一四頁にはすでに六一一頁で挙げられた周知の結びつきが、ふたたび現れてくる。こうした現象を説明しようとする試みは、徳と幸福との結びつきに関して相互に分離してゆく思想の系列の相異の究極的根拠を発見するように、われわれを導いてゆくのである。このためには、六一三頁の陳述が個人と人類とが緊密な交互関係に立つかぎりにおいての、両者の関係を基礎におくことによって道徳的世界を描いている、ということに注意しなければならない。六一四頁は六一一頁と同様に、この関係〔すなわち個人の人類に対する関係〕をかえりみず、個々の人間を、その孤立性のゆえに自然としての世界に対立するところの孤立的主体とみなしている。今までに認識されたすべての相異は、二つの思想の歩みへと振り分けることができる。そしてこの二つの思想の歩みは、「宗教哲学的スケッチ」においては、その相異がいまだ展開されないで並存的に進行してゆくが、次第にそれが続けられてゆくうちにますますいちじるしく明瞭に相互にきわだち、カントの宗教哲学全体を通じてたどられてゆくのである。結局、宗教哲学の陳述が孤立的主体に関して規定されているのか、それとも全体としての人類に関して規定されているのかどうか、に従って両思想の歩みが区別される。六一三頁の思想の歩みは道徳的世界の概念のとらえ方に関しても、また完全な道徳的人類との関係においてまさしくなされるところの神の概念の実践的な実現に関しても、後者の前提の下に立つのである。ここでは個人が結びつけられる世界が人類なのである。ところが思想の歩みが、個人としてみずからを世界の生起と端的に関係づけるところの主体としての孤立的理性存在者を取り扱う場合には、事情は別のものとなる。幸福は自然の生起と主体の道徳的完成との一致の表現なのである。すなわち、ここではこの両者の間の因果的結合は、人類の概念が世界の概念にまで拡大されるあの場合のようには、作られえないのであるから、幸福であるための値打という概念によって幸福と徳とを結びつけることが、唯一の可能な結びつき方となるのである。幸福の概念のこうした把握と位置とが主体の孤立化を前提することに基づいていることは、カントの叙述の中に示されている。幸福の概念はまず第一に実践的-理論的な問い、すなわち、私がなすべきことをなす時に、私はなにを期待することができるか、という問いにちなんで、カントの叙述の中に出てくる(六一〇頁)。同様に六一三頁には、幸福の理念が「私が幸福であるのにふさわしいように行動したとすれば、私はまた幸福の享受を期待することができるだろうか」(六一三頁)という問いに付随してふたたび取り上げられる。またこの個所を通じて、宗教哲学の中へ幸福の概念を導入することが、ここでは、『実践理性批判』においてとは全然別個の動機に基づいている、ということもまた明白になる。というのは、それは、その下でのみ「宗教哲学的スケッチ」が遂行されるところの前提に基づいているからである。すでに言葉づかいに示されているように、理論的および実践的使用における理性の統一という前提が、実は徳と幸福との統一――この二つが理性のこの二重の使用と結びつけられるかぎりにおいて――を純粋理性に対して必然的なものとして基礎づけるのである。その個所にこう言われている、「道徳的原理が実践的使用における純粋理性によって必然的であると同様に、各人が幸福の享受に値する行動をした程度に応じて、幸福を期望する理由をもっていること、従って道徳性の体系が幸福の体系と不可分的に——しかし純粋理性の理念においてのみ——結びつけられていることを、理論的使用における理性によって、想定することもまた必然的である」と（六一三頁）。

道徳的な神の理念に人類全体——これにおいて徳と幸福との交互関係が現れてくるのであるが——との関係において実践的な実在性が与えられた後に、ふたたび孤立的理性存在者を陳述の主題とする考察の仕方が現れてくる。このことは、道徳性と幸福とが、値することという考えを通じて結びつけられる、ということによって示される（六一四頁）。すなわち、「それにおいては道徳的に最も完全な意志が、最高の浄福と結びつけられて、世界にあるいっさいの幸福の原因であるような英知の理念を、幸福が、幸福であるのに値することとしての道徳性と厳密な釣合いをなしているかぎりにおいて、私は最高善の理想と名づけるのである」。これに先行せる文章との連関は、表面上のものにすぎない。すなわち、今や抬頭して来ている道徳的世界の概念は、完全な道徳的人類の理念ともはやいかなる結びつきをももっていない。孤立的主体に関していえば、人間の行動の領域は、道徳的世界の概念が六一三頁において前提していたようには、世界の生起にまで及ぶことができない。孤立的主体にかかわる道徳的世界は、徳と幸福との一致に関係するにすぎない。現象界全体は理性存在者の道徳的行動にどのように適合するのであるか——この前提のもとでのみ、孤立的主体に関して道徳的世界を確定することが可能になるのである。

　問題をこのようにとらえる場合には、問題の解決の可能性に対して批判的観念論の諸前提が、前の道徳的世界の概念〔訳註。すなわち人類全体と結びつく道徳的世界のことを指す。〕の場合よりも、より顕著に現れてくる。道徳的世界の理念は、六一二頁と六一三頁においてそれが結びつけられえたところの感性界から、全く分離される。道徳的世界の理念は、道徳的‐人間的な行動の範囲を通して世界の生起一般に道徳法則との関係を与えるところの形成的原理ではもはやなくして、かえってそれは現象界とは異なるかつまた現象界に関しては未来的な世界として見られるのである。それはもはやある英知界と合併するのではなく、かえって英知界というものと合併する（六一四頁）。すなわち、「道徳性自身は体系を構成するが、幸福は体系をば構成しない、もっとも幸福が道徳性と厳密に対応して分配されている場合は別であるが。このことは全知の創造者にして支配者たるものの下に立つ英知界においてのみ可能なのである。理性はかような支配者を、われわれが来生とみなさなければならない世界における生活とともに想定するか、そうでなければ道徳的法則を空虚な妄想とみなすように余儀なくされる。なぜかといえば、同じ理性が道徳的法則と結びつけるところの、道徳的法則の必然的結果が、この前提なくしては、廃棄せられなければならないであろうからである」（六一五頁）。この陳述に対しては、六一三頁の思想の歩みを通じての神の概念の実現は、全然役に立たぬものとなった。なぜかといえば、六一三頁においてはこの実現は、まさに感性界――それが道徳的人類をみずからのうちに包含するかぎりにおいてであるが――の中で徳と幸福とが因果的に結びつく可能性に関して、なされたからである。神の理念と来生の理念との間の結びつきは、そこでは不可能である。道徳的世界と英知界との合併に関して実現される神の理念は、ここでは全然別様に方向づけられるのである。すなわち、神は個々の人間に対して徳と幸福との一致の保証人となる。そしてこの一致は英知界においてのみ起りうるのであるから、来生の理念は神の理念を必然的に補足するものとなり、これなしには神の理念も全く価値なきものとなるであろう(1)。それゆえに、われわれは次のような成果を得る。すなわち、第一の思想の歩みにおいては、来生の理念を添えることによって完全に無価値にさせられるであろうところの神の概念が実現される。というのは、神の概念は来生の理念に全然基礎づけられず、かえって本質上この理念に対立するからである。われわれは第二の思想の歩みにおいては、英知界との関係において神の概念が実践的な実在性を与えられるのを見るが、この神の概念はまさに同時に来生の理念が実践的な実在性を与えられることがなければ、完全に無価値なものである。「してみると、神と来生とは、純粋理性がわれわれに課する責任から、しかも同じ理性の原理に従って、分離することができない二つの前提なのである」(六一四頁)。それゆえに実際、第一の思想の系列において実現された神の概念に第二の思想の系列が連結することは、全く外面的なのである。本当は、第二の思想の系列それ自身が、その前提に従って方向づけられかつまた来生の理念と不可分的に結びつけられた神の概念を実現するのである。実際新しく実現された神の概念が問題となっていることは、この神の概念が、第一の思想の系列において神の理念が実現される瞬間にすでに克服されているまさにその困難を、強引なやり方でしか克服することができないということをみても分るのである。すなわち、道徳的立法者の概念によって神の概念と道徳法則とを結びつけることが問題となる。第一の思想の系列では、道徳的立法者としての神の理念から世界支配者としての神の理念へと進んだ。ところが第二の思想の歩みはこれと逆の道をたどってゆく。すなわち、それは「英知界の全知の創始者にして支配者」たるものとしての神の概念を実現する。今や必然的に抬頭してくるところの、この道徳法則と神とのより緊密な関係、すなわち、道徳的立法者としての神の概念の達成は、不十分きわまる、ほとんど不適当な、それゆえにまた後には放棄されてしまった、次のような思想によって基礎づけられる（六一五頁）。すなわち、「なんぴとも道徳的法則をば掟としてみなす、けれども道徳的法則がその規則へ、先天的に適合した結果を連結し、従って確約および威嚇を伴わないとするならば、掟として考えることは不可能である。しかしまた道徳的法則は確約と威嚇とを具有することはできない。もしそれがただひとりこのような合目的的統一を可能にすることができるところの、最高善としての必然的存在者の中に存するのでなければ」（六一五頁）。それゆえにここでは、道徳的法則は道徳的立法者へ還元される。なぜかといえば、この法則は「確約と威嚇とを伴う」からである。

（1）従って「神と来生」はたびたびお決まりの結びつきとして、以下の文章の中に現れてくる（六一五頁の下半を特に参照されたい）。

この点において、「宗教哲学的スケッチ」における道徳法則の理解が、後に至ってわれわれが見いだすところの深さと純粋さからどれほどかけ離れているか、ということが分るのである。「確約しまた威嚇」する道徳法則は、『実践理性批判』によれば、もはや道徳的法則ではなく、徳と幸福との結びつきなしに現れてくる道徳的法則もまた「空虚な妄想とみなされるべき」(六一四頁)ではない。徳と幸福との結びつきなしには空虚となるような道徳的法則は、後のカントの理解に対しては、もはや「道徳的法則」ではなくなってしまうであろう。道徳法則の理解のこの(未完成な)立場は、来生の理念の道徳的評価にも影響を及ぼしている。来生の理念は、ここで実現されるような仕方においては、全然道徳的なものをもっていない。つまりこの理念は、英知的‐道徳的世界が来世であるから、来生がその中にあるわれわれの存在を保証しなければならない、という単純な思想に基づいているのである。『実践理性批判』の中でのわれわれの存在の永続についての道徳的評価は、はるかに深いものである。というのは、そこでは不死性の理念は道徳的完成の可能性との関係において実現され、そしてわれわれの存在の永続は無限の道徳的発展として表現されているからである。この理念が『実践理性批判』においては独立的に、神の理念に先行して実現される、という点で、すでにこの理念はその新しき価値を示している。しかるに、「宗教哲学的スケッチ」においては、来生の理念は神の理念を補足するものにすぎず、神の理念に随伴してはじめて現れてき、またこれに依存してのみ実現されるのである。かように「宗教哲学的スケッチ」に見られる第二の思想の歩みにおいては、思想の不完全なとらえ方の中に同時に道徳法則のなお未完成なとらえ方——これは道徳的世界として考えられた最高善が道徳的活動の対象ではなく、道徳的活動の報酬である、という点に示される——が現れてくる。

この事実は、第二の系列の思想にある結着を付与する節の中に、完全に現れてくる。というのは、道徳的行動の可能性が結果の表象された可能性に依存せしめられるからである。六一五頁にこう言われている、「われわれの全生活態度が道徳的格率に従わされることは必然的である。しかし同時にこのことが行われるためには、理性が単に理念であるところの道徳的法則へ、能動的原因を結びつけ、この原因が道徳的法則にのっとった行動に対してわれわれの最高目的に全く適合する終結を――この人生における来生におけるとを問わず――定めなければならない。そうでなければそれは不可能である。してみれば、神と、われわれにとって今日に見えないけれども、期望された世界とがなければ、道徳性という立派な理念は同意および讃嘆の対象であっても、企図および実行の動機たることは不可能である。なぜかといえば、それはすべての理性的存在者にとって自然的にしてかつ同じ純粋理性によって先天的に規定せられ、必然的であるところの全目的を満足させないからである」と（六一六頁）。すでに以前に明らかにせられたことであるが、ここでは、道徳的世界を斉合的に英知界と合併するところの思想の歩みは、道徳的関心をそこなうものである、ということが示される。なぜかといえば、人間の道徳的行為は現象界の中で経過する行為の領域において果されるからである。道徳的世界という理念が所与的感性界となんらかの結びつきにもたらされる場合にのみ、道徳的世界は人間の活動の目標として表象しうるようになるのである。これによって方向づけられた思想の歩みは、現象界と英知界との概念規定および関係規定を使用する代りに、目的論的思想――これが世界の道徳的究極目的の概念へと導いてゆくかぎりにおいて――を回顧してとらえ、孤立的理性存在者の代りに人類を主体とし、そしてそれによって可能にされるところの道徳的な神の概念の最も純粋なとらえ方の中で、道徳法則をもまたその最も純粋な形式で主張するであろう。これこそ六一三頁における節で示唆された思想の欠くることなき完成なのである。

この思想は六一七頁以降に、道徳神学の中に見いだされる道徳的な神の概念の特性の規定に関しての究明にちなんで、叙述の中にふたたび現れてくる。思想の歩みは、全自然および自然と道徳性との世界の関係が依従しているこの全能な存在者から、世界をその目的の統一との関係において見る研究へと導かれる。ところで〔世界の〕最高目的は道徳性という目的である（六一七頁と六一八頁参照）。そして道徳的目的論というこの道において、道徳的立法者であるところの、最高善としての唯一の原存在者の概念が達成される。もっともわれわれはこの道徳的立法者そのものから道徳的法則をはじめて導出しなければならない、というわけではないが（六一九頁）。「実践理性がわれわれを指導する権利をもっているかぎり、われわれがある行為をしなければならぬと考えるのは、それが神の掟だからではない、そうではなくてわれわれの心がそれをなさなければならぬと感ずるゆえにこそ、これを神の掟と考えるのである」（六二〇頁）。この思想の系列の道徳的内容は、それが道徳的行動に対して——未来として思惟されたある英知界においてではなくして——この世界においてのわれわれの使命に対する関係を与え、かくして道徳法則と現実とを結びつける、という点に表わされている。このようにしてのみわれわれの道徳は、不道徳となることなしに、最高存在者と関係づけられることができ、またこのようにして理性の究極目的も、それが道徳的目的であるかぎりにおいて、認められうるのである。「宗教哲学的スケッチ」は道徳性のこの深い把握およびこれと連関する、道徳法則と神の概念との関係づけという問題の解決をもって終るのである。しかし終点は同時に頂点である。というのは終点は、現に問題がカントの宗教哲学の展開全体の終りにおいて形成と解決とを求めて苦闘しているように、問題をその深層においてとらえているからである。

われわれはわれわれの研究の第一部の終りに到達した。なるほどわれわれは「宗教哲学的スケッチ」を含んでいる純粋理性の規準の初めの二節を取り扱ったにすぎない。それでなお第三節(六二〇頁から六二八頁まで)「私見、知識および信仰について」が研究すべく残っていると言われよう。けれどもこの節はカントの宗教哲学に対する洞察にとっては、大した意義をもっていない。なぜかといえば、この節ははじめの二つの節にくらべると、全く思想の前進を表わしていないからである。この節は正確な、明確な輪郭が欠けている思想を提供している。こうした思想の研究がカントの宗教哲学の理解に対して関係をもつのは、この第三章がその結末をなしているところの「宗教哲学的スケッチ」が、「先験的弁証論の宗教哲学的プラン」すなわち批判的な仕事全体の宗教哲学的プランに対して一般にどのように関係するか、という普遍的な問題に近づいてゆく場合に限るのである。上記の問題に関して「私見、知識および信仰について」というこの節がもつ意義は、この節の思想が「先験的弁証論」においてはるかに明瞭かつ深奥な形ですでに現れてきた、ということに基づいている。弁証論という批判的な仕事全体は、言うまでもなく、私見を打破し、知識を純化することをねらいとするものにほかならない。「弁証論の宗教哲学的プラン」は、信仰が純化された知識と両立するのみでなく、さらにこの知識から要求されるかぎりにおいて、信仰の範囲、権能および在り方を明らかにしようと試みるのである。それゆえに、純粋理性の規準のこの第三章は一見時代錯誤のように思われる。この章が真に正当に理解されるようになるのは、「宗教哲学的スケッチ」すなわち純粋理性の規準をば、大きな批判的著作〔すなわち『純粋理性批判』〕から抜き出し、これを「先験的弁証論の宗教哲学的プラン」と連関づけないで、純粋にそれ自身から理解しようと試みる場合に、はじめて可能なのである。

第五章　『純粋理性批判』における宗教哲学の全体的構造に関する回顧、特にプランとスケッチの関係および二つの思想の歩みについて

こうした簡単な注意の言葉も、われわれがなにゆえに「宗教哲学的スケッチ」のこの第三章にこれ以上の研究をささげないか、という説明だけは与えるはずである。この章が一般に意義をもってくるような問題は、「先験的弁証論の宗教哲学的プラン」に対する「宗教哲学的スケッチ」全体の関係にかかわるのである。この問題はこれまでの研究全体の中でつねに主要問題として認識され、提起されてきた。それにもかかわらず、われわれがカントの叙述の分析的究明の終りに当り、ここで、研究中に現れた諸問題を解決しようとするとき、上記の主要問題がまず第一に解決されえない始末である。今やわれわれが研究を終えようとするとき、全く骨の折れる研究が多くの同心円の体系として現れてくる。『純粋理性批判』におけるカントの宗教哲学の普遍的性格が一般にどういうものであるか、という問いが最も中心から遠い円として示された。内側に向かって次に現れる円は、「弁証論の宗教哲学的プラン」と「宗教哲学的スケッチ」のプランとの間の区別に関係する。研究の範囲をさらにいっそう狭めてゆくうちに、最初に「先験的弁証論の宗教哲学的プラン」の本質がいっそうくわしく基礎づけられ、その次に「宗教哲学的スケッチ」の思想の歩みが分析された。円はますます狭められて行った。かくして「宗教哲学的スケッチ」そのものの内部に、二つの異なった思想形象が分離された。分析的研究は、動揺する輪郭が許すかぎりの範囲で、この分離を追求してみ

た。分析的研究一般の終りをなしているこの仕事は、同心円の体系の中で最も内なる円として示される。分析的研究の道は最も外なる円から最も内なる円へ向かって進んで行った。ところで今度はわれわれは今まで取り扱われた思想の結論と統一的総括とのもとに立って、道を逆の方向に進んでゆき、もろもろの同心円を最も内なる円から最も外なる円へという方向に通過してゆくであろう。そういうわけで、われわれは「宗教哲学的スケッチ」の叙述における二つの思想についての回顧に取りかかることにしよう。

最高善の概念における徳と幸福との結びつきを研究してみる場合に、この二つの思想の系列の相異が明らかになってくる。一方では（六一三頁）自己報償的な道徳性の体系にふさわしく、徳と幸福との間には直接的な因果連関が確定される。第二の思想の系列は間接的な連関のみを確定する。すなわち、徳と幸福とは、前者が後者に値するようにする、というふうに結びつけられる。それゆえに、この第二の思想系列は、この結びつきを保証するために、元来この思想の系列の基礎をなしているところの、必然的概念としての最高存在者を必要とするのである。これに反して、第一の思想の系列は、この地上の関係が徳と幸福との間の理論的に確定された因果連関およびこれとともに最高善の完成を疑問視する、ということが確認された場合に、現れてくる補助概念としてのみ神の概念を認めるのである。今言及された障害は、人間共同体の個々の構成員における道徳的心術の欠如の可能性に関係する。この思想をさらに追求してゆくと、二つの思想の歩みの新しい区別の契機が生じてくる。

第一の思想の歩みはその陳述においては総体としての人類に関係するが、第二の思想の歩みは孤立的な主体に関係する。かくして両思想の系列においては、概念および連関の完全な変更が認められる。第一の思想の系列においては、道徳的世界は、われわれの道徳的意識にとっては、世界にまで拡大されるところの道徳的人類の完成として考えられている。第二の思想の系列においては、道徳的世界は自然の経過と、そのつど問題になる理性存在者の道徳的価値との合致に関係する。第一の思想の系列においては、道徳的人類は道徳的世界の完成にたずさわるが、第二の思想の系列においては、道徳的世界は個人の道徳的活動に対しては報酬と道徳的価値との関係に立つのである。第一の思想の系列においては、神は道徳的進歩のただなかにいる人類に、その完成に達するための救助の手を与えるが、第二の思想の系列においては、神は個人に彼の道徳的価値の状態に応じて最高善を頒与するのである。第一の思想の系列においては、道徳的世界は、人間的 - 倫理的共同体の限りなき発展を通じてみずからの完成に接近してゆくところの形成的原理として考えられている。従って個的主体がこの完成にじかに参与しているかどうかは、人類全体にかかわるこの思想のもとでは問題にならない。第二の思想の系列においては、道徳的世界は来世に現れてくる個人の状態のために存在するものとして考えられている。従って道徳的世界は活動の対象ではなく、かえって受け取るべき報酬なのである。現在と未来との間には大きな裂け目が口を開けている。この二つの地点の間の結びつきは、「来生」をば、彼岸的かつ将来的として考えられた道徳的世界に参与するための予備条件として想定することによって作られる。このように第二の思想の系列においては、神の理念はその補充として来生という理念を要求する。「神と来生」は、いつも確実に第二の思想の系列の現存を示すところのお決まりの結びつきなのである。第一の思想の系列においては、神の概念は来生の概念によって補足されることはない。というのは、神の概念は道徳的人類の発展に基礎づけられているからである。両思想の区別の最深の意義は、世界支配者としての神と、道徳的立法者としての神との間の結びつきが打ち建てられる仕方の中に示される。第一の思想の系列は道徳的立法者の概念から出発して、この概念をば、道徳的人類の中で道徳的世界を完成するという可能性との関係から、世界支配者の概念と結びつける。第二の思想の系列は世界創始者にして世界支配者たるものとしての神の概念から出発して、この概念を——神が人間の道徳的価値に応じて幸福を授けることができるようにするために——道徳的立法者にして道徳的判定者たるものとしての神の概念と結びつける。第一の思想の系列においては、世界的要素が道徳的要素を危険にさらす。しかしながら、この後の方の事柄は、第二の思想の系列においては、単に神の概念に対して起るだけではない、それのみか道徳的要素が世界的要素の背後に後退するということは、この思想の歩みの最も内なる本質に基づいているのである。世界の道徳的完成が個々の人間にとっては彼岸において起るところの未来の完成であるとすれば、この世における道徳的活動は、達成された道徳的価値に適合した報酬の思想によってのみ、道徳的世界の完成と結合される。〔個人の〕道徳的活動と世界の道徳的完成とはここでは全然いかなる有機的関係にも立たない。『実践理性批判』においてこの第二の思想を道徳的に深化してはじめて、道徳的活動と最高善の達成との間に道徳的連関が造られた。すなわち、『実践理性批判』は「来生の理念」を「不死性の理念」によって置き換え、そしてそのさい不死性の理念をば、すでにこの世で始められている個人の道徳的完成の継続として考えるのである。ところが「宗教哲学的スケッチ」においては、この第二の思想の系列は、あたかもこの世の生活が事情のいかんによっては長くもなるし短くもなる道徳的な試験であり、これに対する授賞が彼岸において行われるかのごとき考えが、六一四頁と六一五頁とにおける叙述によって喚起されるほどに、まだ道徳的に未展開の状態において表わされている。第一の思想の系列の道徳的内容ははるかに深い。すなわち、あらゆる道徳的活動は、道徳的世界の完成に道徳的主体がたずさわることを意味する。この深い思想に対する完璧な表現は六二〇頁に示されている。そこでは二つの概念のみが陳述を支配している。すなわち、道徳的自由と、道徳的立法者による道徳的義務づけとがそれである。「来生」の思想ははるか背後にさがっている。「道徳神学」はただ一つの目的だけをもっている。すなわち、この神学はわれわれに「この世においてわれわれの使命を果すこと」を教えるべきである（六二〇頁）。これはなんという深遠な思想であろう。

われわれは「宗教哲学的スケッチ」に見られる二つの思想の系列を並列的に置いて、両者の輪郭を明瞭に示そうと試みた。そのさい往往にしてこの輪郭は、カントの不明確なスケッチ風の叙述の仕方が許すように思われるよりも、幾分明確にきわだたせられた。とにかくこのやり方は、この明確な並置全体がカントの宗教哲学の次の大きな展開に関して現れてきた、という理由からして正しかったことがわかるのである。「宗教哲学的スケッチ」においては、後に至ってカントの宗教哲学に目立ってくる二つの大きな思想の歩みが、不明瞭な並列関係をなして存在している。われわれによって「第一の」思想の系列として描かれた思想の系列は、『判断力批判』に見られる「道徳神学」の叙述および『単なる理性の限界内の宗教』において完成されるのである。この思想の系列の特色は、われわれの存在の永続――それが「来生」の形式においてであれ、「不死性」の形式においであれ――に対する道徳的関心がいっそう後退して、その代りにわれわれの地上的な現存在に対する道徳的関心がいっそう大きな価値を得てくる、という点に見られる。後の方の事実は、道徳的自由に関する問題が深められてゆくという点にはっきり現れている。神の概念のとらえ方において道徳的要素が優位に立つことが、これに加ってくる。「宗教哲学的スケッチ」の第一の思想の系列に比較して、『判断力批判』および『単なる理性の限界内の宗教』に見られる進歩は、道徳法則がますます深められて把握されてゆくことに基づいているのである。

この第一の思想の系列の展開の各段階において、理念の三重性は「不死性の理念」を無価値なものとすることによってほとんど全面的に後退しているのに、三つの理念の図式は第二の思想の系列を完璧に支配しているのである。このことは、第二の思想の系列が『実践理性批判』において完成されたことをみれば分ることである。ここでもまた、道徳法則の事実が道徳的に深められて把握されることを通して、自由の問題のいっそう深い取扱いが『実践理性批判』――もしこれを「宗教哲学的スケッチ」と比較するならば――において現れてくる。しかしながら同時に、われわれの存在の永続はいっそう高められた道徳的評価を受ける。換言すれば、「来生」から「不死性の理念」が生じてくる。そしてそのさいこの不死性の理念の意義が高められていることは、この理念が『実践理性批判』においては「神の理念」に先んじて、しかも神の理念から独立に実現されるのをみても明らかである。しかるに、「宗教哲学的スケッチ」においては来生の理念は神の理念に付随してはじめて現れたのである。しかし第二の思想系列はその展開のあらゆる段階において、それはみずからの主張を、世界を道徳的に完成するための道徳的活動として道徳法則を遵守することに対しては、有効にして自然的な仕方で稗益することができない、という特徴を示している。

「宗教哲学的スケッチ」の内部にある二つの思想の系列の分離に関係した最も内なる円は、今や片づけられた。回顧的な総括のこの最初の部分は、「宗教哲学的スケッチ」の思想がカントの宗教哲学の全貌に対して有する関係の規定へと導いて行った。われわれが内から外へ向かっての移行において、さしあたり到達する円は、純粋理性の規準の三つの節の中で叙述されているような「宗教哲学的スケッチ」全体に見られる宗教哲学のプランおよび思想の組立てに関係する。回顧的な総括のこの節は同時に次の節――「先験的弁証論の宗教哲学的プラン」に対する、「宗教哲学的スケッチ」の宗教哲学のプランおよび思想の組立ての関係を取り扱い、かくして研究全体の主要問題を解決するところの――に対する準備をなすのである。それゆえに、さしあたり「宗教哲学的スケッチ」に関する一般的な概観が問題になるのである。

これまでにわれわれは研究の中では、「宗教哲学的スケッチ」をつねにまとまった全体として前提してきたが、純粋理性の規準の中の三つの節をそれ自身独立的な、まとまった一つの論文としてとらえることがいかにして正当であるか、ということについては正確な理由を説明することがなかった。しかしこういうやり方が正当なものであることは、ひとがこれらの三つの部分を結びつけている組立ての原理について明瞭に知る場合に、明らかになる。組立ての報告は第二節の六一〇頁に見られる。すなわち「私の理性のあらゆる関心（思弁的および実践的な）は次の三つの問題に統合される——一、私は何を知ることができるか。二、私は何をなすべきであるか。三、私は何を期望することができるか。第一の問いは全く思弁的である。第二の問いは全く実践的である。第三の問いは実践的であるとともに理論的である」（六一〇頁）。

純粋理性の規準の第一節は最初の問題を片づけている。それはわれわれの知識の範囲と対象とを規定し、そしてこれらをば実践的領域のみにかかわる問題から分離している。六〇七頁にはこう言われている、「純粋哲学と名づけることができる処理における理性の全準備は、意志の自由、魂の不死性および神の存在という三つの課題のみを目ざす。これらの課題はしかし、さらに遠い意図をもっている。意志が自由であり、神と来世とが存在する場合になさるべきことがすなわちそれである」と。最初の問題の取扱い全体の主要関心は「先験的自由に関する問題は思弁的使用にのみ関係するもので、われわれは実践的なものを問題とする場合には、全く無関心にこれを等閑に付してさしつかえない」（六〇九頁）ということを示すことにある。実践的自由は純粋実践理性の事実とともにおのずから与えられる。しかし、このさいくれぐれも銘記しなければならぬことは、われわれがここでは、『実践理性批判』においてのように、道徳法則とだけもっぱら関係する純粋実践理性を取り扱っているのではなくて、かえって実践的なものは一般に「われわれの全状態に関して欲求されるに値する、換言すれば、善くて有益であるものに関する熟慮」(六〇八頁)に関係する、ということである。「われわれは実践的自由を経験によって、自然原因の一つとして、従って意志の規定における理性の原因性として認識する」(六〇九頁)。それゆえに、思弁的な理性使用の領域において提出されながら、純粋理性の実践的関心にもまた関係する二つの問題だけが残る。それは「神が存在するか、また来生は存在するか」という問題である(六〇九頁)。

　第二節は六一〇頁に述べられている組立ての報告の第二と第三の問題を取り扱っている。しかしながら、第二の問題は分離される。すなわち、「第二の問題は全く実践的である。これは実践的問題として純粋理性に属するけれども、先験的ではなくして、かえって道徳的である。従ってわれわれの批判そのものの問題であることはできない」(六一〇頁)からである。この個所は、カントが「宗教哲学的スケッチ」の中で実践的な理性使用をどう理解しているか、ということを理解するためには、すこぶる有益である。『実践理性批判』においては純粋な実践的道徳的理性以外に別に純粋な実践理性が一般にあるわけではなく、またありえないのであるから、純粋理性の道徳的使用のみが『実践理性批判』において実践理性を構成しているのであるが、この道徳的使用は「宗教哲学的スケッチ」の前提に従えば、純粋理性の実践的使用の一種のぼかしにすぎないのである。従って六一二頁においては「純粋理性の一種の実践的使用、すなわち道徳的使用」について斉合的に語られている。このようにして、「宗教哲学的スケッチ」は六一〇頁に示されている組立ての中の第二の問題を片づけたのである。

実践的にして同時に理論的である関心にかかわる第三の問題は、第二の問題のもとで現れてきた、「宗教哲学的スケッチ」における実践理性の本質についての理解を前提している。私は何を期望することができるか、とこのように問題は言う。さて幸福は、あたかもそれが実践的理性使用の唯一の関心をなしているかのごとくに、実践的な理性使用と直接に結びつけられる。たしかにカントは六一一頁の上半にある決定的に重要な命題の中で、理性の実践的使用のほかに道徳法則に言及しているが、しかし六一一頁の下半にはじめて道徳法則の把握に関する明瞭な陳述が行われている。決定的なことは、『実践理性批判』においてわれわれが出会うような道徳的完成そのものが、純粋理性の理論的にして実践的な関心をわれわれの存在の永続という課題の中に統一するところの問題としてどこにも現れてこない、ということである。「すべての期望は幸福を目ざす。そして期望が実践的なものと道徳法則とに対しては、物の理論的認識が知識と自然法則とに対するのと同じ関係にある」(六一一頁)。この命題は「宗教哲学的スケッチ」における実践的な理性使用の水準をはっきり示している。すなわち、「宗教哲学的スケッチ」は実践的な理性使用において幸福の概念(六一二頁)をば道徳的世界の概念(六一二頁)に先んじて達成している。それゆえに、純粋理性の規準の第二節は、理論的にして同時に実践的な関心をもつ二つの問題を取り扱うのである、すなわち、この節は組立ての中の第三の問題を片づけるにさいして神の存在および来生の問題のみを検討している。この二つの理念に実践的な実在性を与える場合の思想の歩みについては、われわれは分析的研究の中ですでに語ったところである。第二節の結末は目的論的思想を回想する究明となっている。

第三節は組立ての問題に関しては「私見、知識および信仰について」というその標題によって、すでに初めの二つの節との有機的連関を示している。この三つの問題は六一〇頁に見られる組立ての三つの部分に対応する。第二節と同じく、第三節もまた神と来生とを題目とするところの、二つの「信条」のみを問題にする(六二七頁)。自由の問題はもはや決して問題にされることがない。この第三節に従って、純粋理性の理論的関心と実践的関心がどのようにこの二つの信条のそれぞれにおいて統一されるか、という仕方は興味深いものである。神の存在に関する理論は「理説的信仰」(六二四頁)に属する。この個所ではこの理論は目的論的な思想の歩みによって固められる。自然における合目的的統一を私に対して自然研究の手引たらしめるための制約は、「最高の英知がいっさいを全知的目的にのっとってかように秩序づけた、と私が前提することだけである」(六二四頁)。「私が私の意見を単に私見と呼ぼうとする場合には、その主張はあまりにひかえめなものとなろう、かえってこの理論的関係においてさえも、私は堅く神を信ずる、と言うことができる。しかしそうすると、この信仰は厳密な意味では実践的ではないけれども、理説的信仰と名づけられなければならない。そしてこの信仰は必然的に自然の神学(自然神学)によって産出されなければならない。人間的自然〔すなわち身体〕のすぐれた組織ならびにあまりにもこれにふさわしくない生命の短かさに関する自然科学的知恵に関連して、人間の魂の未来の生についての理説的信仰に対しても、全く同様に十分な理由を見いだすことができる」(六二五頁)。

目的論的思想の系列のこの断固たる、確信に充ちた登場こそは、「宗教哲学的スケッチ」の大きな特徴をなすものである。けれども、この思想の系列が六二五頁において導入される仕方は、はなはだ確信に充ちているので、いったい目的論的な神の証明の決定的な批判がこの節より以前に行われたかどうか、という疑問が自然に起ってくるにちがいない。それはそれとして、目的論の土台の堅固さに対するこの信頼感にもかかわらず、建てられた建築物がしばしば動揺におちいるということを否認するわけにはいかない。「単なる理説的信仰は不安定な点を伴っている。すなわち、ひとは思弁において見いだされる諸困難によってしばしば信仰を失う。もっともいつも必ずそれへもどってくるけれども」(六二五頁)。この命題のとらえ方には、「先験的弁証論」がこの困難の最奥の本質をえぐり出し、この困難を一定の原理に還元し、そして同時になにゆえにひとが必然的にこの「信条」に復帰してゆくのか、ということを説明した、という是非とも必要な、明確な示唆が欠けている。こうした上述の動揺のさいには、道徳的確実性が助太刀にやって来て、二つの信条の位置を安泰にするのである。「私は不可避的に神の存在と来生とを信ずるであろう。そして何ものもこの信仰を動揺させることができないことを確信している。なぜかといえば、それによって私の道徳的原則自身が顚覆されるであろうが、私は私自身の目に唾棄すべきものと見えるようにならないかぎり、道徳的原則を放棄するわけにはいかないからである」(六二六頁)。

六二七頁はすこぶる興味深いものである。というのは、新しき実践的確実性が道徳的心術という前提に基礎づけられるからである。さて「宗教哲学的スケッチ」においては、『実践理性批判』におけるように、純粋理性の実践的使用は道徳的使用に尽きるのではなく、かえって叙述は広く画された限界内を動いている、ということが上に示された。六二七頁は、ひとが道徳的心術という前提をこれまでに強調したあまり、純粋理性の実践的関心のこのいっそう広い把握を看過することなきように、と気づかっているかに見えるのである。それゆえに、同頁は「道徳的法則に関して全然無関心であるような」人間の例をとって論証し、そしてこういう人にとってもなお二つの信条に対する実践的関心ははなはだ大なるものがあるので、彼は神の存在をも来生をも否認しようとする気にはならず、彼の恐怖心によってみずからの「信仰」を確証するものである、ということを示している。「しかしこうした問題にさいして、あらゆる関心から離れた人間というものは存在しない。なぜかといえば、彼は善き心術を欠くがために、道徳的関心とは無縁かもしれないけれども、この場合においても彼をして神の存在と来世とを恐れさせるに足るものが残るからである」(六二七頁)。これこそ「宗教哲学的スケッチ」が、純粋理性の実践的使用の本質および範囲に関するみずからの理解と、これと同時に道徳法則の事実についてのみずからの評価を告知するために、与えている最後の示唆なのである。

「宗教哲学的スケッチ」の結語は申し分のない特徴を示している。究明全体に対して本来二つの信条以外は問題にならない、ということが明らかになった。そして「宗教哲学的スケッチ」の研究は二つの信条を条件づきで、すなわち目的論的思想によって、理説的信仰のために安全にしたが、しかし二つの信条も純粋「理性」に対しては「実践的関心において、特にしかし道徳的関心において」、無条件的に確固不変なのである。人類の信仰に対してかくも慰めを与えるこの結論において、「人間性の本質的目的に関しては、最高の哲学すらも自然が普通の人の理解力に与えうる手引以上の何ものにも到達することができない」（六二八頁）ということが示されたのである。

「宗教哲学的スケッチ」を全体として考察する場合に、それの特徴に属するところの諸思想をわれわれは今まとめてみようと思う。これらの思想は六一〇頁に見られるところの三部分よりなる組立てによって、相互に結びつけられる。自由に関しては、先験的自由の問題は実践的自由となんらの関係もない、ということが確定される。このことは、ひとが「宗教哲学的スケッチ」が前提している純粋理性の実践的使用の広義の概念をつねに念頭におく場合にのみ、可能である。この概念が純粋実践理性よりもいっそう広い範囲をもつのは、まだ道徳的深化の最大限度に達したことがないところの、道徳法則の事実の把握に基づくのである。従って、純粋理性の理論的にして実践的なる関心が関係する二つの問題においては、道徳的要素もまた往往驚くべきほどに後退している。神の存在に関する問題のとらえ方も、われわれの存在の永続に関する問題のとらえ方も、ともに問題に対する道徳的関心を適切に発揮させることがない。「宗教哲学的スケッチ」においては目的論的な思想の系列に大なる意義が帰せられている。従ってこの思想の系列により神の存在および来生に関する確信がはなはだ強固なものにされ、その結果、第三節の終りでは、あたかも道徳的確実性には、これらの二つの問題に関しての、理説的信仰におけるある不可避的な動揺を除去するという役目のみが帰属するかのごとき、外観を呈するのである。

以上のような総括によって、今や「宗教哲学的スケッチ」の思想の組立てが「先験的弁証論の宗教哲学的プラン」に一致するかどうか、またどの程度に一致するのか、という問題の解決が準備されるわけである。「先験的弁証論の宗教哲学的プラン」の根本思想はまだ記憶に新たなるところである。それは理論的使用と実践的使用とにおける純粋理性の統一に基礎をもっている。この統一によって、先験的理念の体系――あるいは三八五頁以降では宇宙論的理念の体系――の実践的関心を総括するところの三つの「理念」に対して実践的な理性使用の領域における存在権を与える、ということが可能にされるべきである。このことは次のような仕方で行われるべきである。すなわち、理論理性は問題の先験的理念に、あらゆる局面を通過して国境にまで付き添ってゆき、そこで、この理念は、「批判的観念論」という国の出身であると書いてある通行券を持って、この国境を越えて純粋理性の実践的使用の領域に定住するように、準備をするといった具合にである。われわれは自由の理念の展開においてのみ、先験的理念の最も広義のとらえ方から、三つの理念の図式のうちの一つの理念の確定的な実践的‐道徳的な形式へと移動するさいのさまざまな局面を追求することができた。そして自由の理念のみがわれわれの眼の前で実践的に実現されるように準備されるのである。それゆえに、自由の理念は、なかんずく、「先験的弁証論の宗教哲学的プラン」の特色を表わすのである。

自由の理念に関しての、このプランの根本思想は「自由の実践的概念が自由の先験的理念を基礎としており、そして古来実践的自由の可能性に関する問題を取り囲んでいた難点の本来の契機をなすものは、自由の先験的理念である」(四二九頁)、という考えに基づいている。自由の先験的理念による自由の実践的理念のこの批判的な準備が果しうることは、「ただ自然が自由による原因性に少くとも矛盾しない」(四四五頁)、ということを明らかにすることに尽きるのである。

六〇八頁と六〇九頁に見られる「宗教哲学的スケッチ」における自由の問題の取扱いに関して詳細に研究した結果、われわれは、「先験的弁証論の宗教哲学的プラン」がこの決定的な問題に関しては完膚なきまでに破壊された、ということが分った。すなわち、先験的自由の問題は実践的自由の問題から全く分離されてしまった。しかるに他方、四二八頁から四四五頁にかけての「先験的弁証論」の詳論は、この結びつきの中にまさしく問題全体の難点を認めているにもかかわらず、両者の統一を主張しているのである。六〇八頁と六〇九頁においては、「先験的弁証論」の全く労苦に充ちた仕事は全然予想されていない。

先験的自由の理念の取扱いが四四五頁で終るさいに語っている結語は、将来に対して指示する何ものかを含んでいた。その言葉はこうである、「自然は自由による原因性に対して少くとも矛盾しないこと、このことはわれわれが成しとげることができた唯一の事柄であった、そしてこれのみがわれわれにとって重要な関心事であった」(四四五頁)。この謙遜な、それにもかかわらず、この確信に充ちた言葉が、なにゆえに吐露されたのか。それは、実践的自由は自由の先験的理念と連結しているにもかかわらず、今やもはや何ものも実践的自由を妨害することがないからにほかならない。さてしかし、実践的自由が登場してくるその地点において、この自由は自由の先験的理念とのあらゆる結びつきを拒否する、という光景をひとはまざまざと見る。なぜかといえば、自由の先験的理念は実践的なものと全然没交渉であるからである。

実際、この認識をもって、「宗教哲学的スケッチ」の思想の歩みは「先験的弁証論の宗教哲学的プラン」に完全に矛盾する、ということがたしかに決定されるのである。それどころか、われわれはこの矛盾の仕方についても教えられる。すなわち、「弁証論の宗教哲学的プラン」が「宗教哲学的スケッチ」のために存在するのでは決してない、ということが、カントによって矛盾としてはっきりと意識されていないのである。

このことに関して完全に明瞭に知るためには、この矛盾をば残りの問題点においても追求してみることが必要である。われわれの存在の永続という理念および神という理念が、「先験的弁証論」においては、それらが実践的に実現されるようになる地点にまで追求されていない、ということをわれわれは以前に見てきた。それゆえに、われわれはこの二つの理念に対しては、「宗教哲学的スケッチ」の中でそれらが実現されることが、「先験的弁証論の宗教哲学的プラン」にどの程度一致するか、あるいはしないか、ということを、自由の理念に関してと同じ仕方では、解決することができない。しかしここではわれわれはもう一つ別の手段をもっている。宇宙論的理念の体系が道徳的＝宗教的に変形されるところの、三八五頁にある決定的な場所では、諸理念に実践的な形態を与えることに対してもまた、一定の体系的連関が確立され、そしてこの連関においては自由の理念が不死性の理念と神の理念との中間に位置を占めているのである。ところが「宗教哲学的スケッチ」は自由を全く分離し、これを他の二つの理念と同じ価値を有するものとして取り扱っていない。というのは、「宗教哲学的スケッチ」はこの自由に自由の先験的理念との関連――これを、他の理念に対しては少くとも明確に否定していない――を拒むからである。それどころか、「宗教哲学的スケッチ」はさらに歩一歩を進めて、自由を分離した後にも不死性の理念および神の理念は従前の順序に踏みとどまることができるものと見なしている。しかしここでもまた、三八五頁によればとにかく一定の原理に基づいているところの順序が、変更されている。というのは、不死性の理念は神の理念の後に立ち、そして「来生」の表象へと変ってゆくからである。

われわれは、われわれが実践的領域における宇宙論的理念の体系に出会うところの三八五頁と、「宗教哲学的スケッチ」との中間で遂行された変更の全体をまとめてみよう。不死性―自由―神の存在という体系的連関から、自由―神の存在―不死性という連関性を欠いた順位が生じて来たのである。しかしながら、このさいこれら三者のうちの二つに対する価値は完全に変ってしまった。つまり自由は他の二つの理念との同等の資格から身を引くのである。すなわち、三重性から二重性になったのである。そしてこの二重性自身の中で、不死性の理念に基礎をおいた理念は、来生の表象に変ったのである。それゆえに、ここでもまた「弁証論の宗教哲学的プラン」は完膚なきまでに破壊されている。上述の自由に対してそうであったように、この場合においてもまた、ひとは不一致ということを簡単に確認することだけで満足すべきではなく、かえってそれを完全に看過していることが問題である、ということを承認しなければなるまい。三八五頁の、実践的‐道徳的に方向づけられた宇宙論的諸理念は、「宗教哲学的スケッチ」においては消滅してしまっている。われわれはこれらの理念の代りに、連関からいっても内容からいっても、「先験的弁証論」の中で実践的に実現されるように準備された理念とは、なんらの類似性を示さないところの思惟物に出くわすのである。それらはまた同一の名称を帯びていない。なるほど、依然として自由について、神について、来生について語られはするが、しかしこれらの思惟物は「実践的使用における純粋理性の理念」という名称を全然要求していない。それらは全然かような理念として示されていない。この事実は特に驚くべきものである。なぜかといえば、まさに「先験的弁証論の宗教哲学的プラン」は理論的使用と実践的使用とにおける理性の統一というその前提をもって、実践的領域において実現された思惟物と、純粋理性の理念との同一性を強調し、そしてこのことを表現の面でもまた貫徹しようと、当て込んでいるからである。なお『実践理性批判』は、実践理性の思惟物に対して要請という語を導入し、またその「宗教哲学的プラン」の中では理論理性と実践理性とを前提しているのであるが、やはり実践的領域において実現されたものが実際理論理性の諸理念に対応する、[1] ということを明確に説明する必要を感じている。『実践理性批判』は「要請」の代用物として「理念」という語を使用することを通して、このこと〔対応するということ〕をまた打ち明けているのである。

(1) 一五八頁にこう言われている、「要請は理論的教理ではなくて、必然的に実践的見地においての前提である。従って、それらはなるほど理論理性を拡張しないけれども、理論理性の理念一般に（これらを実践的なものに関係させることによって）客観的実在性を与える」と。

神、自由および来生は「宗教哲学的スケッチ」の第一節において、三者一体となって現れてくる場合には、ある時には「対象」（六〇四頁と六〇五頁とでは二回）として、ある時には「基本命題」（六〇七頁）として、ある時には「課題」（六〇七頁）として示される。「自由という課題は実践的使用における理性の前に持ち出されるべきではない」（六〇九頁）がゆえに、自由がこの三重性から引き離された後では、なお「二つの問題が残る」（六〇九頁）だけである。次にこれらの二つの対象はふつう、「問題」（六一〇頁と六一九頁）として、概念として、教説（六二六頁）として、あるいは信条（六二七頁）として示される。理念という語は十六回出てくる。すなわち、六一〇頁（二回）、六一一頁、六一二頁、六一三頁（二回）、六一四頁、六一五頁（三回）、六一六頁、六一七頁（二回）、六一九頁、六二〇頁、六二三頁に出てくる。これらのうちの多くの個所は一般に道徳法則に関係する。六一五頁では「道徳性をその純粋さおよび結果に関して評価することは、理念を標準として行われ、その法則の遵守は格率にのっとってなされる」と言われ、また同頁では「単なる理念であるところの道徳法則」と言われ、また六一六頁では「実践的理念においては、道徳的心術と幸福とは結びつけられている」と言われている。第二群の個所は理念という語を道徳的世界の概念と結びつけている。六一二頁では「道徳的世界は単なる、しかし実践的な理念であって、感性界をこの理念にできるかぎり合致させるために、実際感性界に対して勢力をもつことができる。」（ここで「実践的理念」として示されるものは、「実践的使用における純粋理性の理念の下にふつう理解されるものとは全く異なったものである。）六一三頁では「道徳性と幸福とは純粋理性の理念の中では全く不可分的に結びつけられている」と言われ、また同じ六一三頁では「自己報償的な道徳性の体系は理念にすぎない」と言われ、六一一頁では、道徳法則は「純粋理性の単なる理念に基づいており、先天的に認識されうる」と言われている。また六一四頁では「私は道徳性と厳密な比例をなすかぎりでの、世界におけるあらゆる幸福の原因である……ような存在の理念を、最高善の理想と名づける」と言われ、また六一七頁では「もし世界が徹頭徹尾最高善の理念を基礎とするところの、道徳的理性使用と合致すべきであるならば……、世界は一つの理念から発現したものとして表象されなければならない」と言われている。

「理念」という語が二つの思惟物のうちの一つ、すなわち、神か来生かのどれかと直接に関係するわけではないが、一つの命題の中でこれと一緒に現れてくる次の二つの場合は、興味深いものである。六一九頁では「道徳的理念のいっそう根本的な処理は理性を対象に対して鋭敏ならしめた。かくしてそれら（すなわち、道徳的理念）はわれわれが現に正しいと考えるような、神的存在者の概念を成立させた」と言われている。なおいっそう明瞭に六一五頁では「それゆえに、神と、われわれには今目に見えないけれども期望される世界とがなければ、道徳性という立派な理念は同意と讃嘆の対象ではあっても、企図と実行との動機たることは不可能である」と言われている。

今まで取扱われた個所から明瞭なことは、われわれはここでは「先験的弁証論」において明らかに規定された理念という語の使用――それは二七二頁から二七九頁までと二八三頁とにおいて確定されているが――との関係を全然示さないような、理念という語の広義の使用をわれわれの眼前にもつ、ということである。この語の独特の意味に関しては、この「宗教哲学的スケッチ」の中では全然一言も注意されていない。この語に関してここでなされる広範囲の使用は、どうも奇怪である。特に、「先験的弁証論」がこの概念を使用するさいにいかに用心深かったか、また後に至って『実践理性批判』がこの概念に関してどういう厳密な言葉の使い方をしているか、ということに思いを致すならば、奇怪の感を禁じえない。われわれはこの「宗教哲学的スケッチ」において現に思弁的諸理念に対する顧慮を確認しなかった。「宗教哲学的スケッチ」において思弁的理念が実践的使用における純粋理性の理念と連関される唯一の個所は、六一〇頁に見られる。それは「先験的弁証論の宗教哲学的プラン」に関係し、まさにこのことを理念という語の使用によって告げる唯一の個所である。この個所には次のように言われている。「思弁的使用における理性は経験界において決して十分な満足を見いだしえないがゆえに、それは経験の分野を通り過ぎて思弁的理念へとわれわれを導いたのである。しかるにこの理念なるものは結局ふたたび経験へわれわれを連れもどすものであり、従って理性の意図を遂行する仕方は、もとより有益ではあるにしても、決してわれわれの期待に添うものではない。それでわれわれにはなお一つの試みが残されている――実践的使用における純粋理性も見いだされはしないか、純粋理性のこの使用における道は、われわれが今しがた述べた純粋理性の最高目的に達するところの理念へ通じてはおらないか、すなわち、理性は思弁的関心においてわれわれに対して徹頭徹尾拒絶したものを、その実践的関心という観点から許容することができはしないか、という問題がそれである」。かくも詳細に「先験的弁証論の宗教哲学的プラン」を提供し、しかも正しい意味での理念という語を用いているこの個所は、どういう前後の事情の中に存在するのか。この個所に先んじて、実践的な理性使用により自由の問題が解決された。そしてこの自由の問題は先験的自由から全く分離され、先験的自由は実践的には全然関係なきものとして示され、従ってこれ以外の二つの問題は、神と来生とに関係することになる。〔こうした背景に立って〕今や上に引用した節がやってきて、そして実践的使用における純粋理性が見いだされえないかどうか、ということを未解決の問題として提出する。しかしそれ以前に、こうした性質をもった純粋理性は、実践的自由の問題を大なる確信をもって解決してしまっていたのである。上に引用した個所では、純粋理性のいっさいの理念が問題になる、ということが前提されている。というのは、理性はその実践的関心の観点から、みずからが思弁的関心に関しては全然われわれに拒絶している理念へと導いてゆくからである。しかし自由の問題、すなわち、この基本的な思弁的理念の問題はたった今分離されてしまい、そして実践的自由がその代りとして提出されることは全くなく、かえって両者は相互になんらの関係に立つことなしに、両立する、という思想が主張されているのである。それゆえに、ここでは自由の先験的理念は、実践的使用における純粋理性によってその苦しい不安定の状態から解放されたい、という期望を永久に放棄しなければならない。かように上掲の節の陳述はすべての思弁的理念とすべての実践的理念とに全く関係するところがない。この節は、これを先行した節との連関において見るならば、全く不可解である。これから以降の節との連関も、同じように不可解である。上掲の個所は、第一には、実践的使用における純粋理性が実際に存在するかどうか、次には、この理性が思弁的理性と相おおうところの理念へ導いてゆくかどうか、ということが検討されそうな期待を与える。ところがこの二つの問いに関しては、何一つなされていないのである。実践的使用における純粋理性は六〇七頁〔訳註。一〇七頁は誤植と思われる〕においてすでに正当なものとして証明されたし、またこの理性が到達することができるところの二つの「理念」は、その要求をもってすでに六〇九頁に現れている。上掲の節の報告に続いて、三つの命題、すなわち、私は何を知ることができるか、私は何をなすべきか、私は何を期望することができるか、という三つの命題への区分の陳述が現れている。これと同時にわれわれは全く新しい進路に立つ。そして次の詳論はこの三つの問題の図式の中で行われる。かくして上掲の節の報告は全然忘れ去られてしまうのである。

こうした究明に基づいて、われわれはさしあたり次のことだけは主張することができる。すなわち、この引用した節は、後方に向かっても前方へ向かっても、「宗教哲学的スケッチ」の思想の歩みとはこれといった連関をもつことがない、そしてこの節はこれと隣接する思想と鋭く牴触するし、またその報告はそれ以後の究明においても決してふたたび取り上げられることがない、と。それゆえに、われわれはこの節をば、さしあたり「宗教哲学的スケッチ」と連関することなきものとみなすことができるし、またそうしなければならない。さてまさにこの引用した節のみが、「宗教哲学的スケッチ」全体の中で「先験的弁証論の宗教哲学的プラン」をふたたび取り上げ、これに応じて実践的な理性使用の領域における「理念」という語を、神、自由および不死性という三者に対する特別の関係において使用し、同時にこの三者の中に思弁的理性の三つの主要理念をふたたび認識したいと望んでいるのである。それゆえに、この節を「宗教哲学的スケッチ」から切り離すということは――このスケッチにおける理念という語の使用に関するわれわれの統計的調査に対しては――、この理念という語が「宗教哲学的スケッチ」においては神、自由あるいは不死性という三者のうちのどれ一つにも決して関係しない、(1)ということも意味することになる。この統計的調査は「先験的弁証論の宗教哲学的プラン」に対する「宗教哲学的スケッチ」の関係についての、問題の解答に関してのみ提示された。それゆえに、理念という語の統計的調査を決定する個所が、同時に上記の問題を解決することになるのは何も偶然ではない。引用した節を切り離すと同時に、「宗教哲学的スケッチ」は「先験的弁証論の宗教哲学的プラン」に関係した唯一の個所を失うのである。

(1) この統計的調査の中でなお残っている最後の個所――六二〇頁にあるが――は別の連関において片づけられる。

かようにわれわれの研究の主要問題は、「宗教哲学的スケッチ」が「先験的弁証論の宗教哲学的プラン」を完全に無視しており、また「理念」という語をば、それが「宗教哲学的プラン」を支配している意味では一度たりとも使用していない、といった意味において、全面的に解決されるのである。他方、「宗教哲学的スケッチ」は一つの完結せる全体として示される。というのは、それは三重の思想〔すなわち理念〕に従って処理され、また三つの概念〔すなわち理念〕を共有しているところの二つの思想の系列をなお依然として相互に融合することができるからである。しかるに、二つの思想の系列は後のカントの宗教哲学においては完全に相互に分離して現れてくるのである。これは全く「宗教哲学的スケッチ」における思想がある未展開の状態にある――このことは特に道徳法則を理解するためにもまた確認されなければならなかったのであるが――ということによってのみ可能なのである。言葉づかいもまたこの未展開の状態を示している。というのは、それは、批判的観念論が「先験的弁証論」において導入したもろもろの語の明確な規定を、どこにおいても語っていないからである。

われわれはここで注目すべき結論の前に立つ。すなわち、その結論とは、『純粋理性批判』の宗教哲学的な叙述は批判的観念論の宗教哲学の像を明確な筆致で描くべきはずであったが、実際にはいかなる点でも「先験的弁証論」およびその「宗教哲学的プラン」を前提せず、それゆえに批判的観念論の宗教哲学を代表せず、かえって批判的観念論の宗教哲学に対しては、ちょうど完成された絵画に対する未完成の粗描のごとくに、関係するようなある物を提示する、ということである。

このなぞの解決は『純粋理性批判』の成立の歴史の中にのみ存在することができる。「宗教哲学的スケッチ」はカントの道徳的‐神学的論文であり、この論文の根本思想と傾向とは「私は何を知ることができるか」、「私は何をなすべきか」、「私は何を期待することができるか」、という三つの問題（六一〇頁）の中に示されている。この論文は時間的には「先験的弁証論」の主要内容よりも以前のものとみなすことができる。しかしながら、後者と比較してみて、どれだけ以前にさかのぼりうるかは、厳密には決定することができない。未熟な言葉づかい、道徳法則の未熟なとらえ方、目的論的思想の占める位置、しかもなかんずく、自由の問題の不完全なとらえ方、およびわれわれの存在の永続についての道徳的評価の欠如を考え合わせると、この論文の作成の時期を決定するさいに、あまり遠くさかのぼることは無益のように思われる。

カントは『純粋理性批判』の編纂を終えようと急いだときに、この論文を彼の大著作〔『純粋理性批判』〕の中に「純粋理性の規準」として取り上げた。そのさいまさに論文の最後の節、すなわち「私見、知識および信仰について」の節が道徳的‐神学的叙述の満足のゆく決着を約束するように思われた。この論文は、『純粋理性批判』の大きな連関の中に引き入れられるさいに、かずかずのこまかい示唆と訂正とを受けたのである。というのは大きな思想の歩みとの関係を作り出すことができるようにするためである。しかし訂正が論文の初めにどれだけ関係しているか、ということを確実に決定することはほとんど不可能である。訂正が六〇六頁（下半）に至るまでにははっきり認められる、と想定したくなるといってよいであろう。その個所では「先験的弁証論」の根本思想の一つが明確に言い表わされている。すなわち、「神、意志の自由および不死性に関する三つの命題はつねに超験的である。そして全くいかなる内在的使用をももっていない、かえってそれらはそれ自身としてみれば、われわれの理性の全く物好きな、それにもかかわらず、ひどく骨の折れる努力である」と。まず第一に、ここでは「三つの理念」が取り扱われている。しかるに「宗教哲学的スケッチ」は二つの理念のみを伴うのである。次には、この明確に規定された陳述は、六二四頁と六二五頁とにおいて述べられている第三節の思想に対してはある種の相容れぬ関係におかれる。六二四頁と六二五頁においては理論的使用における理念のこうした絶対的無価値さが確証されず、かえってある程度の熱意をもって理説的信仰の正しさがとらえられ、また自然と人体組織の考察の中には、全知の目的に従って創造する最高の英知への信仰および来生への信仰に対して十分なる根拠が見られる。一方では六〇六頁、他方では六二四頁および六二五頁、の間に見られるこうした思想の矛盾は、論文のもともとの腹案においてはたしかに意図されていなかったのである。

自由の問題の取扱いとともに、『純粋理性批判』の中に取り入れられた論文〔すなわちスケッチ〕のもともとの思想の歩みが明瞭に現れてきた。従って自由の問題の取扱いの終りに挿入された次の言葉は、「先験的弁証論」のことを指し示していると思われるが、困難に突き当るのもやむをえないのである。六〇九頁に「先験的自由に関する問題は思弁的知識にのみ関係するもので、われわれは実践的なものを問題とする場合にはこれを等閑に付してさしつかえない。そしてその上この問題はすでに純粋理性の二律背反に関する章において十分に究明せられているのである」と言われている。主要思想を表わす文章を、追加した関係文章の形式の中に無理に押込んでいる第三の文章にある「そして」という語は、たしかにそれ自身カントの文章の構造を前提すれば、不自然なものとして注意をひくのも当然であるといってよいであろう。さてひとがこの追加した文章の示唆するところに従い、そして純粋理性の二律背反の中に、前の方の主張〔すなわち右の引用文の前半〕――それは先験的自由の理念が実践的見地においては全然どうでもよいものであり、自由の実践的理念とは没交渉である、という主張であるが——の確証を求める場合には、この正反対のものこそが唯一の真理として、しかもいかなる曲解をも許さない断固たる態度をもって、宣言されていることが分るのである。この追加された第三の文章の背理的な示唆は、一般的にいって自由の問題のこの一時的な取扱いを『純粋理性批判』の中で引き受けたことと同様に、依然として全く説明の余地のありえないほどに奇妙な事実である。

「純粋理性の究極目的の規定根拠としての最高善の理想について」(六〇九頁)という第二節の標題もまたたしかに編纂のさいの訂正に属する。「最高善の理想」という概念は六一四頁において初めて登場して来る。しかるに、その前の六一〇頁から六一三頁までは、この標題が直接に関係しない思想が取り扱われている。それのみか、この標題は前後いずれの方向をみても、編纂のさいの訂正と連関している。というのは、第二節はまさしく上に引用された、挿入された、比較的長い文章をもって始まっており、そしてこの文章は「先験的弁証論の宗教哲学的プラン」の思想を代表しているからである。この文章はおそらく『純粋理性批判』の中へ引き受けられた論文〔すなわちスケッチ〕が、こうむった訂正のうちで最も目立った訂正の個所を表わしている。

「宗教哲学的スケッチ」の示されている組立てに関係するあの三つの命題が登場すると同時に、この取り入れられた論文〔すなわちスケッチ〕の主要な思想の歩みが有力になってくる。ここから以降では、編纂のさいの訂正を暗示する要素を確実に認めることは、もはやほとんど可能ではない。六一七頁から六二〇頁にかけて道徳神学の固有の本質をいっそう厳密に究明していることが、なんらかの仕方で、「宗教哲学的スケッチ」一般よりもさらにすでに進展した、道徳法則の本質の理解を示すような修正の痕跡をあらわにしている、ということも全然ありえないことではない。特に、六一九頁と六二〇頁とにおいて注意信号が発せられた困難、すなわち、道徳法則の自律は、それが神の概念との結びつきを成就した後でもまた、いかにして安泰であることができるか、という困難が目立つのである。なぜかといえば、この困難は実践理性の高みにおいて初めて完全に眺められるからである。六一七頁から六二〇頁までの言葉づかいもまた、「宗教哲学的スケッチ」が普通そうであるよりもはるかに強烈に『実践理性批判』の言葉づかいの特色を帯びているということは注目に値する。第三節へ移ってゆく場合には、この相異を特に強く感ずる。というのも第三節は訂正されることが全然なくてすんだと思われるからである。第二節の終りごろでは、後から修正した筆蹟を認めることが不可能でないとすれば、われわれが六二〇頁において、ふつう「宗教哲学的スケッチ」の中に現れてこない「最高存在者の理念」という語に出会う、ということもまた説明がつくのである。

さきに注意をうながした諸文章は、概して、「宗教哲学的スケッチ」を挿入するさいに、つごうよくゆくように改正された個所をたしかに再現している。われわれがすでに一度われわれの宗教哲学的研究において二つの相互に並行する思想の系列に出会い、そしてこの二つの思想の系列の相互の並存関係を説明するために、『純粋理性批判』の成立の歴史に訴えざるをえなかった、ということを今ここで思い起してみることは、興味なしとしない。三八五頁と二九〇頁との関係が問題になる。三八五頁では実践的に実現されるべき諸理念は宇宙論的理念の体系から導出された。しかるに、二九〇頁では同じ諸理念が同一の連関と同一の順位に立ちながらも、心理学的、宇宙論的および神学的問題に関係したのである。

われわれはわれわれの研究の結びの総括を今や終えようとするところにきている。われわれの研究の主要問題、すなわち、大きな批判的著作の道徳神学的叙述たる「宗教哲学的スケッチ」が実際に批判的観念論の宗教哲学の根本特色を示しているかどうか、という問題は、否認されなければならなかった。なぜかといえば、「宗教哲学的スケッチ」の思想の組立ては「先験的弁証論の宗教哲学的プラン」に全然関係せず、またこれに関する知識を全然前提していないからである。それゆえに、このスケッチは批判的観念論の宗教哲学の叙述――これは通常『実践理性批判』に関連して述べられるのであるが――においては、当然いかなる場所をも占めることはない。これに反して、もしもカントの宗教哲学をば、それが『単なる理性の限界内の宗教』に至るまでに経験した展開を顧慮して、全体として考察する場合には、「宗教哲学的スケッチ」は卓越せる場所を占めるのである。すなわち、それは将来を指示し、来るべき展開全体をいわば堅果の中に（in nuce）包んでいる。このスケッチは対抗しあう二つの思想の系列をみずからの内に結びつけているのである。なぜかといえば、両思想の系列が未展開の形態にとどまるがために、この統合がまだ可能なのだからである。後に至ってこの二つの思想の系列は完全に明瞭に展開されて、分離するのである。両者はカントの深い道徳的天才によってまだいっしょにされているにすぎない。それゆえに、カントの宗教哲学に関する研究なるものは、彼の宗教哲学の展開の歴史の叙述となるのである。

第二部　『実践理性批判』

「神」「自由」「魂の不死」の三概念がそれぞれどのような内容をもち、かつ相互にどのような関係で結ばれているかという点に関して、『実践理性批判』の宗教哲学的な組立ての特質とその意義とを、さきに第一部でとり出された「先験的弁証論」における「宗教哲学的プラン」および「先験的方法論」における「宗教哲学的スケッチ」と対比しながら、明らかにしようとするのが第二部の研究テーマである。そのさい、カントの宗教哲学的思想に含まれているいくつかの考えの系統とその展開の経過を明らかにしようという目論みと同時に、そもそも「批判的観念論」の地盤に立つ宗教哲学が可能であるかどうか、またカントにおいてどの程度可能なものとして遂行されているかを確定しようという意図にうながされて、『実践理性批判』に対するシュヴァイツァーの研究の大部分は、特に、「批判的観念論」の明確な前提に立ちその方法の斉合的な使用によって「神」「自由」「魂の不死」の三者を「批判的観念論」の地盤の上に位置づけている「宗教哲学的プラン」と、『実践理性批判』のプランとの関係の究明にあてられている。

この三者に関する「宗教哲学的プラン」の構成は、純粋理性の理論的使用の領域では蓋然的であるにすぎない「理念」としての、すなわち純粋理性が無制約的なるものを求める以上どうしても想定せざるをえないがしかし理論的な領域ではその実在性を証することができないような「先験的理念」(もしくはそれがさらにしぼられて「宇宙論的理念の体系」——第一部参照)としてのかの三者を、道徳法則の事実を通して、純粋理性の実践的使用の領域に移し、そこでその実在性を証する(realisieren—実在性を与えて確証する、実証する)ことができる、と考えるところにある。それに対して『実践理性批判』のプランでは、この三者は実践理性が、純粋理性の理論的使用の領域からそれを実証すべく委託され譲り受けた「理念」ではなく、実践理性のうちに独立の発端をもつものとして、道徳法則からの必然的な展開によって産み出され、かつ、純粋理性の実践的使用の領域においてではなく「実践理性」の独自の分野において「要請」として実証され、その上で、純粋理性の体系的統一を崩さないために「要請」と「理念」との同一性が確認されることになるのである。もし以上のようだとすれば、「宗教哲学的プラン」と『実践理性批判』のプランは、同一のものを、前者はいわば「下から上へ」と(一四七頁)、後者は「上から下へ」と組みたてて行くことによって、一方前者は後者において実現され、他方後者は前者において土台を得、かくして相互に表裏合体して「批判的観念論の宗教哲学」と言われるものを具現しているようにみえる。カント自身そのように言明しているし、事実、あらゆる努力をはらいながら『実践理性批判』における論を上のプランに従って展開しようとしている。また、カントの宗教哲学的思想についての多くの研究は、このプランをそのまま実施されたものと認め、このプランを唯一の基本的な枠として、カントの諸著作を通じての宗教哲学的思想の統一的な体系を構想するのが常となっている。

しかし、シュヴァイツァーはこの点に関して根本的な疑問を提出する。すなわち、上にのべたように、一方、独自の発端をもつものとしての「要請」が道徳法則の事実から展開され、その上で「理念」との同一性が追確認されるとするならば、そして他方、すでに可能なものとして理論的な領域で確立された「理念」に、道徳法則の事実を通して実践的実在性が与えられるとするならば、この両方向からの組立てを組合わせるものは、道徳法則の事実だということになる。ところが、まさにこの道徳法則のとらえ方に関して、道徳法則の「事実」だけがとりあげられてその本質にはまだふれられていなかった「宗教哲学的プラン」に比してはるかに深い純粋な把握が『実践理性批判』に現れている場合、果して、「宗教哲学的プラン」と『実践理性批判』のプランとが、プラン通りに上下から組合わされて合体しうるものであるかどうかという根本的な疑問がおきてくるのである（第一章　問題の提出）。「宗教哲学的プラン」が、理論的使用ならびに実践的使用における「純粋理性」という理性の統一体の上で構想されているのに対して、『実践理性批判』のプランの方は、「純粋理論理性」と「純粋実践理性」という分立の上に構想されている場合、カント自身無自覚であるにせよこの両者の地盤のずれは、すでに、両方向からの二つのプランが――カントの論述においては表だっていなくても――深くくいちがってくるということを予想させるのではないだろうか。「要請」と「理念」とはほんとうに同一のものであろうか。「理念」は道徳法則の事実によって実践的に実在化され、他方道徳法則から必然的に展開された「要請」が実は実証された「理念」と同一のものであったと言われても、「道徳法則」の本質およびそれにかかわる本来の実践的な問題のとらえ方のなかには、「要請」と「理念」との同一視をこばむようなもの、従ってその同一視をおこなう「批判的観念論」の立場を破るようなものが含まれているのではないだろうか。

このような根本的な疑問をもってシュヴァイツァーは、まず（第二章「自由の問題」）、道徳法則の事実と結びついて問題の核心となる「自由」についての、次に（第三章「最高善」と「要請」の問題）、「魂の不死」と「神の存在」についてのカントの実際の論究を、それぞれが『実践理性批判』の意図したもともとのプランにほんとうに従って論を進めているかどうかについて、厳密に調べてゆくのである。その間に示されている、分析のするどさ、言葉づかいのわずかのずれの背後に、考えの進め方の大きな転換や異った問題の動きを探り出す洞察の深さ、またより合わさって出没する異った考えの系統を選り分けてゆく綿密さとそれをどこまでも追究してゆく強靭さ、はシュヴァイツァー独特の力である。

さて、そのようにして、カントにおける実際の論の進め方を吟味した結果、シュヴァイツァーは、「自由」についても、「魂の不死」および「神の存在」についても、『実践理性批判』のもともとのプランが厳密に守られていないことを確認する。すなわち、㈠自由については、「実践的自由」と「先験的自由」との関係を主題的にとりあげている「分析論の批判的吟味」という章が問題とされるが、そこでは、独自の発端をもつと言われる「実践的自由」が立てられながら、その「自由」の実証は、全く、現象―本体という「批判的観念論」の図式によって行われている。従って、「自由」は「要請」としてではなく「理念」として実証されていることになり、『実践理性批判』のもともとのプランが転覆せしめられている。ここにカントの「自由」についての論究における一つの変調がある。しかもさらに、「自由」を「批判的観念論」の立場で「理念」として実証しようとする論の斉合的な展開が、突然、「諸行為間の自然的連関」について語られたりあるいは「現象」という表現が所有代名詞を冠して用いられたり、「批判的観念論」の前提をもっては考えられないような、むしろその前提を否定するような異質的な考えによって乱されるという変調が加わる。この二重の変調によって「自由」の論究には深いひびが入れられている。㈡「弁証論」における「魂の不死」および「神の存在」については、それらが「最高善」の概念規定を通して「要請」として立てられていることによって、そのかぎり、『実践理性批判』のもともとのプランが遂行されているようであるが、まさにそれらが「要請」であることによって、もともとのプランが意図した「理念」との同一視が不可能なことが同時に明らかになる。たとえば「魂の不死」は、「理念」としては本体的自己の無時間性としてとらえられているのに対して、「要請」としては、道徳法則との完全な合致をめざして進む無限の進歩と考えられ、従ってそこには、英知的な領域における連続的発展という「批判的観念論」ではとうてい考えられない表象を含んでいるからである。かくしてここにも『実践理性批判』

のもともとのプランの貫徹をはばむ変調がある。

ところで、このように、「自由」「魂の不死」「神の存在」の三者についての論究を変調せしめ、「批判的観念論」の立場にひびを入れる震源は、道徳法則の深いとらえ方を通してぶつかった自由の根本問題、シュヴァイツァーが「高次の自由の問題」と呼ぶところのものである。これは、単に「自由」にかかわるだけでなく、シュヴァイツァーの見るところでは、「要請」としての「魂の不死」も「神の存在」もすべて「批判的観念論」の立場に姿を変えて現れた「高次の自由の問題」と考えることができるほど、「批判的観念論」の根本をゆるがす大問題なのである。従ってまたそれだけ「批判的観念論」は、みずからの立場を保持するために、なんとかしてこの「高次の自由の問題」を自分の枠内で片づけようとする。「高次の自由の問題」に道徳法則の深い把握を通してふれながら、しかもそれを「予備的な問題」の解決のうちで同時に解決されたものと考えようとするところに、シュヴァイツァーは『実践理性批判』の考え方における根本的な不十分さを指摘する。この「批判的観念論」の立場と「高次の自由の問題」の交錯葛藤の追究こそ、シュヴァイツァーの『実践理性批判』に対する研究の頂点であり、この点においてシュヴァイツァーの意義は不朽である。

「批判的観念論」の枠内で解決されうる「自由の問題」と「高次の自由の問題」との関係を簡単にまとめておこう。前者は「自由」の形式的な問題、後者は「自由」の実質的な問題として考えられ、両者は「予備的な問題」と「主要問題」(「本問題」)という関係をもっている。前者は一つ一つの行為(Handlung)がいかにして「自由」と考えられるかということに関し、後者は、そのようにして確立された「自由」なる行為の善悪を問題にしつつ、いかにして悪から脱却して善を実現しうるか、という「自由」の実現にかかわる。従って前者では、自然のメカニズムに対して「自由」を確立することが問題となり、この「自然のメカニズムと自由」という対立は「批判的観念論」の「現象と本体」という図式によって解決されるのである。これに反して、悪脱却の努力においては、そのように本体から自発する自由であるはずの行為が、またしても、またしても同じ悪におちこむことによって、そこに、一つ一つの自由なるべき行為をおのずからしばりつけているつながり（自然的連関）が問題となり、この自然的連関（意志の自然的な性質、あるいは、人格の道徳的性格）との対立において自由が確立されなければならないことになる。従ってここでは、一つ一つの行為をしばる自然的連関自体が主体の自由の行（Tat）によってうみ出されたものと考えられねばならない。

「高次の自由の問題」を主題的に取り扱わなかったことと結びついて、『実践理性批判』のもう一つの特色は、「宗教哲学的スケッチ」に現れていたような目的論的な考え方を全く含んでいない(第四章)ことである。

かくして、シュヴァイツァーは、この「高次の自由」の問題を主題的にとりあげていると同時に目的論的な考え方を明瞭に含んでくる『宗教論』の研究にうつるのである。

第一章　『実践理性批判』に対する問題の提出

ここでの主要問題は、さきの「宗教哲学的スケッチ」に対する場合と同じく、これから取り扱うカントの宗教哲学的著作が、その考えの組立てにおいて、はたして「先験的弁証論の宗教哲学的プラン」に適っているかどうか、またどの程度適っているかということに関している。この問の解答は、『実践理性批判』に対しては、「宗教哲学的スケッチ」についての場合よりもさらに肯定的な形をとるように見える。『実践理性批判』にはきちんと例の三つ一組の理念〔自由、不死、神〕がそろっているし、また自由についての論究は、「先験的弁証論」が要求しているように思われる真剣さと深さとを示している。さらに、その三つの理念はたがいに一つの有機的な連関のうちにある。がしかし、このような両者の一致は、決定的な肝心の点になると失われている。『実践理性批判』における結果だけとっていえば、「先験的弁証論の宗教哲学的プラン」における論究からも予期しうるのと同じではあるが、その手続きやり方は特色ある相異を示している。「先験的弁証論の宗教哲学的プラン」によれば道徳法則の事実は、理論的な理性の使用領域では蓋然的である諸理念を実践的にとりあげてそれを実証するのに役立つとされた。『実践理性批判』では道徳法則は、自分の内から、最高善の可能性をなす諸要求と結びついてゆく。そして実践理性は内的な必要に迫られて、これらの要求に実践的見地での現実的満足を与えるのである。その後でいわば、このやり方の正しさを証明するためであるかのように、最高善の可能性をなしかつ実践的に実証されたこれらのものが、理論理性の領域において蓋然的なものとして立てられた例の理念と同一だ、ということを実践理性は認めるのである。

この考え方をカントは『実践理性批判』の二つの大きな区分けである分析論と弁証論とのそれぞれの主要な個所で表明している。㈠ 道徳的評価ということに関して自由の実践的想定を確証し、それによって英知的世界——そこで不死と神の理念に実在性が与えられるとされている——の入口に到達して後、彼は、われわれをして今まで歩んできた道をふりかえらしめて次のように言う。『実践理性批判』一二八頁、「この機会に一つ注意させていただきたいことがある。すなわち、純粋理性による歩みはすべて、こまかい理論的思弁をまったく顧慮しない実践的分野においてさえ、おのずから、理論理性批判のすべての要素にぴったりと適合している。それはあたかも一歩一歩が、ただこの一致を証明しようとして、慎重に先を見通し十分に考えをつくして歩まれたごとくである。このように実践理性の最も重要な諸命題が、求めずしておのずから、思弁理性の往往こまかすぎて必要でないように思われる諸注意とぴったり一致するということ——これは道徳の探求をその原理にまでつきつめようとさえすれば確信できることである——、このことにわれわれは驚きかつ感嘆せざるをえない」。㈡ これと同じ考え方が、実践理性の要請に実在性を与えて後一五九頁の次のような文章に表われている。「かくして、道徳法則への尊敬から必然的に最高善を求め従ってまた最高善の客観的実在性を前提するということは、実践理性の要請を通じて、思弁的理性が課題として提出はしたが解決することができなかったような諸概念へと導かれて行く」。

次のような事態もまた上に述べたことと合致している。すなわち、『純粋理性批判』に含まれている宗教哲学的な諸章節を通じて純粋理性の実践的使用および理論的使用ということについて語られているのに対して、『実践理性批判』では理論理性と実践理性とがほとんど対置されているという違いがあるので、『純粋理性批判』と『実践理性批判』との成果が相応している場合、その相応は特に目立つのみならず、また理論理性と実践理性との両者ともに純粋理性であるかぎりやはりその究極の一致が、『実践理性批判』における研究の重要な個所で特に強調されざるをえないのである。すなわち一〇八頁、「さて実践理性と思弁的理性とは、両者がともに純粋理性であるかぎり、同一の認識能力をその根底にもっている」。そうすると「先験的弁証論の宗教哲学的プラン」の方は『純粋理性批判』の根本的な考え方に従って、同じものを、いわば下から上へと組み立てていることになる。すなわち、理論的な究明によって未解決のままの可能性という中立的な領域におかれた諸理念が、実践的な理性使用に対しては、道徳法則の事実によって実践的実在性を獲得するのである。「理性が、思弁的使用においてはその権限内にないものを、実践的見地において採用する権利をもっている、ということは可能である」。ここに『純粋理性批判』の考え方がよく現れている。

理念の実践的な設定に関しては、実践理性はかなり独自の道を歩んでいる。諸理念の実践的な想定を道徳法則の事実によって必然的なこととして証明しようとするばかりでなく、これらの要求

〔理念〕を内容的にもまた道徳的意識の内から自主的に展開しようと努めている。実践理性のプランのこのような最内奥の本質をよく認識することによってのみ、通例注意されているよりもさらに注目さるべき一事実〔理念といわれてきたものに対して要請という表現が用いられたこと〕の説明が可能となる。「先験的弁証論」は、神、自由、不死という三つの「理念」と宇宙論的もしくは先験的理念の体系との連関をうちたてているが、そこには、これらの理念を実践的に実証することが問題になる場合それに別の新しい名称が刻印されるというようなことを推測せしめるものはなにもない。しかもその新しい名称というのは、それを用いることによって後になってから、その名称で呼ばれた対象が実証されて後ふたたびそれらの対象について現れてくる理念という表現をどのようにして正当なものと認めるかという困難な問題がおきてくるような名称なのである。それまでは別の名称で呼ばれていたものにかく新しい表現を刻印することによって、これらのものは余所から受け取ったのではなく実践理性の絶対的権能によってみずから産み出したものだという自覚を持っていることを実践理性は表明している。問題はつまり神、自由および不死を表わすために用いられた「要請」という表現に関してである。この表現は『実践理性批判』一四七頁ではじめて用いられかつ次のように定義されている。「ここで私が要請というのは、理論的ではあるがしかしそれが先天的無制約的に妥当する実践的法則とひき離すことができないように結びついているかぎり、理論的なものとしては証明しえない命題という意味である」。かくして実践理性独自の道でえられた要請が実践的に実証された後に、この要請と、批判的究明によって純化された形での思弁的理性の理念とは同一だということが立証されなければならなくなるのは明らかである(『実践理性批判』一五八頁)。そのようにしてはじめて要請は「批判的観念論」という国の住民権をうることができるわけである。以上の操作を遂行する可能性いかんによって、道徳法則という高みにおいてはじめて見えてくる『実践理性批判』の造築がはたして、たとい上部構造のまばゆい明るさにくらんだ目には見えないにせよ、現実の土台をもっているかどうか、あるいはしからずして、近よって見ると蜃気楼にすぎないのではないか、ということが決められてくる。

かくしてさきに立てられた主要問題は、『実践理性批判』における宗教哲学的な考えの歩みを構成するプランの方からいえば次のような問となる。すなわち、「実践理性の要請」といわれるのは、批判的観念論の地盤においてその可能性を立証された「理念」と同一のものであるか、従ってまた「要請」は、その実践的想定の可能性について、「理念」がありうるかぎりの反論から批判的観念論の保証によってまもられたのと同じ保護を与えられるであろうか。

この主要問題の解決をうるためには、『実践理性批判』における考えの進め方を立ち入って研究してみなければならない。がさしあたって次のごときことを考えてみると、この問が「しかり」をもって答えられるだろうという予想が自然なように思われる。すなわち、すでに『純粋理性批判』の考え方に従っても、人間理性を駆って元来経験可能の範囲内にかぎられた歩みをさらにその資格ありとして無限なるものの内にまで続けしめた——そのさいに理性はあれこれ思弁をめぐらす理念というものを得た——のは、あらゆる可能的認識の究極的統一の成就をめざす自然必然的な傾向とならんで、主として道徳的関心だったのである。ところが今や、上述の問の決定に関してその重要性を決して軽視してはならないようなある要素が、『実践理性批判』のこの新しい考え方を通して、研究の範囲に入り込んできているといわなければならない。つまり、かの三つの理念と一致するといわれている要請がその内容から言っても道徳法則の必然的な要求だということが明らかになるためには、その基礎づけのためにあらかじめ道徳法則の本質について究明されなければならないのであるが、そのさい『実践理性批判』においては、道徳法則の事実だけが問題でまだその本質にはふれていない『純粋理性批判』ではあらわれていなかったような深い道徳法則の把握が出てきているのである。してみると、道徳法則の本質についてのこのような深い把握から生まれてきたカントの要請という考え方には、『純粋理性批判』における理念と同一視されることに反対するような要素が含まれている、と考えられるのではないだろうか。『実践理性批判』七〇頁以下で展開されている善悪の概念規定が、『単なる理性の限界内における宗教』〔カントの宗教論〕の第一篇で根源悪に関して展開されたごとき両概念の絶対的な対立をすでに含んでいることを思えば、そこで得られた概念規定は自由の問題に関してもまた影響を及ぼしていて「先験的弁証論」における自由の取扱いではそれほどに感じられなかった困難な問題を覚らしめているのではないか、と問わざるをえないのである。

第二章　自由の問題――『実践理性批判』中「分析論の批判的吟味」に対する研究

第一節　「自由」に関する問題の提出

自由の問の問題の立て方とその解決という点について『実践理性批判』は、「宗教哲学的スケッチ」との間に食違いを持っていると言わねばならない。両者にはほとんど共通するところがない。それはさきに示したごとく「宗教哲学的スケッチ」において、実践的使用における自由の問題と先験的自由の問題とが全く別々であったのと同様である。「宗教的哲学スケッチ」は、自由のこの両様の問題を全く分けてしまうところから出発しかつこの分離を自明のこととして前提しているところに問題の解決を見いだしている。それに対して『実践理性批判』は、自由の問題に関してこの両様の自由をたがいにとけ難く結び合っているものと考えるという前提を、「先験的弁証論の宗教哲学的プラン」と共有している。さらにまた、自由の問題の取扱いが思想の深い苦闘という形をとり、そこに哲学者としてのみならず道徳的に深い心情をもった人間としてのカントの目が光っている、という事態も『実践理性批判』と「先験的弁証論」の両者に共通したところである。

自由の問題の取扱いは主として一〇八頁から一二九頁まで、「純粋実践理性の分析論の批判的吟味」と名づけられる一章において行われている。この章を立ち入って研究する前に、問題の方向をはっきりさせるためにここでもう一つ考えておきたいことがある。

自由の理念が思弁的な理性使用の領域から実践的な使用の領域に移ってゆくさいに、純粋理性の実践的使用が可能だという事実によって、その自由の理念を実証しようとするのが、自由の問題に関する「先験的弁証論」のプランである。「先験的弁証論」は、一つの領域から他の領域へと理念の動きを追究しつつ、問題になってくる両様の自由の理念の同一性を確信し、そしてこの確信に基づいて論を進めてゆく。『実践理性批判』のプランによると、自由の理念に関する取扱いの手続きはこれと異っていると言わなければならない。すなわち、実践理性はまず自分の内からの道徳的必要に迫られて実践的自由の理念を産み出し、そしてこの理念を実証すると同時に今度はこの理念が本質上自由の先験的理念と同一だということを認証するのである。同一という表現が用いられたが、ここではそれは、『純粋理性批判』四二九頁で言われたこと、すなわちこの自由の両様の理念はそれぞれ一方が他方を含んでいるということ、他方との結びつきなくしてはいずれも理性的存在者の問題となりえないということ——実はこのような相互透入にこそ自由の問題についての根本的な困難があるにもかかわらず——のみを示そうとしている。上に述べられたことに対してこういう意味での理念の同一性を前提した上で、「先験的弁証論」と『実践理性批判』における考えの進め方の相違は次のような形でまとめられる。「先験的弁証論の宗教哲学的プラン」によって自由の理念を実践的に実証しようとする場合、その操作にとっては、自由の実践的な理念と先験的な理念との同一性は、始めからの前提、すなわち理念の実証という成果がその上に始めて立てられるような前提となっている。『実践理性批判』によると、両者、すなわち自由の理念を実践的に実証することとそれを自由の先験的理念と同一のものと認めることとは同時に成立することだということになる。『実践理性批判』は自由の問題の実際の取扱いにおいてはたして自分の原理を厳守したであろうか、それともそこにはまた「先験的弁証論の宗教哲学的プラン」のもつ特性の影響が認められないであろうか。

この問に答えることは非常にむずかしい。というのは、この問に関して一〇八頁から一二九頁にわたる間の考えの歩みにはなにか不明瞭な曖昧なところがあり、カント自身の叙述においても、ことがらについてのはっきりした決定がほとんど見いだせないからである。カントはそこで同じくまた、理論的および実践的使用における純粋理性が純粋理論理性と純粋実践理性とに分解されることによって起ったずれについてすら自分ではなにも述べていないほどである。さてこれから、上述の問に関して、一〇八頁から一二九頁にわたっている自由の問題をたどってそこにおけるカントの考えの歩みを描き出してみよう。

第二節　「自由」の確証が行われた経過とその結果

この章の一般的前提は自由の実践的理念が自由の先験的理念と関連をもっているということである。この関係についての詳細をわれわれは一一三頁で知ることができる。「実践的自由は、意志が道徳法則以外のいっさいの法則に依従しないということによって定義される。しかし能動因としての自由は、ことに感官界においては、その可能性を認識することができない。ただ、自由は不可能だという証明はないということが十分確められ、そして自由を要請する道徳法則によって自由を想定すべく余儀なくされ従ってまたこの想定が正しいとされるならば幸である」。この個所は典型的である。まず実践理性がみずから到達した自由の理念が出発点をなし、次にそれが自由の先験的理念と結びついていることが強調され、最後に、道徳法則によってその資格を与えられるばかりでなくまた余儀なくされて、この自由の先験的理念を採用するのだというようにいわれる。その場合、自由の先験的理念が実践的関係においては、純粋実践理性によって産み出された自由の実践的理念と相おおうということが暗黙のうちに前提となっている。上に引用した文章はだから、問題となってくる二つの宗教哲学のプラン相互の組合せをあらわしている。そこでは『実践理性批判』における宗教哲学のプランが出発点をなし、「先験的弁証論」のプランが終点をなしている。

上に引用した個所につづいて(一一四頁)自由の問題の取扱いは、この問題における経験論の「浅薄さ」への反駁という付説の形をとる。ここでカントはおのずから「先験的弁証論の宗教哲学的プラン」の軌道を歩んでいる。なぜならばここでは、実践的自由を想定する場合先験的自由は全く必要がないと主張するような人々に対決することが問題になっているからである。そのような主張に反対してカントがもち出すのは、次のようなことである。すなわち、自分を一面本体として他面現象としてとらえるような主体の行為に関して、すでに前提されている空間時間の観念性のゆえにまさしく自由の先験的理念がその主体に迫ってくるということである。自分を本体と見ることによって「理性的存在者は、自分の犯したいずれの反法則的（訳註。原文では合法則的 gesetzlich となっているが、カントの本文と照合してみるとこれは明らかに引用のあやまりである。）行為についても、それが現象としては過去において十分に規定され、そうなるべく定められていても、従ってそのかぎり避けがたく必然的であるにせよ、なお、自分はそれをしないこともできたと当然言いうるのである。なぜならばその行為は、それを規定するいっさいの過去のこととともに、彼が自分自身でつくる自分の性格――このような自分でつくる自分の性格ということによって彼は、いっさいの感性から独立した原因としての自分自身に、かの現象の原因そのものを帰する――のあらわれにほかならないからである」（一一八頁、一一九頁）。この論述は全く「先験的弁証論」のプランに支配されているので、従って次に、すでに認められている空間時間の観念性ということから要求されたこととして自由の先験的理念が人間の行為に関してもち出されて後、さらに、この自由の先験的理念をいわば推薦する第二の理由として自由の実践的理念の内容が添えられるというほどである。「良心と呼ばれるわれわれの内なる驚嘆すべき能力の下す判決も完全にこれと合致する」（一一九頁）。これと同じ関係が一二〇頁に出ている。もしわれわれがある主体をそのいっさいの行為に関して英知的に直観する能力をもっているならば、「われわれは、現象の全連鎖が物自体としての主体の自発性――この自発性を規定するには、自然を説明するような仕方は全く不可能である――に依従しているということが直観的にわかるであろう。われわれはしかしこのような直観を欠いているので、現象としてのわれわれの行為がわれわれの主体における感官的存在に対する関係と、この感官的存在そのものがわれわれの内なる英知的基体に関係づけられる関係との、この区別を、道徳法則によって確認するのである」。ここにあるものもまた「先験的弁証論」のプランである。自由の先験的理念が出発点となりその結果として自由のもう一つの理念がとりあげられることによって、まさに、一二二頁ではっきり出されてきた困難、すなわち、いかにして自由と、実体の存在の原因としての神という考え方とを統一するかという難問がおこってくるのであるが、この問は一般に自由の先験的理念にのみ関するものであって、この理念の道徳的評価とはなんらかかわるところはない。なぜならば、この難問の解決はカントでは、道徳法則の事実を援用することなく全く批判的観念論の方法でおこなわれているからである(一二三、四頁)。この問に関する『実践理性批判』の全章節は、それが「先験的弁証論」の補遺ででもあるかのように目立っている。またこの難問の取扱いを閉じる文章も、「先験的弁証論」においてその重要な個所でいつもかなでられていたモチーフである。すなわち「純粋思弁理性の批判においてなしとげられた、時間空間と物自体の存在との分離は、まことに重要である」(一二四頁)。また、この困難をおおいかくしておいてそれを片づけたと信じ、かくして早晩「全き懐疑のうちに学を破綻せしめる」ような「形而上学の独断論的教師」を反駁する長談議も(一二五頁)、全く「先験的弁証論」の軌道を動いている。そこで問題になってくる困難が純粋に思弁的な性質のものだからであり、それゆえに形而上学に対しても懐疑論というお化けをつきつけておどかしているのである。それからさらに、実際われわれが今「先験的弁証論」のうちにいるかのごとくにカントは次のようにつづける(一二五頁)、「純粋思弁的理性のすべての理念のうちで、たとい実践的認識に関してのみであれ超感性的なるものの分野においてかくも大いなる拡張をなしうるものは、本来ただ自由の概念のみであるから、ここで私は問わねばならない。他の概念は純粋な可能的悟性存在者に対する空虚な位置を示すだけで、その存在者の明確な概念をいかにしても規定しえないのに、この自由の概念にかぎってかくも大いなる豊かさが与えられたのは、いったい何によってであるか」と。自由の理念に関して同じく「先験的弁証論の宗教哲学的プラン」が一二六頁において、この上なく正確な形で述べられている。「さて、この可能が現実に転化されること、つまり、ある行為がかかる（英知的な、感性的に制約されていない）原因性を前提している――その行為が現実におこなわれたのであろうと、あるいはおこるべく命ぜられている、すなわち客観的実践的に必然であろう――ということが、なにか実際の場合においていわば事実によって証明されうる、ということが唯一の大切なことであった」（一二六頁）。そしてこの事実が道徳法則の事実なのである（一二七頁）。「それゆえに、かの無制約的原因性およびその能力すなわち自由、またこれとともに、感官界に属しながらしかも同時に英知界に属するものとしての存在者（自己自身）は、単に無規定的かつ蓋然的に考えられる（このことはすでに思弁的理性が可能なこととして突きとめえたところである）ばかりでなく、自由の原因性の法則に関してさえ明確に規定されて必然的に認識され、かくして英知的世界の現実性が――しかも実践的見地においてはっきり規定されて――われわれに与えられたのである。理論的見地においては超絶的であるようなこの英知的世界の規定は、実践的見地にとっては内在的である」（一二七頁）。ここでは自由の理念の実証は全く「先験的弁証論」のプランに従って遂行されている。すなわち、自由の先験的理念が、純粋理性の実践的関心と一致するかぎり、この後者によって要求されている実在性を得るのである。

このようにして研究の目的が「先験的弁証論の宗教哲学的プラン」の道をたどって到達されて後、この章の結尾をなす注意のうちに(一二八頁)次のごとき注目すべき文章が見いだされる。「この機会に一つ注意させていただきたいことがある。すなわち、純粋理性による歩みはすべて、こまかい理論的思弁を全く顧慮しない実践的分野においてさえ、おのずから、理論理性批判のすべての要素にぴったりと適合している。それはあたかも一歩一歩が、ただこの一致を証明しようとして、慎重に先を見通し十分に考えをつくして歩まれたごとくである。このように実践理性の最も重要な諸命題が、求めずしておのずから、思弁的理性の往往こまかすぎて必要でないように思われる諸注意とぴったり一致するということ――これは、道徳の探究をその原理にまでつきつめようとさえすれば確信できることである、――このことにわれわれは驚きかつ感嘆せざるをえない」。この文章は、自由についてのこの章の結論をなしているにもかかわらず、自由の理念を実証するさいになされた実際の経験を表明しているとは言えない。自由の理念の実証に関してここでは決して、理論的認識の批判の道と実践理性の研究の道との驚嘆すべき合致ということについて語ることはできないからである。というのは、自由の理念の全論究はつねに理論的批判によって純化された形での自由の理念から出発したからである。しかるに上述の結語では、実際に行われたことと相違して、問題になっているのは『実践理性批判』のプランによって行われた理念の実証だ、ということが前提とされている。

かくしてわれわれは『実践理性批判』で、自由の理念を実在的なものとして確証するその仕方を研究してみて、注目すべき一戯曲を読んだことになる。すなわち、まず問題のとらえ方においては(一一三頁参照)『実践理性批判』の宗教哲学のプランから叙述が出発する。次に、自由の理念を実在的なものとして確証する実際の取扱い(一一四頁から一二七頁まで)が、両方向への、すなわちまず経験論に対して(一一四頁)、それから形而上学の誤まれる教師に対しての論駁という形で遂行される。そのさい前者に対しては、実践的自由に対する先験的自由の重要性を認めていないという非難がなされ、後者には、その視野の狭さによって先験的自由の理念をけがしその結果心ならずも自由の道徳的理念にも危険を及ぼしているという非難がなされる。このように、叙述の論駁的傾向からして論究の関心が自由の先験的理念に集中されることによって、おのずから当り前であるかのように、「先験的弁証論の宗教哲学的プラン」が有効性を発揮してくる。ところがそのような仕方で自由の理念の実在性の確証が遂行されて後、最後に、『実践理性批判』の宗教哲学のプランを含みかつまた自由の理念の実証が実際にこのプランによって遂行されてきたのだということを前提しているように見える注意書きをもって、この章が閉じられるのである。

今確められたこの事実はどのような意義をもっているだろうか。自由の理念を実在的なものとして確証する仕方において、『実践理性批判』は、「先験的弁証論」のプランに従っている。すなわち、『実践理性批判』は、批判的観念論によって可能になったような形で理論理性から受け取った(ただしここでは理性的存在者に関して〔実践的に〕受け入れてきた)自由の先験的理念を実在的なものとして確証したのである。かく「先験的弁証論の宗教哲学的プラン」に従って自由の実在性が確証されていることによって、自由は「理念」として示されてくる。要請としてではない。というのは要請という概念の刻印は、実践理性独自の立場から産み出されかつその実在性が確証される瞬間において始めて理論理性の理念との一致が認められる、と言われるところのものを表明しようとするものだからである。この概念は、「自由の理念」が実在的なものとして確証されてからずっと後で(一四七頁)始めて研究の中に導入されてくるのであるから、自由は事実要請とは言えない。

自由が要請ではありえないのは、しかしまた、内的な理由にもよる。その理由というのは、自由の理念の取扱いのうち一二五頁以下で明白になる。そこでは自由の理念の特殊な意義が論ぜられているが、この意義は次のような事態から由来している。すなわち、われわれはただ自由の理念を通してのみ「自分自身を越え出て超絶的になることを要せずして、制約せられたものに対して無制約的なるものを、感性的なるものに対して英知的なるものを見いだし」(一二八頁)、そのようにして、英知的世界を確信することができる、という事態である。つまり自由は、要請というものがそこで始めて成立しうるような領域への橋渡しをなしているということになる。かくして、自由の理念の実在性が確証されるその瞬間、もともと三つの要請を基礎としてたてられた『実践理性批判』における宗教哲学のプランのうちに、ずれが起ってきている。つまりもともとのプランからずれて、自由が要請としてではなく、「理念」として「先験的弁証論の宗教哲学的プラン」に従ってその実在性が確証され、この過程を通して始めて、要請を立てる可能性が開かれるという形になっている。かくして自由の理念の取扱いにおいて「先験的弁証論の宗教哲学的プラン」に従っているのは、その論究が行われている論駁的な形式に制約されてそうなっているように見えるが、それはただ外見上であってほんとうは、自由を要請として立てることもまた要請としての自由に実在性を与えてそれを確証することもできないゆえに、『実践理性批判』は自由の「理念」をとりあげそれを実証するのだという事情に基づいている。そこで『実践理性批判』は、まず理念（自由）の実在性を確認し、次にこの理念の上に二つの要請(不死と神)をうち立てその実在性を証するという道を——しかもこれが目的に到達しうる唯一可能な道だと言明しつつ——たどったのである。そのために、同質的な三つの要請に基づいている『実践理性批判』のもともとのプランは、実際に論が次第に進められて行くさい、すっかり放棄されてしまっている。しかもなおそのプランは、まさに決定的な個所になると、あたかも考えの進展がそのプランの軌道の上で行われているかのごとくに顔を出してくる。自由の問題の取扱いの結尾（一二八頁）では、実践理性のプランに従って要請としての自由を実証したかのごとき前提に立っている明確な注意（先に引用した）が見いだされた。その文章は以後の論の進め方にとって典型的だということが、一五八頁以下の次のごとき事態によっても知られる。すなわち、自由の理念およびこれに基づいて二つの要請が実在的なものとして確証されて後、突然この経過が度外視され、それまでと全く無関係にあたかも実践理性のもともとのプランが純粋な形で遂行されてきたかのごとくに、自由が要請として他の二つの要請と等置され、かつまた、実際行われた三者の実在化の順序が無視されているのである。しかしまさにその瞬間、実践理性のもともとのプランが、一二五頁から一二九頁にわたって築かれている実際の基礎工事に与える衝撃によって、全構築がゆるがされ瓦解するのである。しかしこれはまだ先の問題であって、今はこれで、『実践理性批判』における自由の実在性の確証が「先験的弁証論の宗教哲学的プラン」に対してどういう関係にあるか、また、「自由の理念」を実在的なものとして確証することによって『実践理性批判』のもともとのプランがどの程度変更せしめられているか、という問を終ることにしよう。

（1） この個所を理解するためには、ここでカントは dürfen（してさしつかえない、することが許されている）という言葉を、現代の言い方ではわれわれが brauchen（する必要がある）または müssen（せざるをえない）という言葉で表現するような意味で、用いているということを知らなければならない〔引用文では nicht と結びついているから、それぞれその否定の意味になる〕。このようなカントの俗語風の言葉づかいは多くの個所で指摘できる。

第三節　道徳的な「自由の問」とそれを解決せんとする「批判的観念論」の立場との関係

『実践理性批判』における自由の理念の実証についての第二の問は、『実践理性批判』での道徳法則の把握と関係している。この第二の問は、すでに以前にまとめられた形では次のようになる。自由の問題を取扱うさい『実践理性批判』における道徳法則のいっそう深い把握によって、「先験的弁証論」の立場では気づかれなかったようないろいろの困難がはっきり出てきている、ということは考えられないだろうか。「先験的弁証論の宗教哲学的プラン」に従って実証された自由の理念は、『実践理性批判』における道徳法則の把握の深まりが要求するような自由の問題のとらえ方に、ほんとうにふさわしいであろうか。その両者は、同じ「対立」を問題にしてその中で自由をとらえているのであろうか〔この意味は後にはっきりする。自由は、自然のメカニズムとの対立において問題になる場合と、自然的連関――これも後出――との対立において問題になる場合とがある〕。批判的観念論の諸成果は、『実践理性批判』における道徳法則のいっそう深い把握とともに明らかになってきたような道徳的自由の問題に関するいろいろな困難に対して、なおそれを解決する力をもっているだろうか。また、自由の問題で用いられるやり方に関して言えば、次のような問になる。すなわち、批判的観念論の研究方法は、いっそう深くとらえられた実践的道徳的な自由の問の解決に果して適用されうるであろうか。

まず、『実践理性批判』一〇八頁から一二九頁にわたる自由の問題の取扱いにあたって、批判的観念論の研究方法が厳守されているかどうかを探ってみなければならない。この批判的観念論の研究方法というのは、認識する主体と行為する主体との同一性という前提に基づいている。批判的観念論は認識する主体から出発する。この認識する主体に関しては、存在するものはただ現象のみである。しかしこの認識する主体も、自分自身のみは、英知的自己としてかつ同時に現象として意識する。従ってただ自分自身に対してのみ、認識する主体と行為する主体の間の統一を遂行することができるのである。認識する主体にとって自分以外には、認識する主体もなく行為する主体もなく、ただ現象あるのみであり、そしてこの現象を何か英知的な根拠に還元するということは――およそこのような還元が行われるべきだとすれば、それは、個々の現象についてのみではなく、総じて現象界全体にわたってくりひろげて行われなければならないが――、ここではあくまで蓋然的であるにすぎない。かくして、現象と行為とを相互に関係せしめる場合には、主体は決して自分自身から外に出ることは許されない。なぜならば、認識する主体は、みずから行為する主体だという自覚に関してのみ、現象を同時に行為としてとらえることができるのであるから。もし自分自身から一歩でも外に出ると、あるものはただ現象のみであって行為というものは存在しなくなってしまう。以上のようなわけだから、批判的観念論によって与えられた自由の問題の研究プランは、認識する主体と行為する主体との同一性という前提をどこまでも守っていくということに基づいている。この前提は、行為の道徳的評価について問題になる実践的自由の可能性という問題に関して言えば、行為する主体とそれを評価判定する主体との同一性という前提としてあらわれてくる。

批判的観念論の研究方法は、自由の問題にとってはさらにもう一つの制限をもっている。批判的観念論は時間空間の観念性の証明によって、認識する主体に対して世界の全存在を現象として把握せしめることに成功したが、そのさい、個々の現象がなにかある英知的根拠に還元されうるという可能性についてはなんら決定されていない。この関係についての批判的観念論の認識は、道徳的存在者としての理性的存在者に対して立てられてくるような自由の問題にとっては、次のような形、すなわち、理性的存在者の現象としての行為に対してはその英知的根拠が「英知的自己」において与えられるという形をとる。自分自身を現象としてかつ同時に本体としてとらえるような理性的存在者は、自分の行為を、現象界の因果関係の内にある現象として判断すると同時に、またそれを英知的行として、すなわち、その英知的根拠である英知的自己へ還元することによって時間空間的に制約されていないような――時間空間は行為の現象としての形式にのみ関係する――従って自由である英知的行として評価する。しかしこのような一般的な形では自由の理念はまだ仮説にすぎない。それが実在的なものとして確実になるのは、道徳法則の事実を通してである。道徳法則に迫られて理性的存在者は、道徳的評価のために、自分の個々の行為をその道徳的判断の瞬間に現象界の因果関係からひき抜いて、それを、時間空間的に制約されていない英知的行として把握せざるをえないのである。ところでしかしこういうやり方が可能なのは、実はただ、個々の行為が一つ一つ別別に道徳的評価によって吟味される場合だけである。もしこのやり方が人間行為の全体に――諸行為が相互に一つの連関を、といっても現象界における行為の因果関係という連関（これは個々の行為に関係する、しかも行為が現象界との因果的連関のうちに直接に立っているかぎりにおいてのみ）とは異ったような連関をなすかぎりにおける諸行為の全体に――適用されるとするならば、この批判的観念論の研究方法の適用に対して思わざる困難が生ずるであろう。その場合には、問題になっている対立〔この意味前出、くわしくは後出〕がずらされてしまうからである。ところがまさに道徳法則の事実のいっそう深められた把握と関連して自由の問題は、個的な主体の諸行為の全体をとらえることによって、諸行為の間にあるこの連関を顧慮するということにならざるをえないのではないか、ということが問われてくるのである。とにかく以上のごとく、批判的観念論の研究方法を自由の実践的な問題に適用するための根本前提は、次の三つである。すなわち、問題になっているのが個々別々の主体であること、行為する主体と行為を評価判定する主体とが同一であること、そして、そのような主体において道徳的評価にとって問題になるのが一つ一つ別々の行為であること。さて、『実践理性批判』一〇八頁から一二九頁において、はたして、これらの前提が厳守されたであろうか。

一一四頁において自由の問題は、上述の諸前提のもとに次のような形でまとめられている。「もし時間における物の存在の規定が物自体の規定と考えられるならば、それぞれある時間において起るあらゆる出来事、従ってまたそれぞれある時間において行われるあらゆる行為は、それに先立つ時間において有ったものの制約のもとにあり、従って必然的だということになる。つまり、過ぎ去った時間はもはや私の力ではどうすることもできないものであるから、私がなすいずれの行為も、私の力ではどうすることもできないような規定根拠によって必然的であらざるをえない。すなわち、私は、私が行為するその瞬間において決して自由ではない。」（一一五頁）。ところがまさにこのような自由こそが、道徳的評価の可能性のために要求されているのである。問題をこういう形で見て行く見方は、さらにつづいて厳守され、一一八頁でその明確な定型を得ている。「理性的存在者は本体として、自分の犯したいずれの反法則的行為についても、それが過去における現象としては十分に規定され従ってそうなるべく定められていてそのかぎりさけがたく必然的であるにせよ、なお、自分はそれをしないこともできたと当然言いうるのである。なぜならばその行為は、それを規定するいっさいの過去のことととともに、彼が自分自身で作る自分の性格――このような性格によって彼はいっさいの感性から独立した原因としての自分自身に、かの現象の原因そのものを帰する――のあらわれにほかならないからである」（一一九頁）。つづいて研究の中に良心がもちこまれる。良心は「一々の反法則的なあやまち」、「あらゆる背犯」にさいして告発者の役割を演じ、また後悔という形で「思い出すたびに、以前に犯された行為」に関係する。

そこまでは上述の諸前提がきちんと厳守されている。が一二〇頁になるとその諸前提は放棄されてしまう。まず一つの注目すべきフィクションが設けられ、そのフィクションにおいては、それまで問題になっていた一つ一つ別々な行為の代りに、内的な連関をもった諸行為の全体が現われてくる。と同時に行為する主体と評価する主体の同一性も放棄される。というのは、そこでは、理性的存在者に対して、他の理性的存在者の諸行為の全系列、英知的行為としてまた同時に現象としてという二重性におけるその諸行為の全系列を、その主体のより高い統一に結びつけてとらえるように要求されているからである。そのフィクションの語るところは次のようである。「もしわれわれにとって、ある人のその内的外的な行為にあらわれてくるような考え方を、行為の最小の動機に至るまでもらさず、またこの動機に働きかけてくる外的な機縁まで含めて、すっかり見抜くことが可能であるとすれば、その人の将来にわたっての態度や行動を日蝕や月蝕のごとく確実に算定することができ、しかもなおその人は自由だと主張することができるであろう。すなわち、われわれがもう一つ別の目をもち同一の主体を英知的に直観することができるならば（実際には勿論そのような目はわれわれに全く与えられておらず、その代りにわれわれは理性概念をもっているにすぎない）、われわれは、道徳法則に関係しうるいっさいのことに関して、現象のこの連鎖全体が物自体としての主体の自発性――この自発性の規定については物理的な説明は与えられない――に依従していることを知るであろう」(一二〇頁)。

これにつづく文章は、当り前のことのように、ふたたびもとにもどって行為する主体と評価する主体の同一性に向きかえっている。「ところがわれわれはこのような直観を欠いているので、現象としてのわれわれの行為がわれわれの主体における感官的存在にかかわる関係と、この感官的存在そのものがわれわれの内なる英知的基体に関係づけられる関係とのこの区別を、道徳法則によって確信せしめられるのである」。しかし、さきに現象としての行為がその英知的根拠から見ればやはり自由でありうるという関係の解明のために、かのフィクションにおいて問題の諸前提がいったん放棄された後では、ふたたび元の諸前提にもどってみても、すでに足場がゆらいでいるので長続きしない。人間行為の道徳的評価の可能性に関して自由の問題を取り扱った部分の最終結論では、それらの前提はすべてはっきりと捨てられている。そこでは道徳的評価は、さきのフィクションは廃されているが、他の理性的存在者の行為に、すなわち、評価する主体がやはり自由だと表象すべき他の理性的存在者の行為に向けられている。と同時に諸行為はその全体性において見られ、そのさい特に諸行為相互の間の連関が強調されている。このことが行われているのは、かたくなでもあり不法でもあるという非難に対して弁明せざるをえないほどの厳格さと首尾一貫をもって、行為の評価のさいの道徳的真剣さがつきつめられている、かの文章においてである。すなわちその節は次のように述べている。「われわれの理性にとって説明されえないが自然なこの見地においては、全き良心の誠実をもって下されながらしかも一見全然穏当でないように思われる次の場合のごとき評価も、その正当なることが認められるのである。すなわち、ある人がすでに早くも子供の時分から――他の子供たちにとっては有益であったような教育を同じく自分も受けながら――悪質さを示し、そのようにして成年にいたるまで次第に嵩じてきたため、生来の悪人と見なされ従ってその考え方に関して全然改善の余地がないというように思われる場合があるが、しかしそれにもかかわらず、われわれは、彼らを、その生来与えられた望みなき心の性にもかかわらず他の人間と同じく責任を負いうるかのように、その所行のゆえにさばき、その悪行を罪責として彼らに帰し、しかも彼らみずからも（子供であっても）この非難を当然のことと思うのである。このようなことは、もしわれわれが、人間の意志から発することはすべて（故意になされた行為がたしかにすべてそうであるように）自由の原因性――これはすでに幼少のころからその性格をその諸現象（諸行為）において表わしている――をその根底にもっているということを前提にしなければ、おこりえないことであろう。自由の原因性がその性格を現象（行為）において表わしているという場合、その性格のあらわれであるような諸行為は、態度が一様であるために一種の自然的連関を示している。しかしこの自然的連関は決して意志の悪しき性質を必然的たらしめるごときものではなく、反対に、その自然的連関も悪しき不変なる原則をみずから進んで採用した結果であり、そのゆえにこそ意志はいっそう非難さるべく罰に値するものとなるのである」（一一二頁）。

カントが研究においてここまでたどって来た道をふり返ってみよう。まず個々の行為の道徳的評価の可能性ということに関して問題が立てられ、その解決は、批判的観念論の提出する認識、すなわち個々の行為はいずれも自然のメカニズムの内では現象と見なされねばならないが、その英知的性格に関しては自分の行為を評価する主体にとって自由だと見なされうるという認識、によって可能となった。そのさい、空間時間の観念性に対する理解が、いずれの個々の行為をもその因果関係――この関係からは行為は必然的であって道徳的に責任を負う範囲に入ってこないように見えた――からとりはずして、それを本体の自由の現象(あらわれ)と見る見方に移すのに役立った(一一八頁)。この見方によって個々の行為が、理性的存在者の自己反省に対して、道徳的に評価されうるものとなったのである。さらに一二〇頁においてもこの同じ見方を用いて、過去の行為についての後悔という事実を説明することができた。すなわちそれは、過去の行為を因果関係の系列からとりはずし、時間的関係からほどいて、自由の絶対的自発性という点から評価する。ただし以上のことはあくまでも行為する主体と評価する主体の同一性という前提のもとにおいてである。一二〇頁のことになると、行為の両様性に向けられた見方はそのままであるが、この同一性は放棄される。このことによってしかし全く新たな道に足をふみ入れたことになるのである。今まで行為は、現象の線上でと同時に英知的な領域のうちでという両面性において追究されてきたが、その中心には、両面を統一するものとして行為する主体の道徳的意識が立っていた。今からはしかし、個々の行為の両面性とならんでさらに諸行為間の法則的な連関が強調される。もしこのように、「その態度が一様であるために一つの自然的な連関を示している」ような、現象界における諸行為が、なにかある法則による相互の結びつきにおいて現われてくるとするならば、個々の行為を道徳的に評価しうるために自由の問題はその個々の行為を上のごとき連関からはひき離してはいけないのではないか、という疑問が起きてくる。この瞬間において研究が、評価する主体と評価される主体との同一性という前提——この前提に立つ見方によってのみ、自然のメカニズムのもとにおける現象としてと同時にまた自由の法則のもとにおける英知的行としてあらわれるかぎりにおける行為の評価の統一が確保される——を捨てることはまことに決定的なことである。

第四節　二つの「自由の問」——主としてその区別について

ところでこれらすべての当座の諸前提がこのように次第次第に無自覚のうちに放棄されているという事実によって、取り扱われている問題自体が、気づかれないままに全く別の問題になってしまったのである。このようにして起ったずれは、英知的な見方と経験的な見方とを結びつけていた媒概念のずれから最もはっきり知ることができる。以前にはそれは、英知的自己の道徳法則についての知であった。今は、道徳法則を意識している英知的自己の代りに道徳的性格——いつも態度が一様であることによって一つの自然的連関を示すような諸行為のうちに、規則的に現われてくるかぎりの道徳的性格——がもち出されてくる。以前には次のような形で問が立てられた。すなわち、私はいかにして、現象として自然的メカニズムの法則のもとにある行為を、同時に、自由のもとでなされたものと考える——道徳法則から良心を通して私に迫ってくるような、行為の道徳的評価がそれを要求するかぎり——ことができるか。答——私の悟性的認識にとってはその行為は時間空間のうちで現象の因果性のもとにあるものとして行われるのであるが、このような時間空間は私の英知的自己には適用されないということ、従ってまた私の行為は、それが道徳法則に関係する心がけの表現であるかぎり、私によって、現象としての行為に当然属する自然必然性に従ってではなく、自由の絶対的自発性という点から評価されなければならぬということ、を私が意識することによってである。

さきに特徴づけられた前提が引込められて後は、問題は次のように立てられる。すなわち、その態度のいつも変らぬ一様性によって一つの自然的連関を示しているような諸行為の全系列が、英知的性格——それが道徳的にまたは反道徳的に規定されているかぎり、いずれの場合にも、いったん得られた軌道にそって絶えず進展して行くような英知的性格——の空間時間における必然的な働きであるという場合(二一〇—二一二頁参照)、この性格との連関において規則的であるような諸行為の系列は、いかにして道徳法則を規準として行為を評価するという見方のもとに入れられうるか。答——意志の性質というのはやはり意志がみずから進んで善または悪なる不変的な原則を採用した結果である、と主張されることによってである。

以上二つの問——カントは批判的観念論がその解決を約束するかに見える第一の問から出発して徐々に第二の問に近づいて行ったので、この二つの問の相異は彼においておおわれている——は、次のような普遍的な問においてより高い統一を得る。すなわち、現象の系列の中で経過する理性的存在者の諸行為に関して、その道徳的責任という事実によって要求される自由は、いかにして説明されうるか。

カントが批判的観念論によってこの普遍的な問に対して与えようとした解決はいささか特別な事情を持っている。今取り扱っているこの章の直接の印象に従うかぎり、実際そこに解決があるように思われる。しかし、そこで問題の解決として示されている見方を日々の具体的な経験が与えるたくさんの事実に適用しようと思うと、その解決はもはやそれが約束するような満足を与えない。カントにおける自由概念を取り扱った研究論文はすべてこのような経験を示している。私がここでしたいと思っていることは、この事実をカントのテキストそのものの研究から明らかにし、そして——すでにおわかりのことと思うが——それを、カントが研究を進めて行く間にやむなくずれてきた問の立て方への問題に還して解明しようとするにほかならない。われわれの研究が、カント自身における論の進行においては別に主要駅というほどの意味ももっていないように見えるこの個所でなぜこれほど長く留まっているのか、という理由についての説明はこれくらいにしておこう。

上来叙述を進めるうちにわれわれは、『実践理性批判』において自由の問題が取り扱われる間に、批判的観念論の研究方法をこの問題に適用するための諸前提が一二〇頁から以後一つ一つ捨てられてゆく、ということを確かめた。そのさい同時に、このようなずれの始まりと終りとにそれぞれ道徳的な自由の問題の異った把握の仕方が対応しているというように考えざるをえなくなった。さて、自由の問において問題になってくる諸概念がこのずれに関係してくるかぎり、その諸概念の相異を吟味してみることがここで必要になってくる。

諸行為の系列における原因結果の結びつきからはじめてみる。「自然必然性としての原因性の概念は、自由としての原因性とは異り、時間のうちで規定されうるかぎりの——従ってただ現象としての——事物の存在にのみ関係し、物自体としての事物の原因性に対立する」(一一四頁)。現象としての行為はだからいずれも自然必然性によって因果関係的に制約されている。しかしまたいずれの行為も同時に、このような感性的なつながりから解きはずされて、英知的自己の自由の行である。これがすなわち第一の問の立て方にとっての自然と自由という対立である。第二の問の立て方では、現象としての行為が他の諸現象と因果関係にあるというかぎりにおける行為の法則性ではなく、次々に行われる諸行為がその間に一つの自然的連関を示しているというかぎりでの行為の法則性が問題になってくる。われわれは、第一の場合には自然必然性とかかわり、第二の場合には自然的連関とかかわる。いずれの場合にも自由と法則性との対立が問題になっているが、前者は評価する主体と評価される主体との同一性という前提のもとで、後者はこの同一性をすてて、問題を扱っている。いかに上述の同一性という前提が第一の問の立て方における見方の中心に確固と立っているかということは、カントが例のフィクションをすてたさい、ふたたびすぐに行為する主体と評価する主体との明確な同一性に立って問題を解明し、論を進めて行ったそのやり方がよく示している。『純粋理性批判』においても『実践理性批判』においても、いたるところで論証の直観性(直証性〕が必要なときにはいつもカントはこの同一性に立ち返ってくるということから、この同一性が総じて批判的観念論のあらゆる研究において根本の前提であることが知られるのである。従って第一の問の立て方が問題に対して有効である間は、研究がこの行為する主体と評価する主体との同一性という前提を固守していることは全く自然なことである。自由の問題のこの第一のとらえ方にとって問題になる対立〔自由と自然必然性〕は批判的観念論の地盤で問題として動いているので、その研究方法を遵守して個々の行為を現象の因果関係からとりはずそうとするならば、批判的観念論はかの対立を和解させることができるわけである。すなわちここで批判的観念論は、行為する主体と評価する主体との同一性という前提の下で、現象としての行為をその英知的な根拠――無時間的であることによっていかなる因果性にも支配されないような自由なる行としての根拠――へ還すことを許すのである。かくして自由の問題の第一の方式にとっては、批判的観念論の研究方法の適用が、自覚的にであろうと無自覚的にであろうと絶対に必要な前提となっている。ところが自由の問題がその研究途上において諸行為間の自然的連関というものにぶつかった場合、事情は全く異ってくる。すなわちその場合には、批判的観念論の研究方法への固執は全然無価値である。事実、研究は無自覚のうちにではあるがやむなくその方法を放棄している。なぜならば、ここで問題となってくる対立〔自由と自然的連関〕が問題として動いているのは、全く批判的観念論の領域ではないからである。ここで問題なのは、行為の諸現象への関係ではなく、諸行為の諸行為への関係すなわち諸行為相互の関係である。道徳的評価の立場を維持するために、今は、行為を現象一般の因果関係からとりはずしてそれを英知的根拠に還すことが必要なのではなくて、この行為が同一主体の他のすべての行為と自然的な連関にあるといわれるその自然的連関を顧慮して、その上で、この行為を無制約的かつ自由なるものとして明らかにするということが求められているのである。この場合には現象としての行為をその英知的根拠に還してもなにも得るところはない。なぜならば、そうすると、その行為と自然的連関をなしている諸行為の全連鎖もまたその同じ英知的根拠に還されざるをえず、従って自然的連関という問題が消えてしまうからである。第二の問の解決にとっては、行為の現象としての性格は全く問題にならない。ここではそもそも、行為の本質についての批判的観念論の考え方が、いっそう鋭くなった道徳的評価の及ぼす圧力によってずらされている。批判的観念論の領域では行為とは、認識する主体によってその主体の英知的自己へと関係づけられるような現象であり、その英知的自己の時間空間における現象系列を現わし示しているのが諸行為なのである。これらの諸行為の間でのいかなる区別——行為としての性格についての区別——も、批判的観念論の地盤では許されない。これらの行為はすべて、それがその英知的根拠に還されるかぎり、ひとしく自由である。しかし、諸行為間の自然的連関が現われてくるとたちまち、上に述べた行為についての理解はあらゆる点で変化してくる。すでに「宗教哲学的スケッチ」での自由の問題の研究において暗示しておいたことであるが、行為の道徳的評価が範囲がせばめられて来る（その結果は重大である）。すなわち、単なる行為と「有意的な」あるいは「故意になされた」行為とが区別され（一一二頁）、この後者について、それが自由の原因性に基づいていると言われる。従って後者のみが主体の自由意志から出たものとして道徳的評価を受けることになるのである。このような区別は、ここで問題になっている法則性と自由との対立が批判的観念論の範囲内で問題として動いているのではない、ということを示している。批判的観念論によればいっさいの行為は、その英知的根拠への関係からみると、「自由意志」から出たことであり、「故意になされた」ことである。このように自由の問題の第二のとらえ方にとっては、問題になる対立は、もはや自由なる行為と自然のメカニズムとの間にあるのではなく、故意になされる行為と諸行為全般をつないでいる自然的連関との間にある。自由の問題に関して現象をその英知的根拠に還すことは、第一の対立にとってのみ価値がある。それに対して第二の場合には、行為は、たといその英知的根拠に還されても、相変らず同じ法則的連関のうちにとらえられている。というのはここでは、これらの行為はその英知的な形においてもなお連関のうちにつながれているものとして考えられているからである。かくして問題になっている対立は、英知的なるものと現象界との間にではなく、英知的なるものの領域においても現象の領域においても同じように問題として動いている。言いかえれば、行為が現象と見られようと英知的行と見られようと、この対立はそのままである。

このようにしてわれわれは、自然のメカニズムという表現の代りに立ち現われてきた自然的連関という独特の表現に導かれて、批判的観念論の領域およびそこでの問題の趨勢を支配している対立の範囲をはるかに越え出てしまう。その結果、批判的観念論が明確な意味の刻印を与えた表現、すなわち「現象」(Erscheinung)という表現についてその使い方が動揺してくるということになるのである。「故意になされた行為はいずれも自由の原因性に基づいている」。批判的観念論の従来の言葉づかいからすれば、「現象」という表現では広い方の概念が示され、「行為」という表現では狭い方の概念が示されている。両者をならべて相互に意味を精確に規定し合うために使われる場合、実践的な理性的存在者が問題になっているという前提のもとでは行為はいずれも現象であり現象はいずれも行為なので、どちらの概念が他方を説明するかは結局同じことである。が「行為」という狭い方の概念が「現象」という広い方の概念を精確に規定するのが普通であろう。上に引用した文章ではそうなっている。ところで、相互に意味を補っているこの二つの表現の位置を入れ換えてみよう。「故意になされた行為はいずれも自由の原因性――幼少のころからその諸行為（諸現象）においてみずからの性格を現し示しているような自由の原因性に基づいている」。こうするとこの文章の思想内容は乏しくなってくる。すなわちこの文章では、行為というものは問題になっている性格がみずからを現す現象形式を実際に示しているという先の文における隠れた主題ともいうべき考え方を含まず、ただ、行為が時間空間において行われるという事実を表わすにすぎない。この変化は、さきの文章では現象という表現が「その諸現象において」――in ihren Erscheinungen (den Handlungen)――というように所有代名詞と結びついているのに、後の入れ換えられた文章ではその前にただ冠詞が置かれているにすぎない――in ihren Handlungen (den Erscheinungen)――、という事態から来ている。ところで実は冠詞と結びついているこのあとの方の使い方が批判的観念論にとっていつものきまったやり方であって、それは、出来事が時間空間のうちで起るということを述べるものである。所有代名詞と結びつくことによって現象という表現は上述の連関において、より豊かな意味を得てくる。すなわち、時間空間性の強調よりむしろ、問題になっている道徳的性格のあり方が行為において映っている、あるいは、行為において現象し顕現しているというような意味をもってくる。現象という表現と所有代名詞とのこのような結びつきは、批判的観念論がこの表現に与えた明確な意味の刻印を思えば、批判的観念論としては到底なしえないところである。事実またこの結びつきは、今の個所を除けばほとんど指摘されえない。従ってこういう結びつきがここに現われてきたということは、われわれがもはや批判的観念論の領域内にはいないのだということを暗示している。それだからこそ、批判的観念論によって明確な意味の刻印を与えられた諸概念が、より豊かな内容を得るような新しい結びつきをもつことができたのである。(1)

（1）（問題になった引用文について）、批判的観念論の立場を一貫するならば次のように書かれなければならないであろう。「故意になされた行為はいずれも自由の原因性――幼少の頃から諸現象（すなわちその諸行為）――in Erscheinung (nämlich ihren Handlungen) においてみずからの性格を現しているような自由の原因性に基づいている」。

上に、現象という表現が批判的観念論の立場では許されていないような豊かな意味内容を得ていると述べたのであるが、こういう私の見方に対して、それは極少の量をもってする不確かな計算〔ごく些細なことをもとにして十分確証されない結論を出す〕だと言って非難する人があるかもしれない。しかしこのような計算も、明確に確かめられた量を取り扱う演算と関連している場合には、やはりその権利をもっているのである。二つの問い方の間におきた概念のずれについての説明のしめくくりにしようとする次の研究は、今言った確かな量を取り扱う演算に属する。すなわち、以上の二つの場合において、行為が還されて行く「英知的自己」と言われるものは、それぞれどういう性格をもっているだろうか。自由と自然のメカニズムという対立に関係する第一の問の立て方においては、道徳法則の評価を受ける行為はいずれも、道徳法則が英知的主体の自由なる意志に積極的にかあるいは消極的にか働きかけたその結果出てきたものとして表象されている。そのようにして、自然のメカニズムの経過の中に現れてくるような道徳的行為が成立するとされる。ここで問題になっている英知的自己は、それをさらにその根拠へと還すべく遡及することのできない所与的事実、認識する主体という事実と同時に与えられている事実である。個々の行為はいずれも、この英知的自己が個々の行為に関しその自由なる意志において道徳法則に規定されるというあり方に応じて、その英知的主体に還元される。第二の問の立て方においてはこの点全く事情が異っている。ここで問題になってくる英知的根拠は、もはや道徳法則によってそのつど規定されるような英知的自己の自由意志ではなく、道徳的性格、すなわち、道徳的な（もしくはさきの引用文で問題になっている例で言えば反道徳的な）原則の一度きりの採用によって以後の成行きがいつまでも変りなく規定されるような道徳的経過として現れ、そのようなものと考えられる意志の事実的な性質である。英知的主体は、そういうものとして出来てきたもの（それが出来てきた源はさかのぼってごく幼少のころに置かれなければならぬ――一二一頁）、形成されたものとしての道徳的人格である。

ここでは第一の見方の場合とはちがって、英知的な諸行為の無時間的なつながりといったものはなく、悪なる不変的諸原則の採用が一時に行われるただ一度きりの英知的な行があるのみである。それにつづいて行われることはすべて、その結果として必然性をもって進行してゆく道徳的経過の諸相であり、この経過がすべての行為において現れてくるわけである。「唯一の」自由なる意志決定があった。すなわち、道徳的評価を受くべきもろもろの行いにおいて現れてくるような性格の生成を開始しその成行きを制約してしまったところの意志決定である。だからいずれの行いも、それ自体においてではなくかの原初的な意志決定の働きとの関連にあるものとしてのみ、道徳的に評価されうるということになる。しかもなお、いずれの行いもそれが道徳的評価を求めるものであるかぎり、それ自体で自由であり、かの関連の外にあって無時間的無制約的と考えられるということを、道徳的判断はつねにあらためて要求する。しかし一二一頁の前提のもとでは、時間的な見方が必然的に英知的なるものの領域にも移されて行く。なぜならば、法則的な成行きとして考えられている諸行為の自然的連関は、自然的とはいいながら英知的領域において行われていると考えられているからである。成行きというかぎり、そこには必ずそれ以前とそれ以後という時間性が含まれている。道徳的に評価さるべき行為の英知的主体にも同じく時間表象が持ちこまれる。というのは、それは道徳的人格と考えられているが、そのようなものとしては、なにかそういうようになったもの、形成されたものであり、また発達進展してゆくものだからである。今最後にあげたこのような道徳的人格という概念は、自由の問題についての第二の問の立て方がその本質からいってもまたその扱う概念からいっても批判的観念論の地盤で起ってくるものではないということを、明らかに証明している。第二の問の立て方は、その問が出てくる原因となっているような対立の解決を批判的観念論から期待することはできない。なぜなら第二の問は、批判的観念論にとって問題となるかの自由と自然的メカニズムという対立とはなんの関係もなく、かえってその対立をすでに解決されたものとして前提しているからである。そのゆえに、第二の問の立て方が批判的観念論の研究方法を自由の問題に適用することをやめ、かつその前提をすべて放棄しているのは、内的な必然性による。

第五節　二つの「自由の問」——再説　主としてその相互関係および批判的観念論の立場に対する関係について

自由の問の第一のとらえ方は、批判的観念論の地盤において働きまたその地盤で問題になる対立のうちで動いている。第二のとらえ方はいかなる点においても批判的観念論と関係をもたず、全く異った領域において働いている。してみるとここで、いかにしてカントがこの二つの全く異った問をたがいに区別せず結びつけるにいたったかという疑問がおのずから起ってくる。二つの問の間には、その相異にもかかわらず、なんらかの関連があるのだろうか。一方が他方の前提をなしているのであろうか。

ここで事態を明らかにするために、道徳的に把握された自由の問をカントがそもそもいかにして批判的観念論と結びつけるにいたったかということをはっきりさせなければならない。

個々の行いは、それが道徳的に評価されうるためには、いずれも自由だと考えられるということを道徳的意識は要求している。道徳的に評価される行いが自由であり、その行いが出てくる主体の自由なる働きの結果として把握されるということは、あらゆる道徳的判断の基礎にある前提である。ところが自然のメカニズムに対する認識が進み、「自然の出来事」という概念が人間行為の領域にまでも拡げられてきたことによって、この前提はゆるがされ、それとともに、道徳法則もまた動揺におちいる。というのは、もし自由を救うことができないならば、道徳法則も結局はイルージョンだということにならざるをえないからである。だからそのような事態が起ることに対してわれわれの道徳意識は強く反撃し、道徳的に評価されるべき行為を自然の出来事の法則的な過程からとりはずしそれを自由だとして把握しうる手段を見つけ出すために、あらゆる学問的方策を構じ、ありったけの知恵をしぼって、まず出来事というものの本質を究めようと努める。かくして、いずれの道徳的判断ももっているような素朴な前提を学問的に基礎づけようとするこのような試みにおいて、認識論的問題が深い道徳的な意義を獲得し、それによって始めてこの認識論的問題は、より高いカント的な意味で「哲学」に属するものとしてその身分を証明するのである。同時に、批判的観念論が達成したようなとらえ方における認識論的問題はわれわれの道徳的判断の前提に対する学問的是認との結びつきに矛盾しないばかりか、むしろそれをみずからの内から要求してくるような形を示してくる。自由の先験的理念によって和解せしめられるような対立のうちで、自由の実践理念が問題にする対立もその解決を見いだすように見える。批判的観念論は、空間時間の観念性の証明およびそれによって得られた現象界の因果関係の本質についての認識によって、同一の出来事を一面では自然のメカニズムによってひきおこされたものとして、他面では自由なる英知的根拠に還るものとして説明する。かくして、われわれの道徳的判断の前提に対する学問的是認もやはり行為を自然のメカニズムからとりはずそうと努力するかぎり、批判的観念論と結びつけられるのである。われわれの行為はやはり現象であり、ただ現象としてのみそれは自然のメカニズムの連関のうちにある。だから、現象として現れているような行為を自然のメカニズムからとりはずし、それをわれわれの英知的自己へと還しつつ自由だとして説明することができるのである。

さてしかし、自由の問は、以上のように批判的観念論と結びつくことによってその研究方法の諸前提をも受け入れることになった。自由の問は、道徳的責任の意識を通してわれわれに迫ってくるようなその構造において、あらゆる点で批判的観念論の研究方法を迎え入れるような形をはめられたのである。自由の問を立てるさい道徳的主体は自分自身から出発する。すなわち、私の良心のうちに現れてくる道徳法則をイルージョンだと考えないですむためには、いかにして私は自分の行為をすべて自由なものとして表象することができるか、という問から始める。道徳的主体は、自分自身に関して立てたこの問が答えられて後始めて、そこから、他の主体に関して類推的にその行為を評価するという仕方に移って行くのである。かくして自由の問のこのような立て方は、そのごく自然な形において、批判的観念論の――批判的観念論が実践的な理性使用の領域と関係をもとうとする場合には――研究方法の主要な前提を含み込むことになる。すなわち、認識する主体と行為する主体の同一性、およびこの主体に関してその行為を一つ一つ別々に見る見方などである。このような前提に立つかぎりにおいてのみ、行為を英知的行として同時に現象として見るという二重の見方が自然に現れてくる。同一性が前提であるというのは、もし主体が自分自身から外に出て行くとただちに、あるものはただ現象だけになってしまい行為というものがなくなってしまうゆえに、もはや行為と現象との同一視は不可能になるからである。それでもなお、この行為という名称をそのあらゆる結果をも含めて一連の諸現象に適用しようとするならば、それは類推——一連の諸現象を英知的主体に還元する権能があると考えかつ必然的にその英知的主体をやはりまた認識する主体と行為する主体との統一として把握せざるをえないような類推に基づいてのみ行われる。道徳法則は必然的にこのような歩みを進めざるをえない。なぜならば道徳法則は、道徳的存在者の間の相互関係に関係し道徳的存在者が多数だという前提がなければ無意味だからである。道徳法則を自分のうちに経験する主体とならんで他の道徳的存在者を確認しようとする場合、道徳法則は類推——一連の諸現象を行為として英知的道徳的主体に関係づけてとらえるような類推で満足しうる。自由を基礎づけようとする批判的観念論はこの手続きの基礎をも与えるべきなのであるが、実はこの点においてて批判的観念論はこの手続きにまさに矛盾する。批判的観念論にとっては総じて唯一つの主体(認識する主体、英知的自己)があるだけであり、その主体のほかには、あるいはもっと正確に言えば、その主体に対しては、単に現象があるのみである。認識する主体の多数性についての問は批判的観念論に対しては全然立てられない。というのは、批判的観念論の考え方を身をもって遂行しつついっさいの出来事を現象として把握する個々の認識主体はいずれも、自覚的にあくまで「認識主体」——それに関してはただ現象界のみがありまた（その主体が自分を行為する主体としてとらえる場合には）それに対してはその主体自身に関する現象のみが行為としてとらえられるごとき認識主体だからである。ところが、認識する主体としてのこの英知的主体と結びついている道徳的実践的理性は、必然的に、英知的主体が多数である——この多数の英知的主体に関しては一定の広範囲の現象が行為としてとらえらるべきである——という確認を迫ってくる。道徳的実践的理性はしかしこの多数の行為する主体と同時に、多数の認識する主体を確認する。道徳的実践的理性は、認識する主体と行為する主体との統一としてとらえている自分自身の英知的自己からの類推によってそれらの主体を表象せざるをえないからである。しかしこれによって、観念論的批判的な諸前提は解消してしまうことになる。

かくして、批判的観念論の研究方法が実践的道徳的理性のもつ諸傾向と結びつけられる場合、そこには深い矛盾抗争が認められるのである。この矛盾はしかしいかに激しくとも、批判的観念論の研究方法に基づいて組み立てられているような形で実践的道徳的な問が現れているかぎりは、まだ眠っている。先に見たごとく、自由の問が行為を自然のメカニズムとの関係において見てそれをみずから道徳的に評価しうるために自由なものとして表象しようとする場合には、そのような状態である。それは、自由の問が道徳的思考に対して最初に現れてくる形である。そのような形の問は無自覚のうちに、批判的観念論の研究方法がそれに適用されうるような諸前提を含んでいる。こうして自由の問の解決が批判的観念論の枠内で遂行されるのである。われわれがカントとともに体験した苦闘、すなわち自由の問に関して道徳的世界観の可能性を基礎づけようとする激しい努力において、批判的観念論は要求されたことを実際に成し遂げたと言いうる。それは、行為が認識する主体に対して一面現象として他面英知的行為としてという二重性において現れるかぎり、道徳的評価に関して人間の行為を主体の自由なる行としてとらえる可能性を提供したのである。戦いはすでに終り、自由の問はそれにまつわる困難から救い上げられたように見える。この立場を過信して、しかし深い道徳的な真剣さからカントは、道徳的評価に関して学問的に得られた自由の前提を、次のような場合——すなわち、もし自由の想定が学問的に基礎づけられていなかったとすれば、そういう場合に道徳的評価をくだすことはきびしすぎて不当だという非難を当然こうむるであろうと思われるような場合（一二一頁の例）に、適用するにいたった。しかもまさにその瞬間にカントは、自由の問の構造から、それまでこの問が問題解明の操作において無自覚につかっていた諸前提をとり去ったのである。それによって自由の問は今までと異った形に変り、いったん到達された目標ははるかにのがれ去り、従来歩んできた道は突然けわしく口を開けた深淵にさしかかってとだえてしまう。そのさい自由の問はその深淵の暗い深さのうちでみずからの真の姿を見るのであるが、ただ驚愕してとびさがってしまうのみである。こうしてふたたび批判的観念論の領域にもどってそこで働きつつ、自由の問はかつての見なれた姿を再現する。かいま見た自分の真の姿は自由の問にとって悪夢のように思われるのである。

批判的観念論の成果と結びつき、そしてこの結びつきのうちで解決を得ている自由の問は、この問を批判的観念論の研究方法と関係づけるような特定の前提のもとにおける自由の問である。批判的観念論が解決を与えるような自由の問は、問題そのものを制限する特定の前提のもとにおける問い方として、本来の道徳的な自由の問への予備的な問と言わなければならない。本来の問というのは、この予備的な問からその前提となっているものが抜きとられるとき、現れてくるものである。かくして二つの問い方の関係が規定されたことになる。すなわち、それは同列の関係ではなく、第一の問い方が第二の問い方の下に置かれるという従属の関係である。両者の関係は予備的な問と本来の問、先決問題と主要問題、低い立場での設問と高い立場での設問という関係である。道徳的に行為するということに関して主体は自分自身および自分のするいっさいの行為を、自然のメカニズムのうちで経過する世界の出来事と対立せしめるので、まず予備的な問い方が道徳的感覚に迫ってくる。さてこの予備的な先決問題が片づけられた。すなわち、道徳的主体は、いずれの行為をもその英知的根拠である英知的自己へと還すことによって、行為を自然のメカニズムからとりはずして自由なものとして表象することができた。この操作に対しては道徳法則の事実がその必要性と是認を与え、批判的観念論が建築のための設備を提供した。ところが、こうして建築が完成してその足場がはずされるとその瞬間に、これはただ基礎工事にすぎない、その上に組み上げらるべき本建築のために必要な土台だということがわかってくる。その本建築というのはすなわち高次の問題の立て方における自由の問である。自然のメカニズムによって自由をおびやかすような困難がとり除かれて後始めて高次の問題の輪郭が現れてくる。このより高い立場での問い方というのは、いずれの行いもその態度が一様であることによってそこに示されているような一つの自然的連関——かって獲得せられそしていったん方向が決まってしまうとどこまでもその方向に進んで行くような意志の一定の道徳的性質をさし示すごとき自然的連関、という意味での行いの法則性にかかわる問い方である。この本建築に対しては、批判的観念論によって整備された設備は役に立たない。それはこの新しい建築の方向線に合わないのである。この新たな問題、真の道徳的な自由の問は、この問が問題解明の操作をするさい用いる概念の性質からして、批判的観念論の限界のかなたにある。この問は、以前には無時間性のうちでじっとしていると考えられていたものにすべて時間的な成行きという表象を移し入れて行く。すなわち、「英知的自己」は、形成せられ進展して行く道徳的人格性という形になり、また英知的自由は、自由の原因性——自由とはいってもただその発端の項のみが自由であって他のすべての項はそれに先行する状態から法則的必然的に出てくると考えられるような原因性に変ってきた。その場合しかもこの最初にして最上位の自由なる項さえも時間のうちで行われることとされる。その項はさかのぼってごく幼少のころに置かれる。それが意識のかなた、意識以前に行われたと考えられる場合には、行為の道徳的な原因結果の系列に対しても無限なる遡及を許さねばならないであろう。

批判的観念論を適用することができないこの高次の問題は、『実践理性批判』一〇八頁以下での思想的な苦闘にあらわれている道徳的な深さを通して、一瞬（一二〇、一二一頁）まだ十分展開されていない漠然とした形で姿を現してから、それ以後の研究の歩みにおいてはただちにふたたび従前どおりの予備的な問い方に席を譲ってしまう。一二一頁の第二節からは、全く自然なことであるかのように研究が元の論述の仕方（その諸前提をも含めて）に向き返り、あとは、自由の問を閉じる一二九頁まで首尾一貫してその仕方にとどまっている。さきの一二一頁では道徳的な自由の問に関して批判的観念論の立場と一致しうるような問い方が放棄されているのだということがうすうす感づかれているかのように、その第二節目の始めの文章すなわち異った問い方を含んでいた前節からのつなぎ目の文章は、ここで問題になっているのはわれわれの行為と自然のメカニズムとの対立に関係するような自由の問だということを特にきっぱりと強調する必要に迫られているのを感じている。すなわち一二一頁、「自由を、感官界に属する存在者における自然のメカニズムと調和させようとするかぎり、なお一つの困難が自由に迫ってくる」。より低い立場での問い方における自由の問を、これ以上明確な形で表わすことはおよそ不可能である。かの自然的連関は忘れ去られ観念論的批判的前提のもとでのみ是認された「自然のメカニズム」という表現がふたたび権利をもってくる。この同じ章においてさらに先でカントは、自由の問の予期された最後の困難の解決は批判的観念論によってのみ行われうると断固たる仕方で強調し、同時に批判的観念論の諸要素を、自由の問に対するその意義がよくわかるように、もう一度ひろげて見せるのである。従って、そこで提出された最後の困難と言われたものが実際は単に自由の先験的理念に関係する（一二三頁を参照せよ）ものにすぎないとしても、別に驚くにあたらない。こういうわけだから、われわれの研究のかなり始めのころこの章について、これはあたかも「先験的弁証論」における自由の宇宙論的理念についての論究に対する補遺ででもあるかのように『実践理性批判』の中で目立っている、と言われえたのである。

かくして、一二一頁で自由の問の高次の問い方が現れてきたということは、結局、批判的観念論と結びついて行われた自由の予備的な問の論究のうちでの短いエピソードにすぎない。批判的観念論は、戦場のある一定の部分を扼《やく》しているような防禦陣地から自分の陣を防衛するといった形勢にある。この批判的観念論に固有な防禦陣地は、そこに立てこもっていると、ここから掃射される地域が——初期の段階では戦闘がここで終りになったので——戦場の全体だと考えるようになる。さて、批判的観念論は陣を保持することには成功したが、戦闘はさらにつづけられる。それはしかし、批判的観念論の防禦陣地からはもはや掃射されえないような地域で戦われ、しかも防衛軍は戦闘の状況についてなんらの報告を受けることもできない。かくして防衛軍は、弾のとどかぬ安全な場所にいて防衛軍の陣を包囲する準備をしている敵に向かって、相変らず発砲しつづけている。

今比喩で描かれたことが実際に起ったのである。『実践理性批判』においてカントは、自由の問題を批判的観念論の助けをかりて解決することができると思っている。彼は、自由の問題が批判的観念論による解決を受け入れる準備ができているのはただその予備的な問い方においてのみだ、ということに気がついていない。そして、この予備的な問の解決の上で一二一頁において現れてくる新しい問題に注意を払わない。彼は主要問題を予備的な問のうちに見て、この予備的な問とともに主要問題をも解決したと信じている。この不運な思い違いはしかし彼にとって必然的である。つまり、批判的観念論から由来した立場で自由の問題に着手すると、主要問題は予備的な問の中に包まれて出てくる。というのは、批判的観念論の研究方法を自由の問に適用することによって無自覚のうちに、自由の問を立てるさいこの問を予備的な問のもつ特定の形においてのみ現すような諸前提を持ちこむことになるからである。従って批判的観念論の領域においては、かつその概念的設備の前提のもとでは、根本の問は必然的に予備的な問の中におおわれた形で見られる。根本の問はその全貌においては批判的観念論の領域のかなたにあり、われわれがこの領域を越え出るとき始めてほんとうにその姿を現してくるものだからである。かくして批判的観念論の宗教哲学は、予備的な問い方によって制約されているような形においてのみ自由の理念を認め、従って、道徳法則によって立てられた自由の実践的理念をも総じて批判的観念論の手段によって実証することができると信じているのである。

第六節　高次の「自由の問題」
（特に『宗教論』第一篇における根本悪及び善への改心についての考え方を参照して）

批判的観念論の領域では、自由の主要問題は必然的にその予備的な問い方の中に見られ、かつ後者と同時に解決されたものと見なされている、という事態を上にこまごまと指摘したのは、それによって、カントにおける思想展開の本質についての理解を得ようとするのが目的であった。なぜカントの思想の展開が問題になってくるかというならば、それがもとになって、彼が三批判書のいずれにおいても高次の自由の問題をはっきりと立ててもいないし取り扱ってもいないという事実に関して世間で多くのいい加減な批評がなされているからである。この事実を説明するために通常人々は、えらそうに遺憾の意を表しつつ次のように言う。すなわち、カントは、他の点では啓蒙主義の立場をはるかに越えていたにせよ、「浅薄な自由の概念」を啓蒙主義と共有していたので、問題を深く追究してゆく今日の学問ではすでに信用を落してしまった「liberum arbitrium indifferentiae」(無関心な――いずれの対象をも選びうる――自由意志)をもって事をさばいて行こうとしている、だから彼は惜しいことには自由の問のいっそう深い心理的道徳的なとらえ方を全く顧慮しなかったのである、と。

カントの欠点といわれるものと結びついて啓蒙時代が持ち出されたが、今やしかし、啓蒙時代にもその固有の権利を与え、また、かえってわれわれの方が人間に身近な問題を取り扱うさいの啓蒙時代におけるあの率直な言葉づかいを忘れてしまっているのだから、それを必ずしも表面的で浅薄だなどと言いふらすことをしないようなそういう時代になっている。しかしこれは今は別問題として、カント自身に関しても、上の非難は今までの研究によって根拠のないものであることが証明されている。たしかに、批判的観念論の領域においては高次の問題がはっきりと現れてくることはできないし、批判的観念論の成果をより高い立場での問い方に適用することもできない。カントが三批判書のいずれにおいても高次の問題の立て方における自由の問を取り扱っていないという場合、それはしかし、彼の道徳的な深さの欠如によるのではなく、批判的観念論と自由の問との出会いの仕方に基づく必然性による。むしろ、『実践理性批判』における自由の問の頂点で（一一二頁）、自由についての考えを押し進めて行くその道徳的エネルギーによって一瞬、批判的観念論の立場を破ってこの高次の問題が現れてくるほどに、カントの道徳的深さは偉大なのである。だからこそ、カントが説明もなしに批判的観念論の限界を超え出て行った例の著作（『宗教論』）で、われわれは、それ以上完全な形では道徳意識に現れてくることができないほどの深さと完璧さにおいて、高次の問題の出し方における自由の問に全面的に出会うのである。この著作は高次の問題によってすっかり支配され、かつその解決を求めて、批判的観念論の手段をも借りずまたほかのいっさいの前提をも捨てて苦闘している。それは、実践的領域と結びついたような批判的観念論を論述しようとするのではなく、ただ道徳的主体の道徳的意識にのみ語りかけ、それが自分自身を把握し自分を深めて行くように導いて行こうとする。問題になっているのは、「根本悪」についての論究を含んだ『単なる理性の限界内における宗教』という著作である。その第二版の序文の中に、道徳意識そのもの以外のあらゆる前提を除いてしまうことがこの著作のプランであらかじめ考慮された、ということを理解させようとする次のごとき文章が入れられている。すなわち『宗教論』一五頁、「この著作の本質的内容を理解するためには、実践理性の批判やまして理論理性の批判に立ち入る必要はなく、ただあたり前の道徳の立場だけで事足りる」。この著作はその第一篇において、「人間本性における根本悪について」という標題で、より高い立場での形における自由の問題を取り扱っている。われわれはここで、カントが高次の自由の問題を取り扱っているこの『宗教論』第一篇を、『実践理性批判』

における自由の実践的理念の実証についての当面の論究と結びつけて研究しておきたい。そうしておくと後で、この二つの著作における神と不死との理念に関する宗教哲学的上部構造を、今度はその相異——『実践理性批判』においてはこの上部構造が、自由の予備的な問の解決と同時に主要問題も片づいているという前提の上に建てられているのに対し、他方『宗教論』では同様の上部構造が、全体的な深さにおいてとらえられた自由の問題を土台にして建てられているという事態に基づいている相異——において追究することができるであろう。

以上述べたところによって、カントの宗教哲学の包括的な研究にさいして『宗教論』第一篇が『実践理性批判』における自由の問の解決と関連して考察されなければならない理由が、是認されるであろう。ではこの第一篇におけるカントの根本悪についての論究を吟味してみよう。

『実践理性批判』の研究によってわれわれはどうしても自由の問題のかくれた二重性という事実にぶつからざるをえなかったが、それを指摘するさいに一二一頁におけるちょっとした言葉づかいのずれから出発したことを覚えておられることと思う。「心がけの自然的な性質」とか「諸行為間の自然的連関」という表現によって、ここでは今までと違った対立が問題の基礎にありこの対立はもはや「自然のメカニズムと自由」という概念の間を動くものではないということに気づかしめられたのであった。今、こういう意味での高次の自由の問題に対してカントが『宗教論』で企てた解決の試みを明らかにしようとするとき、次の事実を確かめるのは興味のないことではない。すなわちカントが、この新しい問題の立て方における企てに着手するに当って、そこで「自然」という表現が用いられても、決して以前用いられたときのように自然のメカニズムと自由という対立が出てこないように、この表現に関する言葉づかいを限定する必要を感じたという事実である。そしてこの言葉づかいの説明と結びつけてすぐあとでカントは、おそらく世界文学の中でも最も簡潔にして深遠な仕方で、このより高い立場での形における自由の問題をはっきりと設定している。それは『宗教論』一九頁二行目以下である。「もし自然という表現に、通常そうであるごとく自由から出る行為の根拠と反対のものを意味させようとすれば、それは、道徳的に善いとか悪いとかいう述語と全く矛盾することになるであろうが、そういうような「自然」という表現にここでつまずかないように、今の場合人間の自然とは、ただ知覚しうるすべての行為に先立っているような自由の使用一般の主観的根拠（客観的な道徳法則の下における）――この根拠がどこにあろうとも――という意味に解されている、ということを特に注意しておかなければならない」。つまり、『実践理性批判』一二一頁ではやむなくしのび込んでいた言葉づかいの変更が、ここでは公然と持ち込まれている。これでみても、ここでの研究が批判的観念論の図式で動いていないということがわかるのである。

従来もあらゆる点からわれわれがぶつかってきたこの事実、すなわち高次の自由の問題が現れるとそれによって批判的観念論の立場が破られるという事実は、次のような事態において最も明瞭にあらわれている。すなわち、カントがおこなってきた従来の研究では「知覚しえられる行為」というのは、ただ、それに平行して行われる自由の英知的な決定の働きが時間空間的世界に表出されたその刻印であった。ところがここでは（一九頁）、時間空間の観念性によってはじめて可能になったこの並列〔英知的決定とその現象における刻印〕に代って、自由使用の英知的行為に先立つという時間的な不同の関係が現れてきた。この主観的根拠もしかしやはりどこまでもそれ自身ふたたび自由の働きでなければならない。そうでないと、道徳法則に関する人間の自由意志の使用または誤用を彼の責任に帰することができなくなり、「彼の善または悪を道徳的と言えなくなってしまうであろう」。

この働き——道徳的判断の可能性にとってはいっさいが結局自由に関してこの働きをどう評価するかに帰着する——は、善なる格率もしくは悪なる格率の採用に存する。道徳的格率の採用の主観的第一根拠についてはしかし、それが何であるかをたずねることができない。というのは、この働きが自由であるということこそ、そもそも道徳的判断の可能性が基づくところの主張だからである。ところがこの働きは、格率採用の根拠がいかなる自然の動機の中にも求められえないときにのみ、自由だと考えられうる。その場合しかし根拠としてはやはりふたたび格率があるのみである。——こうして、いずれの任意の点からも次から次へと規定根拠の系列をさかのぼることになるが、いつか第一根拠に到達するということは問題の性質上期待しえない。

この一九頁の注意における考え方によって、自然という表現に関する言葉づかいの変更とともに自由の問に対する批判的観念論の取扱い方がすべて放棄されている、ということが今やすっかりはっきりしてきた。ここではわれわれは英知的なるものの領域において原因結果の系列をもっている。しかもこれは、すべての経験的な原因結果の系列と、その各項の継起が時間のうちで起るものとして表象されるという事態のみならずさらにまた解決不能の無限遡及にやむなくおちいるという事態をも共有している。この無限遡及という暗い奈落こそ、実は、現象界において経過する行為に関して自由の可能性を説明しうるために、その行為を同時に英知的原因に還るものとして考えることを理性的存在者に余儀なくせしめたその当のものなのである。ところが、自由をおびやかすような因果性に関する無限遡及というこの同じ困難にわれわれは今、この困難を解決するために開かれた英知的な領域そのものにおいて出会うわけである。かくして、かつて自然のメカニズムと自由という対立を苦労の末和解させることができた批判的観念論が、ここでは、出された問題の性質上自分の手段でそれを解決しようとする試みを断念せざるをえない、ということがすでに認められうるのである。

これでわれわれは自由の問題の頂上に到達した。われわれの足下に裂けている深い谷を見下ろす前に、ふり返ってもう一度山麓の小丘――これにはばまれて平地から見る者には今到達したこの頂はほとんどかくれていた――にちょっと目を向けてみよう。すでに以前、先にあげた理由からカントが自由の問の高次の問い方にわずかにふれた『実践理性批判』一二一頁において、彼ははたしてそのような形でとらえられた問題の深い意味を意識していたであろうか、という問が出された。それに対してわれわれは上で、次のような事態、すなわち、行為する主体と評価する主体との同一性ということが全体にわたって論究のかくれた前提になっている批判的観念論の見方の図式にとっては主要問題は、そこでとり扱われている第一の問い方による問題のただ特別な場合として例外をなしているにすぎないということを指摘して、答えたのであった。そこでは高次の問題は「生まれながらの悪人」の行為へ特に道徳的判断を適用したものとして現れてきた。その適用からカントは、「彼らの諸行為間の自然的連関が彼らの意志の悪なる性質を必然的たらしめるのではなく、かえってそれは自由意志によって採用された悪なる不変的原則の結果であり、このみずから採用した原則によって彼らはますます罰せらるべきものになるのである」という結論に至っている。このような見方が一面的に悪なる自然的性質に対してのみ出されてくるのではなく、善き自然的性質というものをもとりあげるところまで拡げられている点に、『宗教論』一九頁二〇頁における問題の立て方の進歩がある。善悪両面にわたっていずれの場合にも自然的性質を考えるというこの両面的な把握によって始めて、問題を十全な形で知ることができたのである。『宗教論』の論究が『実践理性批判』一二一頁を凌駕している他のすべての点は、こうして得られた両面的な問題の立て方の自然な結果にすぎない。『実践理性批判』一二二頁では、心がけの自然的性質を結果として産み出すような自由の働きという考え方は、すでに他の方法で確かめられている実践的態度の責任性の尖鋭化を意味するにすぎない。これに反して『宗教論』一九、二〇頁では、そこで達せられた両面的な問題の立て方によって、そもそも、このどこまでさかのぼっても第一根拠をあげることのできないような底知れぬ自由の働きこそ、はじめてわれわれの行為に対してその責任性の根拠を与えるのだということが示されている。また、『実践理性批判』一二一頁では、いったん採用された悪なる格率は、不変なるものとしてかつますます悪くなるという進展を必然的にとるものとして主張されている。しかし、いやしくも自由の問題自体の中に不合理が持ち込まれてはならないとすれば、この見解はあくまで一時的なものであり、従って上の場合と同様にそのような見解は、『宗教論』で到達された両面的な問題の立て方においては放棄されざるをえなくなるであろう。さて第三のそして最も重要な進歩が現れてくる。『実践理性批判』一二一頁における問題の立て方のあの挿話風な形では、心がけの悪なる自然的性質と善なる自然的性質との間になにかその中間があるということが承認されうるように見える。その場合には意志の悪しき性質は、その中間的平均的な意志の性質が悪しき面に向かって傾いた例外としてとらえられることになってしまうであろう。今度到達された両面的な問題の立て方とともに、このような見解は放棄される。心がけの善き自然的性質と悪しき自然的性質との間にその中間はないのである。この主張によって——これがどれほどの意義を持っているかは、悪なるもしくは善なる格率の採用は自由なる行としてどこまでもふたたび格率に基づいていなければならないということをあくまでもはっきり意識している場合に始めて、ただしく見きわめることができる——カントは、その天才が、歴史上で是認されてきたいろいろな見解と必然的に一戦をまじえざるをえないような地点に到達した。この立場から彼は、射程内に現れてくるいっさいに対して致命的な矢を放つのである。教義学的な原罪説に対し、道徳的経験論に対しておよびセネカ*からルソー*にいたる倫理学的心理学的空想に対して。なかんずくどうしてもたおさねばならぬ一人の敵がいる。それは、道徳的な評価の仕方からそのきびしい真剣さを奪い、それに代えるに病的な観想的陶酔——そこではある時は道徳的無関心またある時は道徳的興奮が、というようにこの両極端が定めなく現れてくる——をもってするような敵である。問題になっている敵は新プラトン派〔訳註。プラトン後期の思想を祖述しかつ特に神秘主義的に発展せしめた最後のギリシア哲学、プロチノスがその代表的哲学者。〕に由来する善の欠如としての悪の概念である。それは善と悪との関係を、相互に濃淡の段階をなしているような量的な違いとして説明する。死滅に瀕していた古代末期はそのような説明の仕方を譲り受けて、キリスト教の教義学的世界観に消耗性疾患の毒気を吹きかけ、そのためにかかった病からキリスト教の世界観は今日にいたるまでまだ全快していないのである。キリスト教内部での革命や改革は、キリスト教の健全な本性がこの潜行性疾患に対しておこなっている戦いということができる。この病からキリスト教はしかし、古代的な考え方と宗教的キリスト教的な考え方との間を一つに結びつけている——教義学[1]がそれを結びつけているような——最後のきずなを断ち切るまでは、すっかり脱することはできない。このような古代的理念の混入に対するキリスト教の激しい解放戦争のために、カントは、批判的な研究によって古代の形而上学に致命的な打撃を与えた——それによってキリスト教がこの死せるものとの冷たき抱擁から身をふりほどかんがために——ことによってのみならず、さらにまたそれ以上に、自由の要求に関する深い問題の立て方、すなわちかの両面的な問い方において善と悪との間の越えがた

＊〔訳註〕 セネカ——紀元一世紀後半におけるストアの哲人。ルソー——ヴォルテールとならび称せられる啓蒙期フランスの大著述家。カントは、ストアの考え方については、徳の敵を悪とみずして自然的傾向性とみたことに対して、ルソーについては、その楽天的主情的な性善説(自然に帰れ!)に対して、批判している。

い断絶をあらわにするような問題の立て方によって、他のすべての戦友たちにはるかに先んじて身を挺したのである。しかしこの方面でのカントの意義はほとんど跡形なく消え去っている。カントは、キリスト教的道徳の改革者およびそれによってキリスト教思想一般の学問的叙述の改革者という地位を得ることはなかった。そのためには彼はあまりにも深くまた特にその表現においてあまりにも実直であり、自己宣伝のぎょうぎょうしさがなかった。

（1） ここでは、キリスト教教義学による善悪の把握が、特にその原罪説に関して、新プラトン派的な土台の上に成り立っているということが前提されている。この土台たるの地位をストア道徳哲学にもまた与えて、必然的普遍的な罪性についてのキリスト教的教説の構成の中にストアの考え方の諸要素の影響を認めようとすることもあるいは可能かもしれない。弁証家たち*の神学において、ストアの道徳哲学が、まず、もともとは終末論的な性格をもっていた人類の普遍的堕落というキリスト教的な見方に学問的表現を与えた、ということは確かである。しかしそれは通俗的な形におけるストアの道徳哲学である。弁証家たちにおいても、世界は邪悪の中にある（『宗教論』一七頁参照）という考え方が見いだされはするが、しかしそう悪く考えられているわけではない。すなわち、彼らの考え方によれば、もし人間を絶えず誘惑する悪魔がいなかったならば、道徳的行状は保たれ道徳的完成が達せられるとされている。従って彼らの道徳的宗教的なロゴスの教説はまさにこの悪魔の欺きに対する反撃であり、また主としてその点にロゴスの救済の働きがあるということになる。教義学の土台という点に関してしかし実際には、必然的普遍的な罪性についての教会における認識の進展は、新プラトン派の思想の侵入と平行して行われている。同時に、善と悪とはますますまた次第に意識的に形而上学的対立に還元されてゆき**、光と闇との間の量的な違いに相応ずるものとして説明されてゆく。この過程は、教会がアウグスチヌス***を受け入れたことによって仕上げられた。アウグスチヌスを受け入れるに当って教会はペラギウスを異端として追放したが、ペラギウスはその考え方からすればすでに過去の人であった。すなわち彼は、主として、ストアの通俗哲学においてと同じような仕方で弁証家たちにおいて見いだされた古い考え方を代表していた。ペラギウスを追放することによって教会は同時に、健全にして落着いた道徳的感覚をもつストアの道徳を追放し、すでに事実上所有していた新プラトン派の思想を正当化したのである。この事態は教会のあらゆる時代と変遷を通じて存続し、そして、現代のキリスト教倫理学が教会的倫理学の歴史的な所有に反対して自己を確立し自己の正しさを証明しようと試みるさい――プロテスタントにおいてさえも――、どうしても克服しなければならぬ容易ならざる難敵となっている。ルターの自然な深い道徳的宗教的感覚がカトリックの宗教性に対しておこなった戦いにおいて、教会において公認されたアウグスチヌス――教会によってとりあげられた彼の考え方は歴史を経るにつれてますます具合の悪い方向に進展した――が、歴史上のアウグスチヌス自身の言い分によって反論され克服されなければならなかったことは、宿命的なことといわねばならない。

悪の新プラトン派的な概念に対する戦い(1)は、到達された両面的な問題の立て方の地盤で始められかつ終結せしめられている(『宗教論』二〇頁)。それは、論理学の領域において負量についての試

＊〔訳註〕ストアの哲学やプラント主義の哲学を依用してキリスト教の真理性を立証せんとした人々。護教家とも訳される。特に有名なのは二世紀前半に活躍したユスチノスである。

＊＊〔訳註〕アウグスチヌス――三五四―四三〇年。教父哲学の大成者であり最大のキリスト教思想家の一人。彼の神観は深く新プラトン主義に影響されている。神は唯一の真実在であり同時に最高の善である。すべて存在するものは、存在するかぎり神によって在り、従ってまたそのかぎり善である。悪は善の欠如(privatio doni)にすぎない。ここから彼の救済観は恩寵絶対主義となる。

＊＊＊〔訳註〕四〇〇年前後の修道士で厳粛な倫理主義を奉ず。アウグスチヌスの恩寵絶対主義に対して自力主義を唱えた。両者の間に有名な論争があり、その結果ペラギウス主義に対する教会の異端宣言となった。

みが意味したと同じことを倫理学の領域で意味するような仕事である。(2)

(1) この戦いにおいて敵に打ち込む思想は、典型的な形でまとめられて四五頁に見いだされる。「悪はただ道徳的悪からのみ――われわれの本性の単なる制限からではなく――起因しえた。」

(2) この両面的な問題の立て方こそがこの章における関心の的であるということが、二四頁において明白に示されている。「心がけ、すなわち格率採用の主観的第一根拠は、ただ一つでしかありえない。そしてこの唯一の根拠が普遍的に自由の使用全体に関係するのである。しかしその心がけ自身やはりまた自由意志によって採用されたのでなければならない。そうでなければその責任を問うことができないであろうから」(二八頁、三〇頁、三一頁、三二頁にもほとんど同じような言い方が出ている)。

このように善悪の対立の把握が深められた事――そのような把握においては光と闇との間の段階的量的な相異と似たような形で善悪の対立を表象する可能性は全く拒否されている――は、カント宗教哲学のこれからの上部構造にとって広汎にして重要な意義をもっている。これ以後『宗教論』のはじめの二篇の全内容は、それがこの前提から次々に推論的に出てきたものであることを示している。この前提とともにまず与えられることは、人間の感性や感性に由来する自然的傾向性に悪の根拠を置くことはできないということである。三五頁に曰く、「人間におけるこれらの自然的素質は、善の前提でありまた善を促進するものであるかぎり、単に消極的に善であるのみならずむしろ積極的に善への素質と言われなければならない」。

この章(「人間本性における善の根源的素質について」二四頁)はカントによっていささか簡単に取り扱われているが、(1) 根本的な考え方においてそれは、カントがルソーの空想に対して、善悪の対立を鋭くとらえたところからおこなった論駁の積極的な明るい面を表わしている(その否定的な暗い面は全く同じ基礎の上で三三頁にはっきり出ている)。すなわち先に引用した節では、人間は交際と文化の進歩の方向に本性上定められているという素質がいろいろな素質の中でも特に強調されるようなとらえ方で、根源的な自然的素質が善であるという考えの構図が画かれている。さてしかし、経験的に与えられているような人間は決して善ではない。というのは、素質的に善である人間がみずから道徳法則への尊敬を唯一の動機として自分の格率に採用する場合にのみ、善という名に価するからである。この経験的人間の悪は感性の影響に由来するものではない。もしそうだとすれば、自由もまた善悪の鋭い対立——まさにこれに基づいて始めて先に人間の自然的素質が善への素質だと言われたのである——も全く無効になってしまうだろうから。同様にまた、善への素質と言われてもこれは「善なる素質」と同じものと考えられてはならない。このことは、悪を自由に基づいたもの、従って責任を負いうるものとして明らかにしたカントの論究の出発点においてすでに当然とされたことである。このようにして人間本性の善または悪が、すでに研究の関心からしても、人間の自然的素質のうちに見いだされえないとすれば、それは人間本性の性癖(Hang)という名称で言い表わされうるのみである。ここで性癖といわれるのは、「生まれつきではありうるが、生まれつきだと考えられてはならないような、むしろ(善なる場合には)人間がみずから獲得したものとしてあるいは(悪なる場合には)みずから招いたものとして考えられうる」(二八頁)ようなものである。

(1) この考えがカントにおいてさらに詳論されなかったのは残念である。というのは、この考え方のうちでカントの宗教哲学の形成に働いた二つの異った種類の影響がたがいに透入し合っているという、特色あるものだからである。この考え方の中にまず、人間の本性についての合理主義的な道徳的把握のもつ明るい信頼が見られる。さらにまた、若い頃にカントが吸収した健全なピエティスムス*の気高い諸要素が、この考え方に、それを深めかつ高めるような仕方で影響を及ぼしている。深くしかも明るい敬虔さのもつ不思議な力がこの章の行間にただよっている。

このこと〔生まれつきでありうると同時に自由の働きによって得られたものと考えられうること〕を多少はっきり説明するためにカントは、自然という表現について一九頁でなしたと同じように、ここで――これはまたもや、われわれが全然新しい地盤に立っている証拠なのだが――行という表現について新たな概念規定を行う必要を感じている。すなわち三二頁に曰く、「しかし一般に行(Tat)という表現は、最高の格率を(法則にかなってかまたは反してか)自由意志の中に採用するというときの自由の使用にも、また行為そのものを(内容の面から、つまり意志の対象に関して)かの最高格率に従って実行するという自由の使用にも適用されうるのである」。この概念規定から推論されて、第一の行はいっさいの時間的制約なくして純粋に理性によってのみ認識されうるような英知的行と呼ばれ、第二の行は時間のうちに与えられる可感的な行と呼ばれるのであるが、この推論によるまとめ方に惑わされて英知的―可感的という対置を『純粋理性批判』や『実践理性批判』における対置〔英知的―経験的または現象的、感官的〕と同一視してはならない。というのはここでの対置の第二項として考えられている可感的な行というのは、批判的観念論の立場では自由によってなされた英知的行として、と同時にまた時間空間において経過する自然のメカニズムのうちに含まれる現象的な行として、二重の仕方でわれわれの意識にのぼるような〔従ってかつての対置の両項が含まれているような〕行だからである。

ここにふたたび『宗教論』におけるカントの言葉づかいの困難な問題の一つが現れている。これは、今まで感官界と英知界という対立の領域で批判的研究に対するその意味を刻印されたものとして流通していた概念や表現が、別の研究、すなわちもはやこの対立が問題の出発点としての役をなさず、むしろ英知界の領域自体の中での緊張対立に対してその調整を求めるべき新しい研究のために用いられている、という事態に基づく難点である。そのような事態から生じ、またカント自身によって必ずしもはっきりと問題にされなかったこの言葉づかいの難点は、その一つ一つについて指摘することができるであろう。今までにあげられた例に加えてさらに、意志、恣意（Willkühr）と自由なる意志(freie Willkühr)との不明瞭な区別——この区別は動機の影響と考えられるものには還元できない（二六頁下半、下から三行目、二七頁)——や上に引用した文（三一頁）に現れている自由の両様の使い方の区別などがあげられる。

このようないろいろのこまかい問題において隠れながらいつもそのもとになっている困難は、総じて『宗教論』に現れている思想の展開の全体に圧迫を加えているような困難である。それはすなわち、自由な意志決定の働きを証すような事実である英知的状態自身を、それとしてさらにもう一

＊〔訳註〕 純粋なキリスト教神秘主義に立つ敬虔主義。活ける個人的信仰の内面性を高調し、また道徳生活と社会生活とを重んずる独特のキリスト教を説いた。一七世紀後半に現れ以後長い間影響をもった。

度、しかもそのさい時間的な見方を英知的な領域にもち込むことなしに、英知的な意志決定の働きに還そうとするということである。そういう意図だから性癖という言葉づかいも、このような深い研究においては学問的厳密さを欠くのはやむをえないとしても、四四頁で非常にはっきりしてくるようにただ一時の間に合わせにすぎないことになる。

さて言葉づかいの問題に関してカントがこの領域での研究においてぶつかった困難は、特殊な結果をもつことになった。すなわち、説明を容易にするために彼は、いわゆる堕罪物語を事態究明の手段として自分の論究の中にとり入れることによって、聖書の語法に倚依するという道を選んだ。カントをしてこの道を歩ましめた理由については、四四頁の簡単な文章が適切な証拠になる。「われわれはわれわれの責任に帰せらるべき道徳的性質についていかなる時間的根源をも求めてはならぬ。それはわれわれがこの性質の偶然的存在を説明しようと思うとき、どうしても避けがたいことではあるが(従ってまた聖書も、われわれのこの弱点に応じて、それをわかりやすく説明したのであるが)」。しかしこのいかにも自然なように現れてくる聖書の語法への倚依に関してカントがさらに一歩進んで、それまでの研究においてカント自身によって得られた概念に、それと同類の教義学上の表現を、両者が全く同義であるかのごとくに添えるということになってくる場合、そしてこの不明瞭な混淆によって全体の叙述自身が不明瞭不確かになり、そのために、この研究で今まで言われてきたすべては善悪を鋭い対立としてとらえるカントの把握に源を発しているのだという要点そのものがぼかされ、さらにまた教義学的な言葉づかいへの接近の試みが、単にカントにおける思想の展開の明確さに対してのみならずまたその自然さに対してもむしろ害をなしているという印象を与える場合、この著作に関して実にさまざまな判断と評価が下されうるということは十分理解できるところであろう。すなわちある人々はその内的な思想内容に還ってこの著作を判断し、その形式を問題とせず、また他の人たちは、それがキリスト教の教義学的な表現にまとわれているという事実にぶつかってこれについて持たざるをえない判断を、カントの思想内容にまでもひろげてこの著作を評価するということになるのである。

カントの叙述には以上のような短所があるので、彼が考えを進めていって得たいろいろな結果を、それが現れてきたままの順序で叙述せず、彼の善悪という対比からの明確な推論によって出てきたものとして——実際にはどうであっても——簡単に論理的な順を追ってならべてみると、問題の進展をつかむのにかなり好都合であろう。こういうやり方が正当と言えるのは、カントの叙述の全体にわたって、その根本にある概念規定のほかには、与えられた前提と結びついてなにか考えの進歩を表わすような新しい考え方が全く現れてこないからである。

善と悪とは絶対的な対立をなす。他方、心がけの善きもしくは悪しき自然的性質から発する行為は、道徳的責任を負いうるためには、自由な行に基づいていなければならぬ。それゆえにこの心がけの道徳的性質はそれ自身、主体の行に還元されなければならない。この行がもし、感性の存在、もしくは非存在に基づくものとすれば、それは自由だとは言えない。そのような考えを拒否するということにおいて——この点においてのみならず総じてあらゆる点においてそうなのだが——自由の要求からの結論と善悪の対立的規定からの結論とは一致する。そしてこの場合必然的に、善なるもしくは悪なる心がけの状態というのは格率の採用に基づいているという想定に導かれてゆく。この推論をもってわれわれはしかし、早くも理解できる限界に到達してしまった。ここで現れてくる困難は次のような点にある。すなわち第一に、格率の採用をさかのぼって追及してゆくさい、この追及の過程のうちに強く出ている現象界での原因結果の系列との類比にまどわされて、その根拠として最後に考えられるような行に対して、われわれはどうしても時間的な見方を適用しようという気になってしまう。第二に、上に述べた理解〔心がけは結局自由なる格率採用に基づくという〕にもかかわらず、というよりむしろまさに、その理解のために道徳的心がけの成立に対する感性の影響という想定が拒否されたことによって、結局、悪性が生じてくることも同じく善性が生じてくることも全く理解を越えたことになる。第三に、上の事実を説明するためにわれわれがさかのぼって理性的存在の成立の瞬間にまでもどるということによって——このような考え方をするということからわれわれは批判的観念論の研究領域においては(その時のカントの説明によれば)全く免かれていたのであったが——道徳的心がけの状態は生まれつきと考えられざるをえないし、同時にしかも生まれつきと考えられてはならないという結論に達する。

以上が、一般に道徳的な心がけの性質がいかにして始めて成立するかということを説明するさいの一番主な困難である。そこへ、次のような確認しうる事実が加わってくる。すなわち、悪とは道徳法則を格率の唯一の規定根拠として採用しなかったことだというカントの悪の把握を堅持する場合、経験の及ぶかぎりで見ると人間は一般的にその道徳的な心がけに関して悪であるという事実である。すなわち今や、カントによると人間は善であると同時に悪であることはできないということをしっかりつかんでいるならば（三六頁）、この経験的に行為において確かめうるような悪なる心がけの性質というあり方が、まさに道徳法則の意識とともに与えられているのである。責任の意識と同時に、経験的な悪なる人間の中には二つの動機〔道徳法則から由来するものと悪なる心がけから由来するものと〕が共存しているということになる。こうなってくると唯一可能な解決は、悪とは二つの動機間の従属関係の形式に存するということになってくる。

この悪は、いっさいの格率の根底を台なしにするようなものとして、根本的徹底的である。悪なる自然的性癖のこのような性質から次の二つの結論が出てくる。㈠ さきにわれわれの内なる善への根源的素質といわれたがその意味は、感性的衝動が単に悪の根源に関して無関係であるのみならず*、それが人間の交際――この人間同志のまじわりにおいてのみ道徳法則が展開して行く――の前提をなしているかぎり、善への自然的素質と名づけられうるという点にあった。従ってまた悪から立ち直ってこの善への根源的な素質を再獲得するのは、決していったん失ってしまった善への動機を獲得するということでなく、その善への動機の純粋性、すなわちいっさいの格率の最上根拠とし

* 〔訳註〕 原文では「無関係でないのみならず」 ―nicht nur nicht indifferent―となっているが、従来の所論とここでの問題に照らしてみて、原文通りでは意味が通じないと思われるので一応 nicht nur indifferent として訳した。

ての純粋性を回復するということである。㈡　道徳的に善なる心がけを採用する働き――これは二つの格率の間の従来の従属関係を逆転することによって可能だと考えられた――がいかにして表象され説明されうるか、その可能性に対して、先にあげた一般的な両面的見方に対して起ったのと同じような困難が生じてくる。ただここでは、この無時間的な働きが人間にとっては発展として現れてくるかぎり、一種の実践的な解決を得ている。（このことは、本来の格率関係を顚倒して根本悪が成立してきたその働きに対しては、不可能であった。なぜならばその働きは、さかのぼって、われわれがその働きをまだ意識しないような、われわれの理性的存在者としての存在状態の中に置かれなければならなかったから）。根本悪の発源の場合には、それを引きおこす働きを無時間的英知的なものとして把握することは、われわれの行為の責任性を確立するために絶対に必要なことであったが、善原理の再現を説明する場合には、そのような把握は、どうしてもそう考えなければいけないという動かすべからざる理由を失ってくる。というのは今は、次のごとき場合だから。すなわち、ここでは道徳的責任という点から見て悟性的主体は、その進歩の連続的経験について、時間空間を離れてその統一を見る見方を自分で自分の内に遂行する必要はなく、進歩の無限性を完結した統一と見、かつそれによってこの変化を革命として見ることのできるような存在者〔神〕にその統一的見方をゆだねることができるからである（五〇頁）。

われわれが『純粋理性批判』や『実践理性批判』と全く違った研究領域にいるのだということが、今までまだ十分はっきりしていなかったとすれば、今㈡で論じたことによって完全にはっきりしてくる。二つの批判書においては、行為の道徳的評価の可能性は、個々の行為がいずれもその時間空間的規定からとりはずされて、もはや時間空間的な因果性が適用されえないような英知的行として現れてくる、ということによって得られた。そこではこの感官界と英知界との統一が、行為する主体と評価する主体との同一性という多少とも自覚された前提のもとに行われた。これに対してここでの『宗教論』の問題の立て方においては、このような解決の可能性ではどうにもならない。『宗教論』五〇頁の論究の基礎になっているような、人間の道徳的改心の可能性に関して自由および道徳的責任性を問うという、非常に深い問題のとらえ方から出てきた問い方は、大体次のような形にまとめられる。すなわち、根本悪から根本善への移行はその本質からして無時間的な働きであるのに、われわれにとってはただ段階を追って進む性格の発展としてのみ現れてくる場合、従ってまた理性的存在者としてのわれわれの表象にとっては結局成就するということがない場合、いかにして人間行為の道徳的責任性が確立されうるか、〔つまり、いかにして善への転換を実現して道徳的責任を果すということが確認されうるか〕という問になる。ここではもはや英知的存在者としての人間と現象的存在者としての人間の統一ということでは解決は与えられない。すなわち解決は批判的観念論の見方では不可能である。ここで要求されていることを確保するためには、それ自身要請として現れてくるような存在者〔神〕からの評価というものを考えてそこに、統一的成就と連続的発展との間の差の解消を求めざるをえない〔人間からは無限の精進進歩であるが、神から見れば完成された革命的改心である〕。ところがこの要請というものは『純粋理性批判』および『実践理性批判』によれば、批判的観念論の与える洞察によって自由の可能性が十分説明ついて後、その基礎の上に始めて打ち建てられるものだったのである。かくして、自由の問いが心がけを改める可能性についての問いというその最も深い形で基礎になっているこの五〇頁で、神からの見方と人間からの見方という対立においてはっきり、ここで一番根本にある問は批判的観念論を研究の原理とする領域ではもはや解きえないものだということが示されている。けだし批判的観念論の頼るところは、英知的存在者としての人間と現象的存在者としての人間との対立のうちで解決を求めようとするやり方だからである。ここ五〇頁における解くことのできない困難の根本は、高次の自由の問題によってやむをえず発展という考え方を英知的領域に移し入れたことにある。従ってそれと同類の意味を持ったいくつかの表現〔改良、進歩等〕が五〇頁においてその言葉づかいを支配しているのは、偶然ではない。

ところで、どこまで人間は心がけの道徳的悪性を自分自身でひるがえすことができるかという、五〇頁でとり扱われた問の基礎に、（カントの問題のとらえ方によってこの問に持ちこまれたいっそうきびしい困難を前提してみて、）はたしてほんとうに高次の形式における自由の問題と言われたものがあるのかどうか、という疑問を実際持つことができるかもしれない。が例の両面的な問題の立て方にもどってみるとこの疑問はおのずから解消する。すなわち、始めからこうだとして見いだされる人間の道徳的状態が根本悪と言わるべきであろうと根本善と言わるべきであろうと、人間の行為に道徳的判断を適用するという要求によってわれわれはどうしても心がけの状態の道徳的性質を、その成立から言ってもまたその改変の可能性から言っても、主体の自由なる行として評価せざるをえない。従って、前提されている心がけの転換点に関する自由は、この心がけの成立に関しての自由と同じく、道徳的評価の要求であることははっきりしている。

今注意したことが当っているとすれば、『宗教論』第一章の結論の個所に対しても、この章について全般的に主張されたことすなわち、この章は根本的にいって批判的観念論によって解決の可能性を与えられた予備的な問いの基礎の上にたてられるような高次の問題の立て方による自由の問いを取り扱ったものにほかならない、ということが証明ずみだということになる。われわれはさきに、『実践理性批判』一二〇、一二一頁においてまだはっきりしないとらえ方でこの問いが、解決間近だった予備的問いの下に押し入れられ、予備的な問いとすり替えられていたのを見た。この事実にわれわれが気づいたのは、そこにおけるちょっとした言葉づかいのずれによってであったが、それによって同時に高次の形式におけるこの自由の問いの提出も解決も、批判的観念論に固有な問題解明の範囲のかなたにあるということが明らかになった。われわれは今『宗教論』第一章の研究においてもこれと同じ考えを、そこでカントが一連の表現に対してその言葉づかいを新たに確定する必要を感じていたということを確かめつつ、述べたのであった。しかし最も明瞭にそのことを物語っているのは、カントがこの章においては問題を解明し論を進めるのに例の判断する主体と行為する主体の同一性という一般的な前提の下に立っていないということである。実際この章においては、批判的観念論における叙述の主要方法をなしていた論証的な仕方が、(『宗教論』第一篇において)かすかにでも響いているような個所はほとんど見当らない。

第七節　高次の「自由の問題」の成行きおよびそこから出された「自由の問題」についての結論

このように確かめてから全体を見てみるとしかし、上で述べた主張の全般的な妥当性を第五章(善への根源的素質がその効力を恢復することについて)に対してはいくらか制限せざるをえない。というのは、ここでは、始めはそれほどでもないが次第次第にはっきりと、行為する主体と評価する主体との同一性が前提されて論が進められているからである。この転向は特に五〇頁以下で顕著に現れてくる。この事実は、もしそれが他の一連の事実——それが現れてくることの合法性についてなんら疑問の余地がないような事実と符合しているのでないならば、到底理解しがたいであろう。今述べた同一性という前提は、われわれのうちにある道徳法則の経験が自由を想定する可能性を証する十分な事実だとして次第に力をもってくるかぎり、その程度に応じてやはり次第にはっきりと現れてきている(四七頁)。しかし、カントにとってこの自由の事実を説明しうるか否かは、心がけの状態という領域での発展を一つの英知的な働きとして説明できるかどうかにかかっているのだということを見失わないならば、実は、この自由の可能性を説明することはただ神の知にとってのみ遂行しうることだと五〇頁において確証されていることになるのである。ここではだから道徳法則の意識は、この法則によって要求される自由の可能性を説明しうるということを確証することはできない。予備的な問い方の領域では事情は全く異っていた。そこでは、道徳法則とともに要求されている自由は、心がけの状態の改変に関係するのではなくて、行為する主体と評価する主体との同一性という前提の下で個々の行為に関係するのであった。そこでは道徳法則は自由の要求のみならず同時にまた要求された自由が可能だという説明をも、みずからの内に必然的に伴っていた。ただしこれは個々の行為に関してであり、しかもこの個々の行為が道徳的評価を受けるために自然のメカニズムの制約からとりはずされて、英知的行として悟性的存在者の意識に現れる――そのさい同時に個々の行為を、道徳法則の唯一絶対の要求を動機として採用する格率へと還元する可能性もともに与えられているものとして現れた――かぎりにおいてであった。かくして、自由が自然のメカニズムとの対立において見られる場合には、道徳法則の事実は、個々の行為に関して自由の可能性を説明する。これに反して、諸行為間の自然的連関――それによってすべての行為を統一的に制約するような心がけの性質が与えられているかぎりのこの自然的連関への関係において自由が見られる場合には、われわれの内なる道徳法則の事実はこのような自由の可能性の説明を与えることはできず、ただ自由の要求を示すのみである。けだし、ここでは対立が英知的な領域そのものの中に持ち込まれているので、理性的存在者の智はもはや無限な英知的発展と一なる英知的な働きとの統一を遂行するのに十分ではないからである。

ところで今やカントは四六頁から以後、われわれの内なる道徳法則の事実を自由の問いに関して決定的に重要なものとして叙述のうちにとり入れ、かつそのさい次第にはっきりと行為する主体と評価する主体との同一性を前提にして論を進めてゆくのであるが、またまさにこの前提の侵入を許すことによって、この前提が自由の問いの取扱い方に対してひそめている危険、すなわち予備的な問い方と主要問題のとらえ方とが混入しあうという危険がふたたび招来されるのである。これについてはわれわれが『実践理性批判』一二〇、一二一頁において予備的な問いから主要な問いへの進展のさいに確かめたところである。今度このような見方への前提すなわち同一性の前提が力を得てきた『宗教論』五〇頁以後において、主要問題から予備的な問いへという反対の方向からこの前提が現れてくるということはありうることだ、いや実際そうであるように見える。この目標に向かって叙述は五〇頁から一歩一歩近づいて行く。すなわち、心がけの道徳的転換がわれわれ人間にとってはただ行為から行為への絶えざる道徳的進歩としてのみ確かめられうるものだとするならば、そのさい個々の行為は、理性的存在者の見方からして自然に、道徳法則(動機となるかぎりの)と自由なる意志との共働が時間空間的に現象する仕方として見られる。しかもそう見られるのは、自分自身を評価する主体の見方においてである。かくしてわれわれは全く『純粋理性批判』および『実践理性批判』における批判的観念論の研究範囲のうちに自分を見いだすことになる。すなわち道徳法則とその義務という性格によって始めて英知的世界の現実性がわれわれに開かれ、またその同じ道徳法則によって、行為を英知的行として時間空間的制約から解き放す可能性が道徳法則とともに与えられているかぎり、自由がわれわれに自覚されるのである。こうなった転換点は五一頁の第二節の出だしにある。すなわち、「しかしわれわれの魂の中には、それを称嘆することが正当であると同時にまた魂を高めるごときある一つのものがある。それはすなわちわれわれのうちにおける根源的道徳的素質である」。それにつづいて、その崇高な言葉づかいにおいてもまた個々の文章の作り方までも『実践理性批判』一〇五頁と深い親近性を持った節が現れる。『実践理性批判』の思想連関においてはこのような論法はただ、理性的存在者の超感性的な規定とそれを実現すべき使命とを述べるという目的のみを持っていた。『宗教論』においてはそれに加えてさらに行いから行いへの道徳的進歩へ拍車をかけるという意味がある。同時にまた五二頁では自由の問が、しかもなかんずくその註において明らかになるように、予備的な問い方において、現れてくる。すなわちその註では、「有意的な行為が出来事としてはその規定根拠をそれに先立つ時間の内に持っている(この先立つ時間は、その内に含まれていたものとともにもはやわれわれのいかんともなしがたいものである)という予定説と、自由、すなわちある行為もまたその反対の行為もそれが起る瞬間において主体の意志のままでなければならぬという自由とが、いかにして両立しうるか」という問の形でとらえられないような他のすべての問い方が退けられている。まさにこれは『純粋理性批判』および『実践理性批判』による、批判的観念論の問い方である。すなわち、個々別々の主体と一つ一つ別々の行為を問題にし、また行為の持つ感性的現象としての性格と自由によってなされたものとしての性格との対立の下で主体を見るという、このような前提と対立とをすべて備えた批判的観念論の問い方である。この自然のメカニズムと自由という対立とともに、われわれは全く予備的な問い方の領域にいる。『宗教論』一九頁でとり入れられた自然という表現の新しい概念規定は廃止されてしまう。しかも今放棄された概念規定の上に建てられた高次の問題が解決されているような外見を呈している。しかしそれは、自然や行についての特殊な言葉づかいが捨てられ、諸行為間の自然的な連関と言われたものと自然のメカニズムの中に行為が置かれていることとが同一視され、従ってまたもともとはこの自然的連関と自然のメカニズムとの相異に基づいていた二つの自由の問題がおたがいに解決されたものと思われたことによってなのである。われわれが長い間、問題にした『実践理性批判』一二一頁の文章の場合にもこれと同じことであったが、それについては先に述べておいた。それと全く対応するような事実がここでも、今まで全然問題になっていなかった自然のメカニズムと自由という対立が突如闖入してくることによって、現れてくる(『宗教論』五二頁、五三頁)。それをここにしるしておかなければならない。すなわち五三頁、「道徳的改善の可能性の洞察(それが説明されうること)」に関して言えば、時間における出来事(変化)としてまたそのかぎり自然法則に従って必然的なるものとして考えらるべきであると同時に、しかもその反対が道徳法則の下で自由によって可能だと考えらるべきすべてのことと同じように……云々」。かくして『実践理性批判』一二一、一二二頁と『宗教論』五二、五三頁とは、二つの異った自由の問題に対しておこなったその同一視によって、全く同じ立場に立っていることになる。ただ違うのは、二つの問題のこの一様化が、前者では行為の責任性という一般的な要求に関して行われ、後者では道徳的な改善進歩の可能性一般に関して行われているという点である。いずれの場合にもそのような問題の基礎には高次の問い方における自由の問題がある。その一様化は必然的に第一の場合には予備的な問から主要な問へという方向の動きの内で現れ、第二の場合にはその逆の手続きを通して現れてきた。

（1） 今まで決定的な個所になるといつも出会った「自由意志による、または有意的な行為」（willkühr-liche Handlung）という表現にここでも注意されたい。

両者が同じ考えを述べているのだということは、この二つの著作で、以上の点から出発して同じ考えを次に展開しようという企てがカントにとって可能であったという点にはっきり示されている。両者においてともに出発点をなしているのは、いわば問題が不確定な地盤の上で動揺していると感じたために、疑問の余地のあるこの問題をもう一度あいまいさの残らないぴしっとした形にしてかかげて見せた文章である。そういうことが行われているのは、『実践理性批判』においては一二一頁第二節の最初の文章である。すなわち、「自由を、感性界に属する存在者における自然のメカニズムと調和させようとするかぎり、やはりなお一つの困難が自由に迫ってくる」。これに完全に対応して他面『宗教論』では、まさに論述が同じような事情になったときに現れてくる先に引用した五二頁の註がある。すなわち、「有意的な行為が出来事としてはその規定根拠をそれに先立つ時間の内に持っている（この先立つ時間は、その内に含まれていたものとともにもはやわれわれのいかんともしがたいものである）という予定説と、自由、すなわちある行為もまたその反対の行為もそれが起る瞬間において主体の意志のままでなければならぬという自由とが、いかにして両立しうるか」。この二つの全く並行した問題の方式は、予備的な問い方における自由の問題の典型的なとらえ方であって、両者とも、予備的な問と主要問題とが一時入りまじって不明瞭になり、そのためそれ以前の叙述がぼかされてくるその瞬間に現れてきている。それによってカントは、論究にふたたび必要な厳密性を与え、かつ、そこに含まれている問い方の中で総じて可能なかぎりのとらえ方における自由の問題が立てられているのだという外見を打ち立てようと欲したのである。こうして両者が一つに集まったこの点から、今度は両者とも、新たにぴっしりとまとまった思想連関を、自由の敵への大げさな見せかけの攻撃へとふりむけるのである。が実はその攻撃によってカントはただ自分の立場の後退を隠そうとするのである。すなわちここに二つの文章が問題になる。まず「いかにして自由は、普遍的な根源的存在者としての、実体の存在に対してすらその原因であるようなものとしての、神の必然的な想定と調和しうるか」(『実践理性批判』一二二頁)。『宗教論』五二頁第二版の註がこれに比較せられる。すなわち「自由の概念と必然的な存在者としての神の理念とを統一することは、決して困難なことではない」。いずれの場合もこの困難の解決は、すでに問題の立て方が示しているように、はっきりと境界を引かれた批判的観念論の範囲内で動いている。今このようにして片づけられた自由の問題の論究が『実践理性批判』および『宗教論』における今後の宗教哲学的上部構造に対して持つ意義は、次のようにまとめられるであろう。

上にあげたことによって、『実践理性批判』一二〇頁から一二四頁までと『宗教論』第一篇との間の著作上の親近関係がすべての点に対して、すなわちその発端に対して、言葉のずれに対して、基礎になっている問題の立て方の親近性に対して、二つの間の相互流入に対して、その結末に対して、確認されているわけである。この親近性の確認は、両者の言葉づかいのずれから出発してみるといかにも意味ありげなようであるが、しかし、それと同時にもし、カント自身が自由の問題はいかなる形であろうと空間時間の例の証明ずみの観念性によって解決しうると信じていた、ということが確認されていないならば、カント宗教哲学の研究にとって価値――研究の全体から見てここでの研究が当然持ちうると思われるような価値――を持つことはできないであろう。ところでこの対応する両者を研究してみて次のことが明らかになったのであった。すなわち、高次の問題がはっきりとあるいは隠れたままであろうと論究の範囲の中に現れてくるや否や、必然的にカントはその言葉づかいの意味を改変しかつ批判的観念論における通例の解明方法を放棄せざるをえなかったということ、およびこのことによって外的にもすでに、高次の問題の立て方において基礎になっている自由の問題は批判的観念論からその解決を期待しえないということが告げられているということである。しかも上に示したごとく、なおかつカントがこの類似せる両者の終りで、ふたたび力をもり返してきた行為する主体と評価する主体との同一性にあざむかれて、主要な問を予備的な問のうちに見つつ、総じて自由の問題は時間空間の観念性によって解決された、と考えているならば、ここにカントの宗教哲学全体における根本的欠陥があると言わねばならない。カントの宗教哲学に外から異質的な判断を持ち込んでそれを非難するということが起るのも、すべて、今上で確めた事実にその結局のもとがある。より高い立場での自由の問題のとらえ方をカントが知らなかったと言って非難するのは、先に見たごとく誤りである。われわれが明らかにしようとしたごとく、高次の方式における問題の把握が『実践理性批判』において遠くからではあるが現れてきているというだけでなく、さらに『宗教論』の第一篇においては全体の基礎に、しかも考えられるかぎりの深いとらえ方でその基礎になっている、ということが事実当っているとすれば、カントの自由の問題の取扱いにおける誤りはただ、彼が、批判的観念論の研究方法の自然な前提が自由の問題に持ち込まれる場合にこの問題がとる形式のために思い違いをして、結局自由の問題を時間空間の観念性によって究極的に解決しうると考えた点にある。「純粋思弁理性批判において成就された、時間空間の物自体からの分離はまことに重要である」(『実践理性批判』一二四頁)――これをもって、この著作における自由の問題の取扱いは幕を閉じるのである。このように見いだされた自由の問題の解決の上に、カントのこれから先の宗教哲学の全体が建てられ、従ってこの解決の中で犯された誤りは今後の叙述の全体を通じて尾を引いてゆくことになる。しかもこのことは『宗教論』においてよりも『実践理性批判』において、はるかに目立っている。というのは後者においての方が、この二つの自由の問題の一様化による無自覚の混同がひどいからである。自由の問題の不十分な解決がいかにカント宗教哲学今後の上部構造のうちに影響を及ぼしてゆくかということについての根本的な評価は、簡単にその主要な性格について述べられてから始めて行われうるだろう。

第三章　「最高善」および「要請」の問題

（『実践理性批判』中「純粋実践理性の弁証論」に対する研究）

第一節　研究の回顧

あらためて『実践理性批判』から始めよう。『純粋理性批判』はその時間空間の観念性の明示によって、「感官界に属しつねに感性的に制約せられて自然必然的である行為が、しかも同時に、英知界の一員であるかぎりの行為する主体の原因性に属するものとして、感性的に制約されない原因性に基づくことができ、従って自由であると考えられることができる」（一二五頁）ということをすでに説明した。この「できる」という、理論理性のすべての理念に付属している可能性が、自由の理念にとっては、今や道徳法則を通して、そうで「ある」という現実性に転化した。かつて蓋然的であったものが、今や実然的に認識され、かくして英知界の現実性が、しかも実践的な見地においてはっきり規定されて、われわれに与えられた。英知界のこの規定は、理論的見地に対しては超絶的であったろうが、実践的見地においては今や内在的である。超感性的なるものの分野への広汎な拡張に対して自由概念の持つ意義が述べられているこの章一二五頁から一二九頁までの叙述はすばらしい明晰さをもっており、自由の問題の困難を解決しようとするさいのやむをえない晦渋さについての告白──一二四頁に出て来る──は正当と認めがたいように思われる。そこで訴えられている晦渋さというのは、われわれがすでに見たように、実は、研究の途上での一転換によって批判的観念論の問題の立て方と叙述の方法とがやむなく捨てられ、そのさいしかもそれが無自覚のうちに行われたのでそこに独特なずれと動揺とが生じ、そのため叙述が不明瞭になった、ということに基づいていたのである。それに反して一二五頁─一二九頁の明晰さは、個々の行為に関する自然のメカニズムと自由という対立──この対立の解決は、道徳的当為を自覚せる主体が自己自身を見るという見方において見いだされる──がふたたび効力を持ってくることによって、批判的観念論の問題の立て方と研究方法とがもう一度すっきりした形でつかまれている、という事態から説明される。この取扱い方のきわめて明確な把握が一二八頁第一節に見いだされる。そこでカントが、ちょうどこの取扱い方に関連して、全く異った出発をしながら『実践理性批判』の結果と『純粋理性批判』の結果とが驚くべき一致を示すという経験を述べているのは、非常に特徴的である。

第二節　「最高善について」
（実践理性のアンチノミーおよびその解決に現れている、批判的観念論の立場と高次の「自由の問題」との交錯を中心として）

一二八頁、一二九頁において目立ってはっきりしてくるように、われわれがここで批判的観念論による研究方法の地盤の上にいるのだという事実は、今後に対して決定的に重要な意味を持っている。純粋理性はその実践的な面に関しても、理論的な面に関する場合と同じく、いっさいの制約された所与に対して無制約的なものを求め、それによっていっさいを統一的に把握しようという要求をもっている。この純粋実践理性の対象の無制約的全体は「最高善」という名前でとらえられている。この「最高善」をもってわれわれは、総じて人間の悟性活動全体の頂点に到達したことになる。すなわちそこでは、われわれの経験的な意志、経験的な意欲の全内容と道徳法則およびその要求との統一を成就するということが問題になっているのである。ところで、研究が進められて行って一三三頁になると（最高善の概念規定における純粋理性の弁証論について）、自由の問題の全体を批判的観念論の研究方法によって解決したと信じつつわれわれは全くその研究方法の範囲内にいるのだという事実が現れてくる。ここからしてつまり、最高善についての全論究が批判的観念論の研究方法の前提の下で行われることになるのである。今までこの研究方法は、道徳法則の絶対的命令という事実を通して、いかにして理性的存在者としての私が私の個々の行為について英知的自由と自然必然的制約とを調和しうるものと考えることができるか、ということを確証するのに役立ってきたが、今からは道徳法則と世界との統一の成就が総じてこの批判的観念論の特殊な見方の下で遂行されることになり、そしてそれによって最高善という一般的概念が、この概念の本来の性質の中には全く与えられていないような、個々の人格への関係を得てくるのである。カントの宗教哲学がちょうどこの個所で非難を受けるあらゆる不斉合、欠陥、不正確は結局上のごとき最高善の概念と批判的観念論の研究方法との結びつきに基づいている。といっても注目すべきことには、これらの欠点と思われているものは、批判的観念論に関して言えば実は欠点でもなんでもない。というのは、それらは批判的観念論の研究方法の諸前提を厳守したことに基づいているからである。一見すると考えの進め方における理解のつかぬ方向転換として考えたいようなことも、批判的観念論からすると避けがたいことだということになる。最高善における道徳法則と世界との統一、一般的に把握すると、いっさいの変化が道徳法則に従って起るような世界の要求ということになるその統一が、必然的に、個々の理性的存在者への関係において徳と福との統一として考えられてくる。この転向が全く個々別々の主体という見方および行為する人と認識する人との同一性に基づき、またそこから必然的に出てくるということは、一三三頁の叙述の全体からみて明らかである。こういう見方の前提は次の文章のうちに（一三三頁）典型的な形で見いだされる。「幸福を必要としまたそれに価しながらしかも幸福が与えられないということは、単に意志するのみならず同時にいっさいをおこなうことのできる力を有するような理性的存在者——試みにかかる存在者を考えてみるならば——の完全なる意志とは両立しえない」。

「徳と福とがいっしょになって一人格における最高善の所有をなす。」今やこの土台の上にこれからの上部構造の全体が築かれる。この両概念の結合は必然的に綜合的である。この結合の仕方は「最高善を意志の自由によって産み出すことは先天的に（道徳的に）必然的である」（一三六頁）という文章において示されている。「従ってもし最高善が実践的規則からみて不可能であるならば、最高善の促進を命ずる道徳法則もまた空想的であり、空虚な非現実的な目的に向けられていたものとしてそれ自身インチキであらざるをえない(1)」人々はこのカントの文章の中に極端な、その考え方において不斉合な主張を見るのを通例とする。しかし、不斉合といえば、ここまでは適用された研究方法の諸前提に全く同意しておきながら、まさにカントがそこから間違いない結論を引き出したときに、それを非難すべきことと考えるような人々の判断のうちに不斉合を求める方がさらに適切であるだろう。最高善の概念に幸福を取り上げ、しかも、徳と福との間に二者選一を設定する〔矛盾を置く〕という問題の立て方は、適用された研究方法の前提の自然な結果である。しかしなおやはり、その研究の過程において、道徳法則という事実の疑いえない確証と、そのように是認された事実が揺らいでくるようなおもしろからぬ主張に終る一三七頁でのアンチノミー〔訳註。互に矛盾する二個の命題が同等の権利をもって主張されること。二律背反。ここでは最高善が可能でなければならぬという主張と最高善は不可能であるという主張との関係を表わす〕のとらえ方との間には、ある論理的な誤り、アンチノミーのとらえ方全体に対して責任のある誤りが、その底に動いているに違いない、ということをなんぴとも感ずるのである。

（1）この文章は、「宗教哲学的スケッチ」における同類の意見を想起させるが、しかしそれとは全く異っている。かしこではそういう意味の文章は、最高善はこの世での道徳的行状の彼岸における報償でなければならぬという考えに基づいていたが、ここ『実践理性批判』では、最高善は道徳的活動の対象である。まさにこの規定において、「宗教哲学的スケッチ」に比して『実践理性批判』における道徳性の把握の進歩が知られる、ということが以前すでに指摘された。

この間にある変調を発見するために、カントの研究の全体を、ふり返ってそのもとを求めるという仕方で調べてみよう。アンチノミーの設定は、徳と福との綜合的統一としての最高善の概念のとらえ方に基づいている。この最高善の概念のとらえ方は、そのもとにある批判的観念論の特殊な研究方法の適用に基づいている。この適用はそれとしては、批判的観念論の方法が自由の問題の立て方の基礎にもあるかぎり自由の問題は総じて批判的観念論とその方法とによって解決しうる、という批判的観念論の成果から研究が出発したことに基づいている。かくして叙述の外形に頼ったこの簡単な遡源によってわれわれは今や、かつて先を見通しながらわれわれが、いかなる形で「自由の問題がとらえられていようともすべて批判的観念論で解決されうるかのごときイルージョンのために、この基礎の上に築かれるいっさいが必然的に的確だと言えなくなる」、と語ったその地点にもどってきたわけである。つまり、批判的観念論の研究方法によって解決されうるものとして示された予備的な問い方(自然のメカニズムと自由という対立)における自由の問題とともに、『宗教論』第一篇の基礎にあるような根本的な問い方における自由の問題も、問として立てられかつ解決されているという前提に、最高善に関するこの章全体が基づいているのである。しかしこの前提は正しくない。根本的な問い方における自由の問題は、その設問から言っても解決から言っても、批判的観念論の研究領域の外にある。しかもなおそれに気づかず、以後の研究全体は「自由を与えられた理性的存在者」をもって問題を解明し論を進めていく。このような存在者はしかし、カントの善悪の定義によればまた批判的観念論一般の原則によれば、存在しえないものなのである。すなわち、理性的存在者の心がけの自然的性質における悪は、道徳法則が格率の唯一の動機ではないというところに存するならば、そして善への移行が絶えざる進歩改良として現れ、しかも他方この進歩と言われたものは、善悪の鋭い対立からするとむしろ格率の動機の転換に存するただ一回の無時間的英知的行であり、このような転換的行として善への移行はただ、無限の進歩における発展を統一としてとらえるような神的な理性にとってのみ把握しうるものであって、理性的存在者の悟性にとっては成就するということのないものだとすれば、理性的存在者の理解力に関しては、この善への転換は不可能であり従って自由は可能でないということになる。というのはいかなる行為も、改めることのできない悪なる心がけから出てくる以上、すべて悪だからである。この矛盾の解決は批判的観念論の手段では不可能である。というのはここでは、自然のメカニズムと自由という対立が問題なのではないからである。そこでなお解決を計ろうとすれば、カントの善悪の概念規定が放棄されなければならないが、それはあまりにも高い代価であると言わねばならない。

自由が可能でないとすれば、それとともに、最高善の概念規定のうちに徳と福を取り上げる可能性もまた失われ、そればかりでなくて経験的に与えられた理性的存在者に関して、そもそも、この存在者の自由を前提しているような実践理性の弁証論を企てるという可能性も失われることになる。従ってなおそれを企てようとし、批判的観念論によって自由の問題を完全に解決したと思い込んで、自由なる理性的存在者——その実、自由な理性的存在者というフィクション、すなわち道徳法則によって規定された場合にも規定されない場合にも、それを決定する中立的意志に還元されるものとして考えられるかぎりすっかり自由だとされる架空的な理性的存在——というものを考えて問題を解明し論を進めて行こうと欲するならば、同時に、この完全に解決された自由の問題というフィクションを作りえた唯一の研究方法とその諸前提とを首尾一貫して保持しなければならない。

それは、主体を個々別々に見る見方および個々の行為に関して行為する主体と評価する主体とがいかなる場合にも同一だという前提に成り立っている批判的観念論の研究方法である。そうすれば、純粋実践理性の対象の無制約的全体である最高善が徳と福との綜合的結合としてのみ考えられうるというのは斉合的であり、かつそのさい一三七頁で方式化されているようなアンチノミーは不可避になってくる。ここでの論究の主体は従って、もはや経験的に与えられた理性的存在者ではない。なぜならば、そのような存在者については、ここで前提されている自由、すなわちいっさいの対立が理性的存在者の英知的自己としておよび経験的存在としてという両面の統一の中に解決を見いだすというところに成り立つ批判的観念論の研究方法に基づいて前提された自由、を語ることができないからである。というのは、われわれの悟性は、ただ個々の行為またはその総体に関してのみ英知界と現象界との統一を成就することができるのであって、諸行為間の自然的連関が道徳的な心がけの状態を指し示している場合には、その統一は不可能だからである。そのような心がけの英知的発展というものはただ絶対的な最高存在者の悟性においてのみ考えられうるものとして現れてくる。

従って一三七頁のアンチノミーのとらえ方は、その主体としてけっして経験的には与えられないような理性的存在者を確定する。それとともにさらにそのとらえ方は、英知的な発展と英知的行との統一を成就する可能性——この統一の成就の可能性は『宗教論』五〇頁によればただ神の智にのみ属しうる——を理性的存在者の理解力に対して要求する。かくしてわれわれは、この二つの誤れる前提がアンチノミーの解決において前面に現れ出てくるだろうと予想することができるのであるる。

では、アンチノミーの解決(実践理性のアンチノミーの批判的解決)の考察に移っていこう。その序論的な部分がすでに特徴的である。それは、当面のアンチノミーの解決が、世界での出来事の原因性における、自然必然性と自由との間の矛盾に関する純粋理論理性のアンチノミーの解決と、並行して考えられていることである(一三八頁)。従ってそこには、全く批判的観念論の方法の前提の下で事が運ばれているという証拠がある。その一三八頁では、不必要のように見えるがもう一度その前提の説明が行われる。この説明は明快な点に特色があるのでここにその節を引用しておこう。

「上にあげた純粋理論理性のアンチノミーは、出来事をまたその出来事の生起する世界をも単に現象として見るときには、それはなんら真の矛盾ではない、ということを証明することによって除かれた。というのは、行為する存在者は、現象としては(自分自身の内官に対してさえ)つねに自然のメカニズムに従う感官界の原因性を有するが、しかしその同じ出来事に関して、その同一の行為する人が自分自身を同時に本体(時間的には規定することのできないような存在における純粋な英知体)としてみるかぎりは、それ自身いっさいの自然法則から自由であり、しかも自然法則に従うかの原因性の規定根拠であるようなものを含みうるからである。当面の純粋実践理性のアンチノミーについても全く同じ事情である」。同一の手続きの適用によってカントはここで問題になっているアンチノミーの解決に到達する。「私は私の存在を悟性界における本体として考える権能を有するのみならず、道徳法則において、(感官界における)私の原因性の純英知的規定根拠を持っているのであるから、心がけの道徳性が原因となって、感官界におけるその結果としての幸福と、直接的にではなくとも間接的に（自然の英知的創始者を介して）しかも必然的に結びつくということは可能である。このような結合は、感界の対象である自然においては、ただ偶然的にしか起りえないから最高善たるには不十分である」。

思弁的理性のアンチノミーの解決と、それと並行的に考えられたこの実践理性のアンチノミーの解決とを比較してみると、その取扱い方の前提だけは実際全く同じであるが、その解決は異っている。前者の解決は明白であるが後者の場合にはなにか不確かなところがある。これは、次のような点さえはっきりつかめばすぐ目につくことである。すなわちアンチノミーの方式は徳と福との間の直接的な連関を要求しているのに、ここではその解決がすべて、「徳と福との、直接的ではなくとも、間接的なしかも必然的な連関」を確定する可能性に帰着しているということである。さらに、その解決を説明しえんがために、一歩しりぞいて自然の英知的な最高創始者によっているが、この存在者は今までただ可能的な仮説として示されていただけであるから（『純粋理性批判』参照）、それをアンチノミーの解決の中にもち込むことはできないはずである。さらにまた、ここで可能だと証明された結びつきは、現象界では、あるとしても全くの偶然にすぎないのであるから、このような解決は、そもそもアンチノミーという問題が起ってくるような経験的な理性的存在者に対しては全然なされていないということになる。つまり、要求されている「この生における」徳と福との釣合いが得られているのではないから、このアンチノミーの解決はただ、自分自身を同時に現象的存在者としても意識するということの全くない英知的自己に対してのみ通用することになる。ところがアンチノミーという問題はそもそも、自分自身を英知的存在者としてと同時に感官的存在者として自覚しかつその経験的な事実的存在者において自分が理性的存在者であることを示すようなそういう「私」に対して、現れてくるものなのである。かくして、アンチノミーの提出とその解決との間には主体の変移が行われ、解決のさいの「私」はもはや経験的に与えられた理性的存在者ではない。

このようにして、アンチノミーが立てられる時隠れてその基礎にあった二つの誤れる前提が、アンチノミーの解決のさいに、この解決の許されざる方策として用いられることによって、暴露されてくる。しかも、この二つの許されざるしかし必然的に入り込んでくる方策が、このアンチノミーの解決の上に始めて築かれると言われる要請に他ならないことは、まことに驚くべきことである。

第三節　純粋実践理性の「要請」について――㈠

（「魂の不死」の要請に現れている、批判的観念論の立場と高次の「自由の問題」との交錯を中心として）

第一の要請を立てるさい、その内容をなすような新しい主体のすり替えの動きをまず追及してみよう。われわれがすでに見たように、自由の問題がすべて解決されたものと思い込んだことと結びついて出てきたいろいろな結論以来、その後の論究は外見上は経験的に与えられた理性的存在者を主体として論を進めているが、実際には、経験的には存在していないような架空の理性的存在者がその論究の基礎になっている。というのは、その主体にとっては、批判的観念論の解決によって全き自由が与えられたものと前提されているからである。アンチノミーの解決はもはや、経験的世界の中に与えられた英知的自己の事実的存在として現れてくるような、経験的な理性的存在に対してあてはまるものとしては示されていないのであるから、そのような解決において、すでに上のごとき前提に含まれている誤りとその誤りを訂正する唯一の仕方とが現れているのである。さてそういう架空の理性的存在者から経験的な理性的存在者への主体の交替は、要請を立てるさいに、今までただ隠れて働いていた高次の自由の問題がここで現れてきて、主体を変えるという歩みを余儀なくさせることによって、スムースに行われる。高次の自由の問題は一四七頁の次のような文章のうちに現れて出ている。すなわち「意志が道徳法則に完全に合致することは、いかなる感官界の理性的存在者も、その生存中のいかなる時にも決して達成することのできないような完全性である」。ところで、自由だということが証明されているような理性的存在者が取り扱われているのだということ、さらにまた、悪とはカントの定義によれば感性とともに必然的に与えられているものではなく、道徳法則が行為の格率の唯一の動機ではないという点にある、ということをわれわれが忘れずにいるならば、なにゆえにここで、感官界の理性的存在者が道徳法則をいっさいの行為の格率の最高動機として採用しうる——意志と道徳法則とこのような完全なる合致が神聖性と呼ばれる——という可能性が出てこないのか、理解に苦しむところである。そもそも理性的存在者に関してそれが自由だと考えられているならば、同時に上の意味での神聖性ということも可能だとされていることになる。研究が今まで関係してきた主体の場合にはそうであった。ところが突然当面の叙述、しかも結局はやはりこの特別な前提に基づいている叙述の中に、感官界の理性的存在者にとって神聖性の獲得は不可能であるという経験的事実が持ち込まれるのである。

これによって、自由の問題の不十分な解決からのみ生まれた架空の主体が放棄される。しかも、より高い立場でのとらえ方による自由の問題に押されて放棄されるわけである。経験的な理性的存在者の神聖性の可能性が保ちえないとすれば、同時に自由の可能性もまた断念されることになる。悪が感性の事実そのものにではなく、道徳法則が格率の最高動機となっていないという事実にあるとすれば、上に引用した一四七頁の文章は、人間本性における「根本悪」という、経験的に与えられてはいるが説明することのできない事実を承認したのと同じことになるし、この承認は自由の否定と同じ意味になる。かくして今や経験的な理性的存在者が叙述の主体である。その叙述では、この経験的にして不自由な、根本的に悪である理性的存在から、今まで取り扱われていた架空の自由な理性的存在者を作り出していた諸前提が捨てられている。しかしながら、造築の全体がやはりこのフィクションを作り出したような諸前提に基づいているのであるから、経験的な理性的存在者へのこのやむをえない後退にもかかわらず、その諸前提がふたたび力をもり返してくる。それがすなわち、経験的な理性的存在者から自由な理性的存在者というフィクションの設定へと移って行くことが可能だと考えられたその移行としての、魂の不死という要請である。それは、無限に長くかかって行われる転身として表象された主体の交替なのである。その根本は、「同一の理性的存在者の無限に継続する存在と人格という前提――これが魂の不死と呼ばれる――の下における」無限に続けられる進歩の想定にある。ここにはふたたび、論究の基礎になっている考え方の難点に気づかせるような、はなはだ不合理な仕方で集め用いられた多くの表現がある。ここで想定された同一の理性的存在者の無限に継続する存在と人格とは、それが、道徳法則との完全なる合致に向かって無限に続けられる進歩を可能にすると言われている。かくして、現象の世界に属している理性的存在者において行われる発展とそのまま連続しているような――それと並行的にではなく――発展が、英知的な領域の中に確定されていることになる。そしてこのような無限に続けられる進歩という想定とともにわれわれは批判的観念論の限界外に出てしまうのである。そこで確定されているのは、理性的存在者の智にとっては証明しえないというばかりではなく理解することもできないような英知的発展である。けだし、英知的なるものの本質は、発展ということが想定されるさい必然的に含まれている時間的な見方を受け入れることはできないゆえに、この発展はただ一つの働きにおいて直観されねばならず、これはやはり無限な英知〔神〕にとってのみ可能なことだからである(一四八頁)。

われわれの智がこの無限なる発展を表象することができるのは、許されないことではあるが、英知的なるものに時間的な見方を適用することによってに他ならず、すでに現象界において始まっている発展にそのままの連続が認められるとされるかぎりにおいてのみである。カント自身このことを、一四九頁で「彼(人間)の存在の未来における見渡しうる時間上の或る一点」について語ることによって、示している。われわれはかつて『宗教論』の根本悪についての第一篇において、悪から善への転換回復の可能性を救うために、今と同じような困難とその困難を解決するためにとりあげられた神の英知という同じ救助策とに出会った。この『宗教論』五〇頁と『実践理性批判』一四八頁とを並べてみると、われわれは両者で述べられていることや想定されていることの類似性にひどく心を打たれるのである。そしてこの両者の触れ合いは、『実践理性批判』一四七頁で「自然」という表現が、『宗教論』一九頁において始めて確立された意味で使われていることによって、さらにめだってくる。「ただ無限につづけられる進歩においてのみ道徳法則との完全なる合致に到達しうるという、われわれの自然（本性）の道徳的規定性[1]についての命題は、単に理論理性の無能力を補う現在の目的に関してのみならず、宗教に関しても非常に有益である」*（一四七頁）。かくしてこの両者にはまた、道徳法則との完全なる合致はいかにして可能だと考えられるか、という同一の問が根本にある。そしてこの問のもう一つ根本には、高次の形式における次のような自由の問題がある。すなわち、個々の行が道徳的な心がけの成行きの現象形態として、それに先んじた行およびそれにつづく行との間の一種の内的な自然的連関のうちにあるとき、そのような個々の行はいかにして自由だと考えられるかという問題である。この自然的な連関というのは、自然のメカニズムの原因性と無関係ではあるが、自然必然的な原因性による規則的な系列との類比によって考えられるごときものである。というのは、われわれの心がけの自然的な性質を指示するような諸行為間のこ

* 〔訳註〕 この文章を著者は、カントの原文におけるコンマの位置を変えて――それによって読み方が変ってくる――引用している。しかし今問題になっているNaturという表現については、いずれにしても同じ意味なので、カントの原文通り訳しておいた。

自然的連関もまた、自然のメカニズムの場合と同じく、それをいくらさかのぼって追及しても、所与の制約されたものから求められた無制約的なるものに到達することはできないからである。

（1） この文章は、カントが「自然の道徳的な規定または使命（Bestimmung）」という言葉で、われわれだったら「自然の道徳的な規定性、規定されていること、そういうように定められていること、Bestimmtheit）」という言葉で表現する事柄を考えているのだ、ということがはっきり理解される場合にのみ、意味を持っている。

従来の研究によれば本質上この高次の自由の問題は、この問題解決のために必要な、英知的な継続的進展と英知的な一つの働きとの統一が、この目的のために特に考え出された無限の智というものの助けを借らざるをえないかぎり、批判的観念論の研究領域においては不可能である。というのは、批判的観念論の解決は、出来事についての現象界と英知界との統一が経験的な理性的存在者の智のうちに現れてくる、というところにあるからである。さてわれわれは、不死の要請の取扱いが、その特殊な言葉づかいについてもまたその解決の説明に関しても、根本悪からの転換の可能性についての問の取扱いといちじるしく通ずるものがあるということを示した。同じく、批判的観念論の研究領域では解けないような高次の問題の立て方における自由の問の持つ困難がこの両者の根本にあるということを、両者のそれぞれに対して指摘した。このように、この二つの全く異った領域でなされた考察がおどろくほど一致しているのである。ところで、もともと一番根本にある問題の解決がこのように批判的観念論の領域では与えられないとすれば、その必然的な結果として、ここで使用された諸概念ももはや、批判的観念論の研究領域におけるのと同じ意味の刻印を示していないということになる。

この概念内容の改変は、例えば不死の概念に対して非常に明白に行われている。批判的観念論における不死の概念の本質には、主体の絶対的な英知的存在に関して言われるすべてのことは、現世に先立つ存在にも現世の後の存在にも同じ仕方で関係せざるをえないということが含まれている。不死の概念に関するこの要求は純粋理性の仮説（『純粋理性批判』五九三頁）の中にはっきりと含まれている。「いっさいの生は本来時間上の変転に服さず、ただ英知的である。それは生をもっても始まらず死をもっても終らない。現生というのは単なる現象、すなわち、純粋な精神的生の感性的な表象にほかならない」。ところがここでは（実践理性の要請においては）、不死は、現世の後の存在、現世の継続として、感官界において始められた道徳的発展に結びつけられている。もし、感官界において経験的に与えられた道徳的不完全性から要請としての後生における道徳的完全へと進み行くこの無限なる道徳的進歩という考えを本気で取りあげるならば、その場合、この進歩の線を前生への方向に逆に延ばして行くと、現在のわれわれの時間空間的な存在からさかのぼって行くこの動きにおいては、絶えざる道徳的悪化の方向にある進展——しかもこの進展はそれとして、無限の存在においては、統一ある働きとしても現れてこなければならないような——というものが想定されざるをえないことになる。この避けがたい必然的な想定はしかし、われわれの内なる道徳法則の事実に矛盾する。道徳法則は、われわれの行為に対する道徳的評価の可能性を保持するために、「われわれの存在の出発点として」むしろ道徳的に善なる心がけの状態を想定せざるをえないからである。以上のごとくここには、不死の概念に含まれている諸前提を展開していくと、道徳法則の事実を通して、われわれの「自己」の前生と後生とに関して全く正反対に対立する主張が同じ権利を持って現れてくる、という不合理がある。英知的なものとして立てられたわれわれの存在について、時間的に以前とか以後とか言われることが確定されているという不合理は別としても。いずれにしてもこのようにして現れてくる不合理から明らかになることは、最高善の実現に関する道徳法則の要請として現れてくる不死の概念と、『純粋理性批判』で空間時間の観念性の証明を通して可能なものとして立てられた不死の概念とは、全く別物だということである。後者の概念が変化なき無時間的な統一として、われわれの理性の自然な能力にとってもとらえうるような形で現れてくることによって、その概念の可能性が明白であるのに対して、実践理性の不死の概念は、われわれの理解力にとってとらええないような形で、すなわち発展――それを統一的、無時間的な働きとしてとらえることはただ神の絶対的な智にとってのみ可能なような発展――をそのうちに含むものとして現れてくる。

かくして、ここで用いられている不死の概念は、批判的観念論の研究領域でその概念に与えられなければならないような意味に相応していない。そして、すでにたびたび確められた事実、すなわちより高い立場でのとらえ方における自由の問題が、はっきりとであろうと、ひそかにであろうと、研究の中に入り込んできて動き始めるや否や、批判的観念論が諸概念に与えた厳密な意味の刻印が必然的に消えてしまう、という事実がここでも起っているのである。ところで、この発展という表象を、要請として現れてくるような不死の概念から遠ざけてみると、この概念はふたたび批判的観念論によって確保された地盤に立ち、従って批判的観念論によって保証される。がしかしその概念のなすべきこと、すなわち無限につづくものと考えられた発展として、二つの同一ならざる道徳的主体の同一性を説明するということをもはやなしえなくなってしまう。そういうことになるとわれわれはここでふたたび、問題にしてきた要請に関する研究の章の振り出しにもどったことになる。

『実践理性批判』一四七頁でカントが、感官界における理性的存在者の神聖性の不可能を確認することによって——この確認は、善悪の対立のカント的な概念規定を堅持するならば、高次の問題の立て方における自由を否認することと同じになる——、それまで論を進めるのに使ってきた架空の自由なる理性的存在者から経験的に与えられた理性的存在者に立ち帰り、かつ気がつかない間にそれを、かの架空の自由なる理性的存在者に関して立てられたいろいろな主張の主語にしている、ということはわれわれがすでに確かめたところである。ただ感官界におけるこの架空の自由なる理性的存在者——これは自由の問の不十分な解決によって経験的な理性的存在者と同一だと考えられた——にとってのみ、最高善を徳と福との、綜合的統一としてとらえることが可能であったのである。このように経験的な理性的存在者を自由な理性的存在者と取り違えたのは、高次の立場でのとらえ方における自由の問題が批判的観念論の研究領域の地盤では解決しえないものでありながら、見たところ、予備的な問と同時に解決されているように思われる、という事態によって起ったのであった。さて経験的な理性的存在者がふたたび気のつかない間に主体として研究の中に入り込んできているとすれば、必然的に、自由の問題の高次の立場での立て方にまつわるあらゆる困難、すなわち批判的観念論の言葉づかいに関してあいまいな意味を刻印されたいろいろな表現、他の場合には十分実際に用いうる諸表象に現れてくる矛盾等々がやはり気づかれざるをえない。なぜならば、その場合には、批判的観念論の研究領域を問題とするかぎり解決しえないような自由の問題が、なんとしてもふたたび抬頭してくるからである。しかもなお自由を与えられた架空の主体が、魂の不死という要請の姿でふたたび舞いもどってきて、無限の進歩という表象によって経験的な理性的存在者と結びつけられる。あたかも架空の自由なる理性的存在者が、この経験的な理性的存在者の、時間の外でなされる同じ一つづきの継続であるかのように。この「不死なる魂」と「感性をそなえた理性的存在者」との可能なように見える――批判的観念論の要求に従った不死の概念の構成を度外視すれば――統一的結合によって後者は、経験的に所有していないものを前者からわかち与えられる。それがすなわち、想定された道徳的発展の継続のうちに含まれている自由の可能性である。以上のようにして、気がつかない間に経験的主体が、それまで言われてきたことに関して架空の理性的存在者の代りに登場することが可能となった事態、しかも、それは経験的には神聖性を持っていないから、かの架空の自己を未来に向かって投射するという要求〔不死の要請〕を立てるということにならざるをえなくなった事態が説明される。もし、批判的観念論の研究領域で得られた不死の概念の地盤に立つならば、必然的に無限の発展という考えはこの概念から脱落する。しかしその場合には同時に不死の「要請」そのもの――この不死の要請全体は、無限の進歩を必然的に想定することに基づいている――もまた放棄されることになる。なぜならばその場合、不死の要請は、それがなさねばならぬこと、すなわち道徳的発展に関して経験的な理性的存在者を不死なる魂と結びつけるということができないからである。

以上のことについても、もし、ここ一四七頁では諸概念が、批判的観念論の領域での研究が刻印したような意味をもはや厳密に明示していないという事実に注意を怠るならば、思い違いをしやすい。一四七頁での中心になる文章は次のように言う。「ところでこの無限の進歩は、同一の理性的存在者の無限に継続する存在と人格――これが魂の不死と言われるものである――という前提のもとにおいてのみ可能である」。困難は、ここに挿入された一見余計なまたどう見ても文章の明晰な組立てのためには役立っていない「人格」という表現にある。この人格という表現は、批判的観念論の研究領域では、空間時間という直観形式において世界を見る自己という統一のうちにすでに同時に設定されている。従って、批判的観念論の前提によっては、自己すなわち、人格の永続の主張は、その前生の想定と同じく――両者を引き離すことができないかぎり[1]――、主張することも否定することもできない、〔つまり、永続とか前生とかは問題にならない〕のである。以上のような点から考えてみると、上の引用において言われていることは、もし道徳的な無限の進歩の想定によって「人格」という表現になにか全然別の内容が与えられるということがなかったならば、しかもそのようにして、一見余計と思われるこの表現の挿入の説明がつくものならば、批判的観念論の立場からみて全く正当であるだろう。しかし実は引用文の連関において問題になっているのは、決して単なる人格ではなく「道徳的な人格」である。論理的抽象としての人格が、不変的無時間的に停まっているものと、時間空間のうちで変化するものとしてそれに現象してくるものとの対立に関係しているとすれば、他方「道徳的な人格」という概念の中には、われわれの心がけの道徳上の自然的性質と言われるものがその人格のうちにあるかぎり、絶えざる発展という考え方がすでに含まれている。この概念は、さきの停まるものと変化するものという対立とはほとんどかかわるところがなく、むしろ人格の絶えず進歩する発展が、その人格によって引き起される諸行為の自然的連関において知られるとされている。道徳的な人格とは、われわれの感性的経験的な意志と道徳法則との合致の経験的に実証されうるような成果である。このような道徳的な人格の存続は、批判的観念論の把握においては、決して、魂の不死としての英知的自己の永続とともにすでに設定されているというのではないことはもちろん、それればかりではなく、その道徳的人格は道徳法則と感性的な意志との所産であるから、そのような人格の存続を確定することは批判的観念論の諸前提に矛盾するということにさえなるのである。

（1） 今おこなっているこの研究の第一部において、カントが不死の理念を、人格性として考えられた魂についての論述と結びつけていないということが指摘された。第三の論過についての論究から不死の理念が生まれるだろうと期待してもいいのであるが、カントはその第三の論過では人格性をただ統覚に関する主体の統一として考えているだけである。この人格性の概念と今『実践理性批判』一四七頁において出会った人格の概念との相異は、すでにその表現によく現れている。第三の論過の場合に、問題になったのは「魂の人格性」(Personalität der Seele)であり、『実践理性批判』一四七頁における不死の理念の場合には、「理性的存在者の人格」(Persönlichkeit des vernünftigen Wesens)の存続ということである。前者はただ認識する主体にのみ関係し、後者は、認識する主体と行為する主体との統一という形における理性的存在者に関係している。この二つの概念を結合しようとするならば、そこには大きな困難が存するであろう。すなわち、そのような結合においては、「理性的存在者の人格性」という概念が純粋に認識論的な領域から「純粋理性の実践的使用」の領域を指示することになるであろうが、当面問題になっている個所でわれわれが問題にしているのは「純粋実践理性」であって、これは「人格性」の概念に関して、純粋理論理性との結びつきを求めるということをしないのである。それはちょうど純粋理論理性がやはりこの概念を実践的な理性使用の領域に適用しうるように準備しなかったのと同じである。このように一つ一つの表現を研究してみるとそこには、「実践理性」の登場とともにそれによってカントの宗教哲学に入れられたひびが現れてくる。カントの宗教哲学は、もともと「理論的使用および実践的使用における純粋理性の統一」に基づいて構想されていた。この統一の放棄とともに「弁証論の宗教哲学的プラン」は全く無価値なものとされてしまう。このことはまた次のようにも言える。すなわち、実践理性と実践的使用における純粋理性とが同じでないように、要請と理念とは同じではない。

道徳的人格――その性質がわれわれの自己の前生によって制約されるということもありうるかぎりの――に対してカントが『宗教論』第一章において確定したことは全く正しい。すなわち、そういう道徳的人格について何か語るとしても、その場合決してその経験的に与えられた存在を越えることはできない、従ってその生誕を越えて前生について語ることはできない、たといその場合根本悪への転落の事実、特にその転落に対する責任の意識がいかに説明がつかないままであろうとも、と言われている。さて、存在の永続という想定のうちにそもそも道徳的人格の存続が全然含まれていないとすれば、先に引用したカントの主張の底には主体の交替があり、しかもこの交替が、人格という表現の二義性によっておおわれていたのである。かくしてわれわれはここで人格という表現に対してもまた、批判的観念論の研究領域にとって異質的な意味の刻印を確認せざるをえないし、またそれによって同時に、『純粋理性批判』がわれわれの自己の存続の確定に関してきずいた土台が、ここでその上に積み重ねられる構築を全く支ええないという事実が与えられているのである。

第四節　純粋実践理性の「要請」について——(二)

（「神の存在」の要請に現れている、批判的観念論の立場と高次の「自由の問題」との交錯を中心として）

批判的観念論の本質にとって異質的であるような研究領域へのひそかな移動によって必然的に与えられるこれらの困難は、未解決のままである高次の自由の問題が、上に述べたような仕方で不死の要請における考えの展開を規定しているという事態に基づいている。さてそうすると、この同じ困難が第二の要請にも無理を加えているのではないかという疑問が起ってくるし、また、あらかじめやはりそうに違いないとおのずから思われてくるのである。というのは、この第二の要請もまた、自由の問題一般の外見上の解決によってのみ可能となったあの最高善という概念のとらえ方の上に立てられているからである。よく考えて見ると、「神」の存在ということの第二の要請は、第一の要請の想定のためにすでに必要だったものである。つまり、神聖性が心がけと道徳法則との完全な合致に存しながら、この状態は感官的存在者の智にとってはただ無限の進歩としてのみ考えられうるものとすれば、この進歩発展を統一ある無時間的な働きとしてとらえると前提しうるような智〔神〕が存する場合にのみ、この道徳的な心がけに関する神聖性が成立するということになる。このような形でとらえられた神の要請――それを構成する要素はアンチノミーの解決においても、また『実践理性批判』一四八、一四九頁においても見いだされる――の必然性は、カントによる善悪の対立、すべての心がけは結局一つの英知的な行に発するものとして考えられなければならないようになってくるこのきびしい善悪対立の考え方をまじめに考えるならば、こばむことはできない。

しかしカントの考えの歩みは次のような別の道をとって神の存在を要請する。すなわち、徳と福との釣合いの保証が存在しなければならぬ、そうでなければ、最高善を促進すべしという要求がゆらぎ、それとともに道徳法則もまた、幻のごときものになってしまうというのである。そしてこの要求の上に神の存在の要請が立てられることになる。われわれはここでもまたふたたび、このような形で要請を立てることはただ批判的観念論の研究領域の地盤を離れる場合にのみ可能だ、ということを確認せざるをえない。そしてこのようなずれはふたたび、自由の問題がすべて解決されたように見えることによって始めて起りえたのである。すなわちそのようにしてのみ自由な理性的存在者と経験的な理性的存在者とが等置され、かつ、その自由な理性的存在者に関して徳と福との釣合いが――最高善の概念の把握を通して――この経験的世界に対して要求されうるのである。さらにそれに基づいて、「この連関、すなわち徳と福との連関の根拠を含んでいるような、自然全体の、しかも自然とは異った原因」(一五〇頁)が要求されてくる。ここで、二種類の異った自然の原因性が客観的な妥当性を持って挙げられているが、このような形で対立した二つの原因性というのは批判的観念論の地盤の上では全く認めがたいことである。カントが一七三頁一七四頁で、このやり方の正当でない点を批判的観念論の成果に基づいてなんとか正当化しつつ、どうしてもこのやり方を弁護しなければならないと感じていたことは、特徴的である。すなわち、「上来私は、世界における単なる自然過程に従えば道徳的価値にぴったり相応するような幸福は期待されえず、むしろ不可能だと見なされねばならないこと、従ってこういう面から考えて、最高善の可能性は道徳的な世界創始者という前提のもとにおいてのみ認容されうるということを述べた。私はこの判断をわれわれの理性の主観的な制約にかぎるということをわざとしなかったが、それはただ理性の真とすることの仕方がもう少し精密に規定されてから始めて、それを使用しようとしたからである。事実、上に述べられた不可能は単に主観的である」。カントのこの弁明は結局、この客観的なものとされた主観的な不可能性から、神の客観的理論的設定ではなくて、神の存在の主観的実践的な想定を結果として持つような要求を導き出したということになる。しかしこのカントの説明は、問題になった上のやり方の核心に当っていない。というのは、問題は決して、かく要請された存在者の設定が主観的であるか客観的であるかということではなくて、かの二つの異った原因性の対立がただわれわれの主観的な見方の中にのみ根拠を持っているということを念頭に置く場合、はたして、感性的な世界における徳と福との釣合いの要求は、(道徳法則の事実がイリュージョンであってはならないとすれば)、やはり、その二つの原因性をみずからのうちにおいてより高い統一へと包むような世界の最高原因としての存在者の要請に必然的に至らざるをえないものかどうか、が問題なのである。これに対して、批判的観念論に基づくならばただ、しからずと答えられる。なんとなれば、自然のメカニズムと英知的な原因性とはわれわれの理性においてのみ異ったものとして現れるのであって、元来前者は後者の感性的な現象様態だからである。従ってその統一を成就するためには、自然の原因と異った無限な存在者を確立するというようなことは、理性的存在者にとって全然必要ではない。そのようなことはかえって批判的観念論に矛盾するのである。

この興味深い一七三頁一七四頁の注意において次のようなことを確かめるだけで今のところは十分である。すなわち、カントが場合によっては、要請を立てるその土台が批判的観念論の境界標を越えて拡がっているということ、すでに第一の要請に関してそこで用いられている諸表現の意味が鋳直されていることによってわれわれが気づかされたこの事実、を認めたということである。さらに、第二の要請を立てるさいその基礎には、この世界において最高善を促進すべしという命令が置かれていた。その最高善の可能性に関して問題になる対立は、「自然の国」と「道徳の国」との対置に関係しているが(一七四頁)、この区別は、批判的観念論の地盤において知られている英知界と現象界との対立と必ずしも一致するものではない。しかし、神の存在の要請が批判的観念論の地盤で立てられると言われる場合には、ただちにこの二様の対立の同一視が避けがたいこととなってくる。このような同一視が一四九頁一五〇頁以下で要請が立てられるさいに前提されかつ遂行されている。その結果必然的に、カント自身認めているように、批判的観念論の研究領域では単に主観的な資格しかもっていなかった自然のメカニズムと英知的な原因性との対立という想定が、ここで突然客観的に現実的なものとして見られることになったのである。この道徳の国と英知界との同一視が第二の要請を立てるについて意味するところは、さきに、現象の変転のうちにおける不変の停まれる統一としての人格性と道徳的人格との同一視が第一〔訳註。原文では第二となっているがこれは明らかに第一でなければならない。〕の要請の基礎に関して意味したところと同じである。

　かくして第二の要請を立てるについての根本的な手続きに対して、第一の要請を立てる場合と同じ操作、すなわち道徳的なるものと英知的なるものとの同一視、がその中心になっているということが確認された。しかしこの同一視は、常識にとってはいかに自然なことであっても、批判的観念論の地盤ではなされえないところである。このことをわれわれはさきに道徳的な人格の概念に対して、この概念にはその経験的な規定性のために、法則に従って絶えず進歩する発展（すなわち変化）という規定が付着していることを示すことによって、確認した。ちょうど同じことが道徳的世界、道徳の国に対しても当てはまる〔道徳の国と英知界との同一視は、斉合的な批判的観念論の立場としては行いえない。」そのことはすでに、道徳の国は無限なるものにおいて始めて実現されうるにもかかわらず、しかもなお経験的な理性的存在者が経験的な性格のままですでにその道徳の国の活動に従事しなければならない、とされる要求に含まれている。道徳の国というのは道徳的な人格を拡大したものであり、道徳的な最高の理性的存在者である神は、道徳的な人格を無限に継続して行ってそれを完成したものとして、不死なる魂の拡大である。第一の要請が立てられるときにわれわれがすでに体験したことが、第二の要請が立てられるさいに大規模に見られる形で反復され演ぜられているのである。第一の要請の中に第二の要請がすでに含まれていたように、第二の要請の中にはそれといっしょに第一の要請が別の形で、あたかも全然まだ解決を得ていないかのように、ふたたび立てられている。

さて、従来見てきたところから予期されなくはなかったこの主張が本当に当っているということになるためには、第二の要請が立てられる事態についてのカントの批判的な研究が第一の要請に対するのと全く同じ観点からなされているということを確かめることが必要である。まず第一に、注目すべきこととして現れざるをえないのは、第二の要請の出発点が、それに先立って第一の要請が立てられているにもかかわらず、第一の要請の場合と同じであること、すなわちそれは第一の要請の解決には全然基づいておらず、むしろ第二の要請についての研究が進むにつれてひそかに第一の要請がふたたび立てられ想定されているということである。この事実は、カント宗教哲学についての叙述において多くの場合あらわにされていない。その責任は、第二の要請についての研究の序論的な部分にある。そこでは、あたかも第二の要請が第一の要請の解決の上に立てられているかのごとくに、この解決が実際引き合いに出されているのである(一四九頁第五章始め)。しかし、もしほんとうに両者の間にそのような事実上の連関があるとすれば、この序論の部分は必ず以下のような考慮に基づかざるをえないはずである。すなわち以下のごとし。最高善は徳と福との釣合いに存する。さて福とはありうるかぎりの満足を考えられるかぎり高めた状態だとすれば、道徳の領域においてそれに対応しうるものはただ最高の道徳的完全性すなわち神聖性のみであり、そしてさきに、この神聖性はただ無限においてのみ実現されるものとして考えられ、それに基づいて魂の不死が要求されるということが示された以上これからは、福と徳との釣合いの要求はただ次のようなとらえ方においてのみ正当だと言えるであろう。つまり、最高善の概念において徳と福との綜合的結合を確定するわれわれの内なる道徳法則の事実は、さきの第一の要請によって可能だとして（必然的としてではない）立てられた不死なる魂の神聖性に対して必然的にその同じ不死なる魂の福が相応すべきである、ということを要求することになる。もし第二の要請が以上のごとき考慮を通して第一の要請に基づくというのでないならば、第二の要請は総じて第一の要請に基づいていないのであり、いかなる仕方においても第一の要請を前提としていないのである。そして、第二の要請の結果において、第一の要請が前提されたものとして認められている場合、それはただ第二の要請は第一の要請の展開と並行した叙述だということを証示しうるのみである。この主張は、もし上のごとき考慮を前提とすれば第二の要請は全く不可能だということが確かめられるならば、十分当っていると言わねばなるまい。そしてまさに事実当っているのである。すなわち魂の神聖性に福が相応しなければならぬという要求の上には決して、この主張で言われているとされる二つの相対立する原因性をみずからの内に統一するような存在者を想定するという要請を基礎づけることはできない。なぜならこの要求に含まれている徳と福とは両者ともすでに英知界のうちに置かれているからである。まことに、不死の要請の上に道徳的な最高存在者の現存という第二の要請が建てられえないのは、ちょうど、そのような性質を持った神の想定が始めて、不死なる魂の神聖性の可能性の必然的な想定を確実にし現実にするというのではないのと同様である。一四八頁で示されたことは、いやしくも何かについて神聖性の述語を〔現実に〕添えようとするならば、最高存在者の想定はどうしても必要だということである。なんとなればそのような最高存在者の智のうちにのみ無限の道徳的な発展が一つのできあがった状態、すなわち神聖性として現れてくるからである。

この不可能性〔第二の要請は第一の要請に基づくことができないこと、もし基づくとすれば、第二の要請はそもそも不可能になるということ、従って、第二の要請は、第一の要請と同じところから出発していることになる〕をわれわれはそのおおもとの理由にまで還元することができる。神聖性の不可能が確認されることによって、架空の自由なる理性的存在者——自由の問題がすべて解決されたように思われた結果、この架空の自由なる理性的存在者に関して最高善の概念規定がなされたのであった——の代りに、突然、批判的観念論の地盤においては自由だとして証明されえないような経験的な理性的存在者が前面に出てくる。こういう事態によって第一の要請を立てることが必然的となったのであった。つまり、そういう事態においてなお架空の自由なる理性的存在者に関して立てられたいろいろな主張を維持するために、この自由なる理性的存在者が、その神聖性の可能性を保持しつつ、前方に、すなわち不死なる魂として無限性の中に投射されて、さきの経験的な道徳的理性的存在者と、無限の道徳的進歩という想定によって一つに結びつけられたのである。ここに不死の要請が行われた意義がある。この結果今やふたたび、相変らずの架空の自由なる理性的存在者が事実上、あらゆる主張の主語として取り挙げられることになり、またそれによって、要請が立てられる可能性、というより必然性が消滅し、われわれはふたたび、感官界の理性的存在者にとって神聖性は事実上不可能だということが確認される以前のところに押しもどされたことになる。ただそこでかつて摘発された欠点が今度は改められている。神聖性の不可能が確認されることによって——このことによって主体が経験的な理性的存在者になった——架空の主体からとりあげられたものが、別の道で、すなわち神聖性に向かって動いて行く無限の進歩の可能性が想定されることによって、ふたたび主体に対して保証されているのである。こうしてわれわれは今や、最高善の概念規定がかかわるような主体をふたたび持つことになる。(すなわち意志が現在または未来において道徳法則に完全に合致することを妨げるものは何もない、というような自由なる理性的存在者である)。そのさい、二つの場合における理性的存在者の同一性は、神的理性が神聖性への無限の進歩を神聖性そのものとしてすなわちすでに完成された状態にある働きとしてとらえる、ということによって保証されている。さてカントにおいてこれに続く第二の要請についての研究が、さきにまとめた形での考慮を通して、この不死の要請という想定によってもたらされた解決と連関していないとすれば、その後の研究は事実上ふたたび経験的な不自由な理性的存在者を、もともと自由なる架空の理性的存在者に関して立てられた主張の主語としているわけである。この隠すことのできない矛盾の上に立てられる第二の要請は、すでに済まされていながら全く顧慮されていない第一の要請の解決の単なるくり返しにすぎない。かくしてわれわれは事実五章一四九頁で、四章一四六頁と全く同じ地点に立っている。ただ同じ問題の例題が、以前には、心がけと道徳法則との合致としての徳という概念を目ざしていたのに対して、今度の例題は福という概念の上に立てられているだけである。だから、カントの順序とは逆に、後の方の例題から——しかもそれによって同時にひそかに始めの例題を解いてしまうという仕方で——同じように始めることもできるのであろう。というのは、この徳と福という二つの概念は、量の変化がたがいに相応し合わざるをえないという比例的に相互に釣り合った関係にあるからである。この二つの例題のうち、一方では、（次の図式参照）有限な概念の前項と無限な概念の後項との間の釣合いを求める問題として出され、他方では、両概念の位置がひっくり返されている形で問題が出されている。その解決は、有限な面の無限化——ここに要請の本質がある——によって両面の間に等式が成立するというところにある。

まず第二の例題の提出（神の要請）から始めてみよう。

(a) 結果として得らるべき釣合いは、比の形にしてみると——「道徳法則との完全な合致」対「完全なる福」＝「無限」対「無限」。

(b) 前提されていること——神聖性は可能である（経験的な理性的存在が架空的に自由なる理性的存在者とされている）。

(c) 経験的事実から主張されること——経験的な福はただ不完全に得られるのみである。

(d) ここから出てくる比の例題としては——いかにすれば、道徳法則との完全なる合致の可能性（自由）と不完全な福の可能性との関係が「無限」対「無限」という釣合いを得るか。

解答――英知的道徳的世界の時間空間的な現象であるかぎり経験的世界は、そのうちに住む理性的存在者がその二つの世界に属していることによって、完全な道徳性に相応した福の可能性を含んでいる。この二つの世界の統一の成就実現のために、この二つの世界の二種類の原因性が唯一の同じ道徳的な原因性に統一されるというように見ることのできる最高の道徳的な智と理性との存在が要請される。そうすることによってこの最高存在者の智にとっては、二つの世界が合致し、その絶対的統一が与えられていることになるのである。その統一の仕方については、㈠、二つの世界が、経験的世界が出発点となり英知的世界が終点となるというように無限に連続し継続する発展の両端と考えられ、両端間の無限の継続がこの無限なる智によって統一のうちに見られる――そのさい、無限に発展するものと考えられている与えられた経験的世界の構成要素である理性的存在者についても、その無限の持続という想定（隠れた不死の要請）が同時に立てられている――にしても、あるいはまた㈡、二つの世界が同時的な並行の関係にあってそれが最高の英知によって統一されて見られようとも。いずれにせよそれによって、道徳的な完全性に釣り合った福の可能性が、道徳的世界との統一において見られているかぎりの現象界に関しても、絶対的な智にとっては事実的なものとして確証されるわけである。このようにして、この比における有限性の項も無限性の水準にまで高められ、架空の自由なる理性的存在者を規準とした釣合いが成立するのである。

(a)　第一の例題（不死の要請）の提出

結果として得らるべき釣合いは、比の形にすれば同じく――「道徳法則との完全なる合致

（神聖性）」対「完全なる福」＝「無限」対「無限」。

(b) 前提されていることは――福は完全なる形で可能である。

(c) 経験的事実からの主張は――神聖性はただ不完全な形でのみ可能である。

(d) ここから出てくる比の例題としては――いかにすれば、道徳法則との不完全なる合致の可能性（神聖性の不可能性）と完全なる福の可能性との関係が「無限」対「無限」という釣合いを得るか。

解答――経験的な理性的存在者は、道徳法則からすれば道徳的英知的世界に属し、その現象形式からすれば現象的世界に属している。さてここでぴったりした釣合いを作り出すために、彼について神聖性を語りうる、ということが要請される。このことが可能になるのは、㈠、その道徳的、英知的状態と経験的状態とが無限な道徳的進歩の両端として考えられ、この無限の道徳的進歩によって終極として想定された英知的存在が同一の道徳的な人格の、区別を含まぬ一様の継続としてとらえられることによってである。その場合この無限なる道徳的進歩は、絶対的存在者の把握においては神聖性の状態として現れてくる（神の存在の隠れた要請）。㈡、あるいはまた、英知的であると同時に感性的であるという道徳的人格の二重性が、英知的道徳的人格において、次のような仕方で――すなわちその感性は、それを通して英知的主体が自分自身を見るような時間空間的現象形式にほかならない、という仕方で、統一して見られうることによってである。以上いずれの場合においても、神聖性の経験的不可能性がその英知的な可能性のうちに同化されてしまっている。これによって比の両項はふたたび相等しくなり、神聖性の可能性に福の可能性が相応することになる。

このようにして、以上の例題の全体はいずれの場合にも、無限性の状態を規準にして立てられた比の一方の項に有限な規定が持ち込まれるという事態に基づいている。そのさい、この有限なる規定は、二つの例題のいずれにおいても、無限だとされたそれぞれの項に同じように持ち込まれうるということ、そうすれば、それはそれとしてきちんと釣合いが保たれるということ〔すなわち有限対有限（道徳法則との不完全な合致に不十分な福が対応する）という形で〕が意識されないままに、上の不可避だと考えられた障害〔一方の項に有限性が纒わっていること〕によって道徳法則の事実が傷つけられると信ぜられ――結果として得らるべき釣合いが道徳法則の事実に基づいているゆえに――、かくして道徳法則が必然的なものとして立てる想定（要請）によってその不釣合いをならそうと試みられたのである。すなわち、その乱された釣合いが、（その不釣合いによって道徳法則の事実およびその要求に矛盾しないためには）、なんとかして、個々の理性的存在者に関して――それが、かの釣合いを自分自分の内からの要求として述べるかぎり――、批判的観念論の成果からみて不可能ではない仮説についての個人的実践的な確信によって、主観的にふたたび均衡状態にもどされなければならないわけであった。しかしながら、道徳法則が妥当する可能性に関して言えば、次のごときやり方も道徳的には全く正しいと言わねばならない。すなわち、経験的な確認によって一方の項が有限化されそのため不釣合いになった釣合関係（比）が、同じような確認によって他項も有限化されるということによって、均衡を回復するというやり方である。このやり方によっても、有限化された項が無限化されることによって均衡を回復した釣合いと同じように、道徳法則の事実をなんら傷つけないような、両項の平衡した釣合いが成立する。「この世界においては意志と道徳法則との完全なる合致も、また、完全なる福も見いだされない」という文章も、カントが要請によって求めようとした架空的な最高の段階にとっての神聖性と福との釣合い関係と同じく、(福という表現で一般に、私の道徳的進歩に応じていっさいの出来事が私の意志に合致すること、が考えられているかぎり)やはり徳と福との釣合い関係——ただし始めの低い段階における——の表現である。この徳と福の釣合いは、それとしては全く一般的に理性的存在者のうちに現れてくる道徳法則の事実から必然的に出てくるものであるから、そしてそのさい決して、両項が無限の量をもって釣り合うとする釣合い関係の把握が道徳法則とともに与えられているというのではないのであるから、経験的確認によって両項ともゼロ点まで量を減じていって得られる釣合いと、両項とも無限にまで高めて得られる釣合いとは、両者ともにそれぞれによって道徳法則の事実がイリュージョンとなることを防ぐかぎり、軌を一つにしていると言える。カントは、彼の最高善という概念のとらえ方におのずから影響されて、もし道徳法則がイリュージョンになってはならないとすれば、どうしても両項をともに無限化してとらえるという形での釣合いが保たれねばならぬと考え、事実そういう形での釣合いを打ち建てたのであるが、これは、道徳法則の登場と同時にすでにまつわりついていた宿命的な思い違いに基づいている。すなわち道徳法則の事実が批判的観念論の成果と結びつくことによって、理性的存在者の自由を事実としてその後の論究の中に持ち込むことが許される、と考えたその誤りである。それによって高次の自由の問題もすでに解決されたものとして研究の中にまぎれ込んでくることになる。事実また実際に解決されたものと考えられ、従ってそれは神聖性の可能を主張したのと同じことになるわけであるから、道徳法則と同時に与えらるべき釣合いは、必然的に最高度の表現で問題にされるのである。従って、神聖性の不可能が経験的に確かめられる(事実は、批判的観念論によっては自由だと認められないような経験的な人間へ還る)と、その釣合い自身が動揺するとともに道徳法則をもくつがえしてしまうということになる。それは、無限性の状態での両項の釣合いというのがまちがっているからである。しかしこの誤りは深くおおわれていて気づかれない。そこで、この崩れ行く建物に確固としたささえを与えるために、やはり道徳法則が最高度の形における釣合い状態に基づいているものと相変らず思い違いをして——これは自由の問題についてのかの隠れた誤りによって避けがたいことである——、その無限性の状態でとらえられている釣合いの平衡をなにか技巧的な支柱を用いて回復するという外に打開策はありえないと思い込むのである。しかもそのさい、またもや自由の問題についての根本的な誤りによって思い違いをして、平衡が得られると思ってやっていることが実はいつでもただ一方からその支柱をはずしてそれを他方にあてがっているだけだということに気がついていないのである。

以上行われた一般的理論的な考察は、神の存在の要請を展開するその発端が、それに先行した魂の不死の要請という想定を前提として含んでいるのはただ外見上にすぎない、ということを示すために必要であった。それゆえわれわれは、上でおこなった、要請を理論的に立てそれを解決する試みにおいて、第二の要請が第一の要請に全く依属していないということを十分証明するために、第二の要請から始めたのである。第二の要請についてのカントの論究はこのことをはっきりさせてはいない。むしろ一五四頁で明らかに不死の要請を取り入れていることによって、この主張に矛盾するようにさえ見える。しかし、一五四頁一五五頁（第一節）では、カントが立てた要請の展開を述べているのではなくて、当面の問題に関係したキリスト教の思想をついでに述べておこうとしているのだ、ということをはっきり理解しなければならない。この節の序論の役をしている文章がこのことをきわめて明瞭に語っている。「キリスト教の教えはいまだ宗教の教えとしてみられなくても、この点において、道徳法則の厳格な要求を満足させうる唯一のものである最高善（すなわち神の国）の概念を与える」。これにつづいて、道徳的に進歩しつつある「被造物」の無限の存続という想定が許さるべきものとして前提される場合に、徳と福との合致の問題に対してキリスト教が神の国という概念によって与える解決についての叙述がある。すなわち、理性的存在者が全心を挙げて道徳法則に自己を捧げるということが行われるような世界が、神の国——この国では、自然と道徳とが、神聖なる創始者〔神〕によって、その両者のいずれにとっても元来は手のとどかぬような調和にいたらしめられる（すなわち根源的な最高善である神が派生的な〔世界における〕最高善を可能にする）——として、示されることのうちに解決があるとされる。さて、元来許されないことであるにもかかわらず、このように「神の国」という概念が持ち込まれそれがここで最高善と同じものとされることによって、次のごとき事実、すなわち、自然と道徳とが調和している状態にあるものとしての世界の想定とともに、感官的存在者もちょうどそれと同じ状態にあるという想定が同時に与えられているのだという事実がおおわれてしまっている。このように神の存在の要請が世界における徳と福との調和を求める要求に基づいているとするならば、かかる調和への要求はまた、その世界の部分をなしている理性的存在者にも関係せしめられてくる。かくして、——要求された「自然と道徳」との調和が、個々別々に見られた理性的存在者に関係せしめられるならば、彼の心がけと道徳法則との完全なる合致として証示されるということがはっきりとらえられているならば〔「自然と道徳」の調和は、個々の主体に関しては「福と徳」との調和となり、その「徳」とは心がけと道徳法則との完全な合致であるから〕——神の存在の要請とともに理性的存在者の神聖性が設定されていることになるわけである。ところでその完全なる合致は、さきには神聖性として、それを要求することによって、われわれが道徳的進歩、すなわち「魂の不死」へと導かれて行ったものであった。さてここから論理的に推論して行くならば、調和が実現さるべき世界は無限の道徳的進歩の結果出てきた調和の状態だということになり、また、〔完全なる〕福の概念からは、英知的世界およびそれとともにこの道徳的に考えられた世界の永遠の存続が要請として現れてくるであろう。* そして、そこからは、神の存在の要請は全然出てこないであろう。カントの出発点であった立場、すなわち主体を個々別々に見る見方においてのみ、この二つの要請が一致するのである。すなわち一五〇頁に「派生された最高善すなわち最善の世界の可能性の要請は、同時に根源的な最高善の現実性すなわち神の存在の要請である」。しかし、それにつづいてカント自身もそうしているように、この個々の悟性的存在者の上に限られた見方を去って、理性的存在者の総体がもはや世界と対立せしめられずむしろ道徳的に考えられた世界の状態のうちにその構成要素として含み込まれているというように考えられるところまで見方を拡げて行くならば（最高善の概念を現実にひろげて示したものとしての神の国の定義を参照されたい、一五四頁）、経験的に見て道徳にかなっていないこの世界がかの道徳的理想に向かって進歩するその発展の可能性の要求が、要請として迫ってくる。このような考えの進め方においては、神の存在の要請は、不死の要請の場合と同じく脇役を果すことになる。すなわち、神のうちでは無限の進歩も完成された状態として現れるかぎり、神の要請は、無限につづくと表象さるべき世界の道徳的進歩を考える可能性を保証するのである。

このような世界の進歩の要求は、不死の要求と全く同じように、（というのは両者とも同じ根本前提に基づいているから）必然的である。しかしカントは、ちょうど問題の困難さが感じられるようになった一五四頁一五五頁でキリスト教の言葉を使って事態を語ることによって、この要求を回避してしまった。もし彼がそのようなことをしなかったならば、上に挙げた結論は避くべからざるものであったろう。しかし世界の無限の進歩というこの考えがそれでもなお隠れながらカントの考えの大筋と並んでつづけられているということを、最高善の概念についての特徴ある多くの言葉づか

＊〔訳註〕 完全なる福は神聖性の制約の下にのみ与えられるのであるから、その場合、前出のごとく徳も福もともに英知的世界に移され、そこでの、調和ということになり、さらにこのような意味での英知的世界が現実となる可能性のために、主体が道徳的に働いている世界の無限なる発展が要請される。すなわち、自然と道徳とが完全に調和するような世界に向かって世界が無限に発展するという要請。

いが示している。最高善の概念は経験的に与えられた世界に対して立てられるが、そのさい、カント自身がみずから言うところによると、その経験的世界というのはここでは、実在界を時間空間的に拡げて見せる仕方——これは理性的存在者の理解能力に対してのみ通用する、というのはその理性的存在者によってのみ作られたものだから——として把握されているのではなく、すべて神の創造として見られているということが忘れられてはならない。「最高善を世界において——in der Welt[1]*——実現することは、道徳法則によって規定されるような意志の必然的対象である」。この文章によって問題になっている進歩の起点が示されている。終点は上に挙げた要求、「ある一つの世界における——in einer Welt——最高の可能なる善を私のいっさいの行為の対象とせよ」(一五五頁)という要求の把握が示している。この両端の間に、事態が次第に進められて、最高善と最善の世界との等置があり(一五〇頁)、それからさらに神の国との等置が(一五四頁)ある。この神の国という最後の言い方によって、感官界と英知界との間の交流が達せられる。神の国の概念が一五四頁での定義によって「理性的存在者が全心を挙げて道徳法則に自己を捧げるということが行われている世界、自然と道徳とが、その両者のいずれにとっても元来は手のとどかぬような調和に至らしめられる世界、そのような世界が現実にひろげて示されたもの」としてとらえられるかぎり、この神の国の概念は感官的世界に属している。これに反して一六四頁で英知的世界＝神の国という等置がなされている場合には、この神の国という表現は純粋に英知的な解釈に導かれている。以上つづけてみるところで、最高善＝最善の世界＝神の国＝ある一つの英知的世界(eine intelligible Welt)という、一連の等置が得られるのである。

（1） ここでわれわれがどれほど批判的観念論の研究領域から離れ去っているかということは、一二一頁—一二五頁を思い出してみるとき始めてはっきりしてくる。そこでは、自由をおびやかす最後のまた最大の危険——それを取り除いて始めてその後の論究が可能になった——はただ、批判的観念論の要求を神による世界創造の説明に対して容赦なく適用することによって克服されたのであった。〔ここでは逆に、むしろ神の国という概念を採用して困難を避けている〕。

徳と福との綜合的統一としての最高善の概念規定は個々別々に見られた経験的な理性的存在者の立場から企てられたものであることを考慮してみると、上に挙げた一連の概念の順列には二重の発展が含まれていることになる。すなわち、まず、別々に引き離された主体の個別的な考察から全体としての世界の把握へという発展と、次に、感性的に確かめることのできるものに関係する表現から英知的なとらえ方へと。そしてこの二つの並んで進められている発展に対して、さきに挙げた定義における神の国の概念が、その二つを結びつけるために到達された中間の位置を示している。けだしこの概念はその全発展に応じて、感性的なるものと英知的なるものとの間の交流の中に立ち、かつ同時に、理性的存在者の全体の把握と世界の把握とが一般に道徳的な見方に対して相互に流入する地点を示しているからである。もともとの意味での最高善の代りに英知的世界が現れてきたの

* 〔訳註〕 世界という言葉に定冠詞がつけられている場合と不定冠詞がつけられている場合との意味の違いが問題になっている。前者の場合は、批判的観念論の枠内で定められた使い方を示し、後者の場合には、世界は発展して行くという新しい観点を含んだ使い方を示している。これについては後に著者自身の説明がある。

は、主体の交替を通してであるが、神の国という補助概念はこの主体の交替をおおい隠してしまい、個々の道徳的な理性的存在者の考察の場合のようには、主体の交替のために無限の進歩という想定が必要とされることがなかった。気づかれていないこの主体の交替があって後、最高善の実現の要求はやはり「ある一つの世界」に関したこととして考えられ（一五五頁）、そこから論理上必然的に「ある一つの英知的世界における最高善」の最高原理について語られ（一六〇頁）、同時に「道徳法則によって、ある一つの世界において可能なる最高善の現存」が命ぜられ、最後に「ある一つの英知的世界（神の国）」がかの三つの理念のうちの第二の理念として挙げられている（そのさい神の理念が第一の位置を占め、不死の理念が第三の位置を占めている）。つまりここではある一つの英知的世界＝神の国＝（最高善）という理念が自由の理念の地位を占めているのである。かくして、ちょっと奇妙に思われるこの地位（最高善（＝ある一つの英知的世界）によって占められた自由の理念の地位）が、私がさきに展開した考え、すなわち最高善の概念規定が立てられるさい、そこにはすっかり解決ずみだと考えられた自由の問がふたたび現れてきているにすぎないという考えに相応しているのは注目すべきことである。

　英知的世界の概念が特別な意味で研究の中に現れてきて働きを始めると、それに不定冠詞が用いられることは、すでに『純粋理性批判』においても出会ったことがある。『純粋理性批判』ではそれはいつも、道徳法則が形成的原理として可能だと考えられるような世界の理念的完成を示した。『実践理性批判』のこの章では、英知的世界というこの同じ概念が、自然と道徳とが調和している世界を意味するような最高善の究極的完成を示すために、同じく不定冠詞を伴った形でふたたび現れてきている。それによって同時に、われわれが取り扱っているのは、時間空間的に制限されていない智のうちに現れてくる物自体のあり方を示すような英知的世界の概念ではなく、時間空間的な世界の道徳的完成をその出発点から無限のうちへと移し入れるような働きをする英知的世界の概念だという事態が与えられている。以上によってわれわれは最高善の概念に対して、かつて確かめられた道徳的な人格と不死の魂との同一視によって他の領域で生じたことと同じことを確認したわけである。

以上のごとくわれわれは魂の不死および英知的世界の存在という二つの理念に対して、それらが道徳法則の事実によって実在的なものとして確認されるちょうどその瞬間同時に、道徳的な進歩という考え方がそれに持ち込まれることによって必然的に意味の改変を受ける、ということを確認したのである。なおまた、ここで得られた神の概念が批判的観念論の研究範囲のかなたにあるということになるのではないかどうかを調べることによって、同じ確認を神の概念に対しても行うことが残されている。

神について批判的観念論の地盤で言われうることとの最も明白な表明が、『プロレゴーメナ』一四五頁以下においてヒューム*に反対しながら展開している論のうちに見いだされる。そこでは、神に

* 〔訳註〕 David Hume 一七一一—一七七六、イギリスの著名な哲学者、歴史家。経験論の徹底としての不可知論、懐疑論の立場に立つ。物心両面にわたっていっさいの超越的実体を否定し、因果律をも観

念結合の習慣性に還元した。この立場がカントをして「独断論の夢を醒まさ」せたことは、有名。

ついては（カントの概念規定での）アナロギーによる認識を語ることが許されているということが詳論されている。これについて教えるところが多いのは、一四八頁の注意である。すなわち、「最高原因という原因性と世界との関係は、人間理性とその作品の関係と同じである。その場合、最高原因そのものの性質は未知のままであるだろう。われわれはただ、原因である知られざる働きの結果（世界秩序）とその合理性とを、既知の人間理性の働きの結果と比べて、そこから、かのものを理性と呼ぶのである。もっとも、だからと言って、人間において理性と言われているのと同じものまたはその他なんであれ既知のものを最高原因にその属性として付与するのではないが」。この考えを堅持するならば、この根源的存在者と道徳法則との間になにか実在的な連関を確定しようとするむずかしさは克服しがたいものとなる。しかも他面、この実在的な連関の確定のうちにのみ、神の存在の要請を立てる可能性が含まれているのである。この困難に関してカントはここで、問題が時間空間的な原因性の客観的な実在性の困難に関するごとくに処理している。かくして彼は、要請を立てようとする関心から、批判的観念論の成果が本来許す以上のところまで論を進め、要請が採用されてから今度は批判的観念論の成果に合うように説明しながら要請の意義を制限することによって、さきに批判的観念論の立場を侵害した結果をぼかしてしまうのである。一四九頁、一五〇頁でわれわれが批判的観念論の領域にはいないということは、カント自身から出た先に引用した注意によって証明されている。だからこそ、「この連関の、すなわち徳と福とのぴったりした合致の根拠を含むような、全自然の原因——自然とは異れる——の存在」を要請するということが問題となりえたのである。最高の原因性に関して「自然」と「全自然」とを区別するというごときことは、『プロレゴーメナ』一四五頁以下の所論を斉合的に継続展開した範囲の中にはないのである。さてさらに、最高原因が自然と道徳法則との一致を単に形式的に保証するだけでは不十分であって、要請さるべき最高の存在者は「道徳的な心がけに適合した原因性」を持っていなければならぬということが示される。すなわち「法則の表象に従って行為することのできるような存在者は、理性的存在者という英知体である。そしてかかる存在者の、この法則の表象に従う原因性がその意志である。従って最高善のために前提されなければならないような自然の最高原因は、悟性と意志とによって自然の原因（従って創始者）であるような存在者である」。ここでは、「アナロギーによる」陳述はすっかり放棄され、さらに、最高存在者の要請もただ、その原因性に関して悟性と意志とが最高存在者に述語されざるをえないかぎりにおいてのみ立てられうる、というように事態がひっくり返されてさえいる。従って要請の核心は、道徳的人格の原因性——意志と道徳法則の働きかけとの所産であるかぎりの原因性——をとらえる見方が、そのままこの最高存在者の上に移されたところにある。道徳法則は、意志によってその原因性のうちに採用された、行為の動機として考えられている。従ってこれとともに神の概念は、理性的存在者とのアナロギーのうちに置かれているばかりでなく、神の必然的な想定は、この最高の原因性と道徳法則との結びつきを考えうるものとするために、そのアナロギーを事実として立てるような陳述に基づいている。かくして神の概念もまた批判的観念論によって与えられた色調から推量される以上にはるかにはっきりと描かれているのである。

一五四頁において「賢明にしてかつ万能なる幸福分配者の判断」について語られる場合も全く軌を一にしている。その分配者〔神〕は「理性的存在者が自己の義務への合致において欠けるところがある場合にのみ福の分配を制限する」というのである。それから、一五五頁で、まさに道徳法則の事実によって得られた神の概念に今度はこの道徳法則が(どうもはっきり理解できないやり方で)還元される、という事態――それにつづく頁で述べられていることは全く、もともとこの要請を立てざるをえないようになった考慮のこのような逆転に基づいている――は、一方道徳法則の絶対的無制約性と他方神の絶対的な原因性を危くすることなしに神の概念と道徳法則の事実とを必然的な関係へと結びつけるというむずかしさ、が感じられていたことを示しているのにほかならない。ここではわれわれがカントの思想が到達した頂上で動いていないということ(たとえば、一五七頁で言われていることを参照されたい)は、一六四―一六六頁でのカントの「回想的注意」を念頭に置いても、事実であると言わねばならぬ。

これでわれわれは、第一の要請の研究においてわれわれを導いたその観点を規準にして、第二の要請が立てられた事態を追求しおえた。さてこれから、このようにして立てられた要請にカントが付け加えた一般的な考察の評価へと移っていこう。

第五節　純粋実践理性の要請一般について

（実践理性の三つの要請と理論理性の三つの理念との関係を中心にして。結論として、最高善と「自由の問題」）

われわれは今までの論究においてすでに二回、一五八頁から一七七頁のこの一般的な注意にふれたのであるがそのたびに、カントがこの注意において、第二の要請を立てるさいに一時離れた批判的観念論の立場にふたたびはっきりと向き帰ろうとしているのを見いだした。ここの連関においてなされている論述はしかしすべて同じ傾向、すなわち『実践理性批判』と『純粋理性批判』とがそれぞれ相互に無関係に到達した成果が実際に一致するということを証明しようとする傾向を持っていることが今やわかってくる。かつて自由の問が外見上解決されたかに見えた直後にも同じような指摘がすでになされなければならなかった。すなわち一二八頁に次のごとく書かれていた。「この機会に一つ注意させていただきたい。すなわち純粋理性による歩みはいずれも、こまかい理論的思弁を全く顧慮しない実践的分野においてさえ、おのずから理論理性批判のすべての要素にぴったりと適合しているということである。それはあたかもこの適合を証明せんがためにのみ、一歩一歩が、慎重に先を見通し十分に考えつくして歩まれたごとくである」。さてそれから要請が立てられたのであるが、そのさい、「理論理性との結びつきにおける実践理性の優位について」というその前に置かれた章が示すごとく、不死も神の存在も全くただ実践理性の要求からのみ引き出されたことによって、理論理性の「理念」を全く顧慮することなしに要請が立てられたわけである。不死の要請が立てられるさいには、それが理論理性の理念に応じているというような指示は全くないし、第二の要請に関しては、そこで要求されているものが理論理性の仮設に相応しているということが一五一頁でちょっとついでに言及されているだけである。ところがこうして要請という構築が仕上げられると、今度は純粋理性全体の造築の基礎になる要石をしっかりとはめ込むために、やはり、実践理性のこの独自のやり方は理論理性の理念の正当性を証明したことにほかならないということを示す必要が出てきたのである。こういう意図において、一六六頁では神の概念に関して「回想的注意」がなされ、また一七三頁では、第二の要請を立てるさいの基礎づけにおいて批判的観念論の諸規定を踏み越えたことは全く些細なことだと言明されているのである。

同じ意図のもとで要請に関して今や注目すべきことが行われる。すなわち純粋理性〔訳註。原文は実践理性となっているがこれは明らかに純粋理性。〕の三つの理念に相応すべき三つの要請をととのえるために、つまりその三つという数を得るために、今までの経過がすっかり度外視されるのである。すなわち、要請という概念は不死の要求に関して始めて現れてきたということ（一四七頁）、また今まではずうっとただ二つの要請のみが問題になっていたのだということ、さらにまた、自由の概念――これはそれまで一度も要請として示されたことはなかった――が、そもそも始めて他の二つの理念が要請として立てられるその土台を与えたのだということ、等々が無視されてしまうのである。自由の概念はすでに弁証論に着手する以前に証明済みなのであり、しかもそのさい自由に関して要請を立てるという歩みは全然なかった。このように『実践理性批判』での問題の取扱い方において自由の概念が前もって処理されたその意義は、まさにこの概念が、英知的世界への入口の門――批判的観念論の諸要素と道徳法則の自律性の確認とから建てられている門――をなしている、という点にあるのである。このことは一二五頁―一二九頁で明白に論じられている。それによれば、自由は決して要請でもないし、また要請が立てられるのを自由が始めて可能にするのでもない。「自由は、その原因性の法則に関して明確に規定されてかつ実然的に認識される。かくして、英知的世界の現実性が、しかも実践的見地において明確に規定されてわれわれに与えられる」。（一二七頁）「しかしわれわれは第二の力学的理念、すなわち必然的存在者の理念については、同様の手続きをとることができなかった。この存在者にわれわれは、第一の力学的理念の媒介なしには感官的世界から昇ってゆくことができなかったのである。なぜかと言えば、必然的存在者はわれわれの外に与えられたものとして認識せらるべきであるから。しかるにこのこと（超感性的なるものに昇り行くこと）は、われわれ自身の主体に関しては、それが自己自身を、道徳法則を通じて一方英知的存在者として（自由によって）規定し、他方この規定に従って感官界において働くものとして自己を認識するかぎり、十分可能だということは明白である」。自由の理念の実証と他の二つの理念の実証との間のこの深い相異の確認は一五八頁以下では完全に放棄されてしまい、自由の理念の上に二つの要請を立てるという、従来のいっさいのやり方の足場が度外視される。そのさいしかも、それによって（従来の解明の結果のみは採用されても）以前は唯一可能なる仕方として明らかにされていたその解明操作そのものは全く重要ならざるものと見なされる、ということは明らかにされていない。われわれはここで、『実践理性批判』

における宗教哲学のプランの変換——これはすでに以前遠方からではあるが見えていた——が行われているその場所に立っているのである。すなわち、『実践理性批判』の元来のプランが、そのプランからはずれて実際に行われたことを、今度はなんとかして押しのけようとしている。

つづいて三つの理念または要請が挙げられてくる場合、その三つを枚挙する順序が、それらが実際に実証されてきた順序に全く従っていないということにおいても、すでに、要請に実在性を与えてきた論の展開の実際の歩みがいかにひどく度外視されているか、が示されている。それまでの論究から見て唯一の正しい順序、すなわち自由、不死、神という順序は、総じてただ一度一六一頁で現れてくるだけである。注目すべきことには、ここで通常三つの要請が登場してくる場合の序列は、それらがかつて『純粋理性批判』の「弁証論」においてそれぞれ心理学的、宇宙論的、神学的理念として取り扱われた場合の順序と一致している。一五八頁ですぐ、最初の主要な個所においてそうなっている。また後になると、二回も神の概念が先頭に立てられている。いずれにしても、理念の三つという数——これは先の「宗教哲学的スケッチ」では二つに減らされていた——がここではその全幅において実証されたものとして述べられていることになるのである。

一五九頁において三つの理念と三つの要請との同一視が行われているが、それに先立って一五八頁で、序論的にこの同一視を準備しそしてすでに要請の概念の中にこの同一視が含まれているということを明らかにしようとする要請の定義がなされている。先に要請の概念が始めて導入された一四七頁の定義では、このような同一視はちらっとも現れていなかった。すなわち「実践理性の要請ということを、私は、理論的ではありながらしかし、先天的無制約的に妥当する実践的法則に引き離すことができないような仕方で依属しているかぎり、理論的には証明しえられないような命題の意味に解する」。これに対し一五八頁では、思弁的理念との同一視が次のように言い表わされている。すなわち「要請とは理論的ドグマではなく、必然的に実践的な見地における前提である。従ってそれは理論的認識を拡張するものではないが、しかし思弁的理性の理念に一般的に（それらの理念が実践的なるものに対してもつ関係を通して）客観的実在性を与える」。この定義と結びついて一五九頁で論ぜられていることは、理論理性の蓋然的な諸理念のおのおのが、それぞれそれに相応する道徳的な考慮によって客観的実在性に高められたというように、そしてそのさい『純粋理性批判』における理念の取扱いの順序が規準になっていたというように、われわれを考えさせるごときものである。すなわち、「これらの要請は、不死、積極的に見られた（英知的世界に属するかぎりの存在者の原因性としての）自由および神の存在の要請である。第一の要請は、道徳法則を完全に履行するために存在の継続がそれに適当したものでなければならぬという実践的に必然的な制約から、第二の要請は、感官界からの独立性と英知的世界の法則に従って自分の意志を規定する能力すなわち自由の必然的前提から、第三の要請は、最高善と結びついたかかる英知的世界の存在のための制約――これには根源的な最高善すなわち神の存在が属する――の必然性から、それぞれ出てくるのである」[1]。ここでしかし、三つの要請が今言明されたように相互に無関係だという考えに全体として従おうと思っても、やはり、そもそも道徳法則は履行しうるものだということが確立される以前に、理性的存在者の存続が道徳法則履行の完全性に適合するようにということがいったいいかにして要求されうるのかについては疑問が残る。さらにまた上に述べられたごとくならば、最高善の概念は最後の要請に対してのみ考慮されることになってしまう。しかもそれにすぐつづいて、最高善を目ざすということが、今度は三つの理念（自由の理念も含めて）の実証に関して主張されてくると、事態はますます紛糾する。この考えが述べられている文章には必要な明晰さが欠けているが、それは別に不思議ではない。というのは、従来の手続きとは全く違って、自由の理念の実証が他に先立つものとしてではなく、後から始めて実証されるものとして考えられているからである。かくして、「道徳法則に対する尊敬から必然的に最高善を目ざし、かつその結果最高善の客観的実在性を前提することによって、思弁理性が課題として提出したが解決することのできなかった諸概念に、実践理性の要請を通って導かれて行く」。〔といってすぐ次に不死、自由、神の諸理念がそれぞれ実践理性の要請によって実証されたとして説明されている〕。このように自由の概念を実証する位置と仕方とがずらされることによって、従来考えを進めてきたその全体の歩みが方向を失ってしまう。今まで整然と海峡を航行してきた船隊が、沖に出てしまうと、今や大混乱の様子を呈するという具合である。すなわち航行を指揮していた旗艦は衝突して破損し今にも沈没に瀕《ひん》しており、船隊は指揮艦を失って全くの偶然にゆだねられようとしている。一六〇頁において突然次のような文章に出会ったときの印象はそのように言い表わすことができるだろう。「しかしまたいったい自由がいかにして可能か、この種の原因性がいかにして理論的かつ積極的に表象さるべきであるか、はそれによって（諸理念の実践的実在化のこと）理解されない。ただ、かくのごときものがあるということが、道徳法則によってまた道徳法則のために要請されるのみである」[2]。これによって、一一四頁―一二九頁で与えられているような、自由概念の持つ困難の解決についての叙述は全く無効にされてしまった。もし実際、自由が要請であって、道徳法則の事実とともに与えられかつ批判的観念論の成果を借りて表象されうるような経験――そしてその上に始めて英知的領域におけるさらに進んだ主張が立てられるような経験――でないとすれば、今まで築き上げられてきたものは砂上の楼閣であったことになる。

（1）この章全体は、実証された要請が理念と相おおうということを立証しようとねらっている。この叙述は、『実践理性批判』における宗教哲学のプランが「先験的弁証論」のプランと相おおっているという証明と一つであり、従って必然的にここで「先験的弁証論の宗教哲学的プラン」が研究の中に入り込んでくるのである。それは、単に、理念の順序によってばかりでなくまた理念相互の関連や一つ一つについての理由づけによっても気づかれる。『実践理性批判』一五九頁と『純粋理性批判』三八五頁とを比較することは興味深い。『実践理性批判』が、三つの理念の図式は宇宙論的理念の体系に還元されるという、『純粋理性批判』三八五頁で明言された考えを忘れてはいるが。

（2）この文章の意義は、実践的に実証された自由の理念に要請という烙印を押して、要請の実証が自由の理念に基づくのだということを忘れた点にある。三つの要請を三つの理念と同一視しうるために、カントはここで自由に要請という烙印を押さざるをえないのである。

以上のような仕方で自由が要請として立てられるということにおいてわれわれがぶつかるこのような、突然の出発点〔三つの要請を考えるというのが『実践理性批判』元来のプランであった〕への逆行は、ぐるっと一周りして元にもどるというこの円環が、今までに使用された概念のどれか一つにすでに含まれているという場合にのみ可能なことである。ところでこの円環は、一般的に第二の理念（もしくは第二の要請）と言われるものが採用するいろいろな等価物を相互に並べてみると、ただちに得られる。すなわち従来論述されてきたところから、次のような一連の円環が確認される。自由の理念はやがて（ある一つの）英知的世界の理念であり、そしてこの英知的世界の理念は一六四頁によると神の国と一致し、さらに一五四頁では神の国は最高善の概念と同一視されている。かくして、ある時は、すでに成就された自由の概念に最高善の可能性の要求が基づきうるし、同時にまた他方一五九頁では、最高善を求めようとする必然的な意図から、自由の要求を介して、始めて（ある一つの）英知的世界の要請が出てきうるということが理解されうるのである。自由の要請と最高善の要請とは同じである。両者は（ある一つの）英知的道徳的世界という媒概念において出会う。これは、主体を個々別々に見るというやり方が放棄されるや、必然的にそうなるのである。すなわちその場合には、自由の要求は英知的世界の要求へと拡げられ、徳と福との綜合的統一として定義された最高善は最善の世界、神の国、（ある一つの）英知的世界へと普遍化されるのである。ここでわれわれは、全く形式的な領域における純粋な概念の比較を通して、かつて全く別の連関においてかつ全く別の事実を通して至らざるをえなかったような考えの確認を得るわけである。すなわち、最高善の要請は、批判的観念論の研究領域で主体をどこまで個々別々なものとすることによってかつ行為する主体と評価する主体とを同一だとすることによって、その全体にわたって解決されたという外見を得た自由の問題の持つ要求を、別の形で主張しているにすぎないのだということである。かくしてまた、カントが、要請についての全論究によって得た成果の正当性を批判的観念論の地盤の上で証明しようとするまさにその瞬間に、その成果がおのずから解消せざるをえないという事態も十分説明がつくわけである。

第四章　『実践理性批判』における宗教哲学のプランおよびその意義

第一節　研究の回顧

実践理性の諸成果（およびその成果が実証されている仕方）と、われわれが先に取り扱った『純粋理性批判』の宗教哲学的章節との比較に進む前に、ここでふり返ってもう一度今までおこなってきた研究の歩みを思い出しておこう。われわれはまず、われわれの行為の道徳的評価に関してどうにも必要でありかつ良心の事実によって経験されるものとしての自由が、道徳法則の自律に――道徳法則と、行為のあらゆる経験的動機との間にきびしい区別の一線が引かれることによって――基づいているということを見た。その構築は批判的観念論の設備でなされ、自由の実践的理念は「先験的弁証論の宗教哲学的プラン」に従って実証された。そのさい、必然的に批判的観念論の研究方法を引き継いだ結果、自由の問題は一見その全体が十分に解決されたものと見なされ、かくして自由なる理性的存在者に関して、徳と福との綜合的統一としての最高善の要求が立てられたのである。これは、道徳的世界というものを求める要求が、個々別々に見られた人格に関してとる必然的な形式である。ところが、一方神聖性の不可能と他方福の不可能との確認によって、経験的に自由ならざ

る理性的存在者が研究のうちにもどってくる。道徳法則——そのうちには同時に道徳的世界という
ものを求める要求が置かれている（これは、すべての道徳的な理性的存在者の共同体から出発して
考えればすぐにわかることだが）——に関していったん解決されたはずの自由の要求が、最高善の
要求——これはこれでまた、個々別々の存在者の上に印せられた道徳的世界の要求にほかならない
——という形でふたたび現れてきて、われわれを不死および神の存在という要請へと導いた。とこ
ろで、このように立てられた高次の問がなんらかの仕方で基礎にあってその上で語られることは、
すべて、批判的観念論の領域を踏み越えている。それは先に、高次の問題の立て方における自由の
問が批判的観念論の研究領域では不可能であったのと同じである。われわれはこのことを根本悪に
ついての章に対して確証した。同じように要請は、その表現に関してもまた言われている内容に関
しても、きちんと批判的観念論の範囲内に収まっていないということが明らかになった。それはあ
くまで「要請」であって理念ではない。理念として実証されたのは、自由の理念ただ一つである。
しかるに、三つというまとまりと、理念として証示されうるような体系的な連関とを得るために
『純粋理性批判』三八五頁参照）、すでに実証されていた三者は、今までの順序と実証されるさい
に持っていた相互の連関とを捨てて、突然、三つの理念が『純粋理性批判』三八五頁で実践的領域
に移行せんとして示したあの順序と体系的連関とを採用する。しかしこのやり方は不可能である。
二つの要請は理念ではないからである。要請の根本にはもともと、批判的観念論のかなたにある高
次の問題の立て方における自由の問がある。かくして今までの長々しい穿鑿から察知されたこと

は、次のように二重の言い方で——と言っても唯一の事実が基礎になっている——まとめられる。すなわち㈠、道徳法則の事実に基づいてその最も深い形で立てられた自由の問題は、批判的観念論の方法と手段をもっては解決しえない。あるいは㈡、われわれの内なる道徳法則の事実に基づきかつ実践的な理性使用において必然的なものとして実証された要請、すなわち、最高の道徳的な理性的存在者の存在と人格の無限の存続(不死)との二つの要請は、批判的観念論の領域内には存せず、従って批判的観念論によって蓋然的にしてかつ宗教的関心に裏づけられたものとして説明された最高存在者およびわれわれの英知的存在の無時間性という理念とは一致しない。

かくしてわれわれは次のような注目すべき事実をここにしるしておかなければならない。すなわち㈠、神、自由、不死の理念は批判的観念論の地盤においてのみ、真理にかかわる学からとがめられることなしに、可能なるものとして立てられうるという事実、㈡、しかし、道徳法則の経験という事実によってこの可能性が実践的に認識された現実性へと高められるや否やその瞬間に、これらの理念はその同じ道徳法則の事実によって改造され、その結果理念の可能性の学的な説明が批判的観念論の方法ではもはやなしえなくなってしまうという事実である。従って蓋然的な理念を道徳法則の事実によって実証するという希望は、『純粋理性批判』および『実践理性批判』の宗教哲学的章節を研究してみると、放棄されざるをえないことになる。『純粋理性批判』五九一頁「しかしつづいて次に、理性が、単なる理論的な分野では十分な根拠を欠いているゆえにそれを前提する権限を持っていないようなものを、実践的使用に関して採用する権限を持っている、ということが示されるであろう」という文章は当っていないわけである。ところで、このことは、批判的観念論の宗教哲学を準備するということになっていた「先験的弁証論の宗教哲学的プラン」が実行されなかったことを意味するにほかならない。われわれはすでに、カントの著作の時間的な順序からしてこのプランを実行すべきであった二つの試みをくわしく吟味してみて、第一の試みすなわち「宗教哲学的スケッチ」はその原案においてまだ「先験的弁証論の宗教哲学的プラン」を知らず、他方第二の試みすなわち『実践理性批判』はそのプランを知ってはいたがそれを斉合的に実行することができなかった、という事実を見いだした。そしてそのいずれの場合にも、いったいどの程度、「先験的弁証論」のプランの実行が成功しているかという問は、理念が実証される間に自由の理念が他の二つの理念に対してとる地位の確定をめぐって解答が求められた。ここで簡単にこの二つの試みを比較しておこう。

第二節　「宗教哲学的スケッチ」との比較における『実践理性批判』のプラン

『純粋理性批判』六〇八頁、六〇九頁では自由の実践的理念があたかも実践的関心においては全然理性の問題にならないかのようにとらえられていること、従って「神は存在するか」および「未来はあるか」というこの二つの問だけが問題になっていたこと、をわれわれは示した。われわれは、総じてカントの考えの歩みにとって問題になってきた自由のいろいろな概念の研究によって、上のように理解された実践的自由をもってしてはなんらの考えの進展も得られないということ、そのように前提された道徳的世界の可能性(六一一頁)からは神の存在も魂の不死も演繹されえないことを示した。この二つの要求は、徳と福との釣合いという、理論的な理性使用にも実践的な理性使用にも等しく含まれていてどうしても必要だと認められる想定に基づくものなのである。『純粋理性批判』六一三頁に「それゆえに私は次のように言う、すなわち、道徳の諸原理が実践的使用における純粋理性からして必然的であるのと同様に、各人が福の享受に値する行為をした程度に従って福を期待する理由を有すること、従って道徳の体系と福の体系とが分つことのできないように——といっても純粋理性の理念においてのみ——結び合っているということ、を理論的使用における理性によって想定することもまた必然的である」。そこで後の二つの理念が実在化されるのであるが、その順序は実践理性の場合と全く逆になっている。すなわちまず神の理念、次に不死の理念(六一四頁)。どうしてそうなっているのかをよく考えて見ると、次のことが明らかになってくる。すなわち、この二つの理念ともただ福の原理にのみ基づけられていて、魂の不死も無限なる道徳的完成の要求から出ているのではないということである。そこではカントは、この無限なる道徳的完成の要求という考えからはまだまだ程遠く、かえって現世においてすでに最高の福に値するほどの十分なる道徳的態度を前提し、それに基づいて、その態度の結果として来世が生じてくると考えている(六一四頁、「われわれは理性によって必然的に自分自身が道徳的英知的世界に属しているとして表象せざるをえないのである——感能はわれわれに現象の世界以外は示さないけれども——から、われわれは、感性界におけるわれわれの態度の結果としてのかの道徳的英知的世界を(感性界はこのような結合をわれわれに示さないから)、われわれに対する未来の世界として想定せざるをえないであろう。してみると神と来生とは、純粋理性がわれわれに課する義務から——しかも同じ理性の原理によって——離すことのできない二つの前提なのである」)。

ここでわれわれは同時に、以前提出しておいた主張の裏付けを得る。すなわち、実践理性における要請の実証が、『実践理性批判』とは別の順序においても、また、神の存在の要請は福の要求に基づき不死は最高善の第二の要素としての神聖性に基づくという配分なくしても、行われうるという主張である。けだし、両者は、道徳法則が出来事の原理であるような世界のうちに置かれていたいという理性的存在者の要求を、ただ別々の形で表わしたものであるゆえ、一方の要請が立てられると同時に必ずそれとならんで他方の要請も立てられているからである。さて「宗教哲学的スケッチ」と『実践理性批判』とにおける理念の配列の相異は、前者では実証されたものがまだ理念ではなく、後者ではもはや理念ではない、という点に存する。『実践理性批判』において実証されたものが理念という概念を超えて高められたのは、それらの道徳的内容の深化によって起ったことである。自由は『実践理性批判』においても理念として実証されている。しかし自由がここで理念となっているというまさにこの事態において、「宗教哲学的スケッチ」に対して『実践理性批判』が持つ道徳的進歩が示されている。従って、『純粋理性批判』六〇八頁六〇九頁では簡単な前置のように済まされてしまっていること(「ここでまず断わっておかねばならぬが、私は自由の概念を云々」)が、純粋実践理性の「分析論の批判的吟味」(『実践理性批判』一〇八—一二九頁)では、自由の問題に対する精神の苦闘がどの行にも現れているような叙述において、ふたたび取り扱われているのである。『純粋理性批判』六〇九頁で実践的な理性使用が問題になったさい、超越論的自由の問題がどうでもいいものとして無視されるやり方と、『実践理性批判』において問題解決の勝利が告げられる言明との間には、実に大きな相異がある。『実践理性批判』一二四頁では次のように言われている。「純粋思弁理性批判においてなしとげられた時間空間と物自体の存在との分離はかくのごとく重要である。しかし、ここに述べられた困難の解決はなおそのうちに多くの面倒を含み、明晰な叙述にほとんど堪えないほどだ、といわれるかもしれない。けれどもそれならば、他のいかなる解決が——すでに試みられた、あるいは試みられうるような——より平易でありよりわかりやすいであろうか」。ここで言われている、より以上の解決への断念は、テキストを手にして『実践理性批判』における自由の問題の取扱い全体をカントとともにずうっと体験してきた者を感動させるようなものを持っている。

自由の問のとらえ方の違い、およびそれとともに、これに関して実証される「神」と「不死」の取扱いの相異は、かくして、両者における自由の問の道徳的な深さの相異に基づいている。形式上からいうとこの相異は次の点において、すなわち、『実践理性批判』では実践的自由の問が「先験的弁証論の宗教哲学的プラン」に応じて自由の先験的理念と関係づけられているが、「宗教哲学的スケッチ」の方はこの関係をまだ把握していなかった、という点にはっきり現れている。以下、自由の問題についての両者の把握の仕方を並べてみよう。『純粋理性批判』六〇九頁（結語）「先験的自由の問はただ思弁的な知にのみ関係し、実践的なものが問題である場合には、どうでもいいものとして無視することができるのである」。（六〇八頁「実践的自由は経験によって証明されうる」）。これに対して『実践理性批判』一二六頁では「さて今や、このできるという可能性（その前に証された先験的自由の可能性が考えられている）が、そうであるという現実性に転化せしめられることが肝要である云々」。一二七頁、「それゆえに、かの無制約的原因性とその能力すなわち自由が――この自由とともにさらに感官界に属しながら同時に英知界に属するものとして存在者（私自身）も――、単に無規定的にして蓋然的に考えられるばかりではなく（このことはすでに思弁理性が可能なこととして突きとめることができた）、自由の原因性の法則に関してさえも明確に規定され実然的に認識されるのである。かくして英知的世界の現実性が――しかも実践的見地において明確に規定されて――われわれに与えられたのである」。以上のような具合だから、「宗教哲学的スケッチ」においては、自由の先験的理念と実践的自由の理念とがなんらの相互関係のうちに置かれていないのに対して、『実践理性批判』では、前者が後者において実証されているというように見ることがまさに肝要なことになっているのである。われわれが先に指摘したように、「宗教哲学的スケッチ」において犯された誤り――自由の理念をほっぽり出してしまったことと言えるような誤り――が、スケッチの叙述の動揺――道徳的英知的世界の概念が叙述の中に現れてくるたびに目に見えて叙述が不確かになり動揺してくる――を惹き起している。というのは、道徳的英知的世界の想定は、道徳法則が同時にその英知的世界の原因性の原理であり従ってその原因性の原理が実践的見地において事実与えられていることによって、道徳的英知的世界がわれわれにとって現実となる、という確証に基づいている〔しかるにまさにその英知的な原因性としての自由の理念が放棄されている〕からである。それに対して、『実践理性批判』の進歩は次の点に、すなわち、そもそも宗教的な関心に裏づけられた例の三者を批判的観念論の地盤において実証しうる唯一の可能性が、上に挙げられた確認のうちに与えられている、ということを自覚していた点にある。今やまた、『純粋理性批判』においては、くだけ散る大波のしぶきを浴びたので、実践的航路を規制する船が他の二つの形の理念といっしょに安全な港に達するために、実践的な関心に裏づけられた自由の理念が——先験的自由という形で——ほっぽり出されている、ということも明らかになる。他方この宗教的関心に裏づけられた自由の理念こそ、『実践理性批判』が企てた航海においては、危険な個所でうまく静かな水路へと出ることができるように添えられた新しい帆なのである。以上のような全く異ったやり方とその動機とは、『実践理性批判』と『純粋理性批判』とのそれぞれの特色をうまく表わしている個所を並べて置くとはっきりしてくる。『純粋理性批判』六〇九頁「実践的使用における理性にとってはこの問題は全く問題とならない。……従ってわれわれはただ二つの問——神は存在するか、来世はあるか——にかかわるのみである」。『実践理性批判』では、カントは、実践的見地における自由の実在性を、先験的自由という蓋然的理念が実然的に認識されたものとして証明し、かつそれによって、英知的世界の実在性——それが道徳的世界であるかぎりにおける実在性を確証して後、一二七頁で次のようにつづけている。すなわち、「しかしわれわれは、第二の力学的理念すなわち必然的存在者の理念に関しては、同様の手続きをとることができなかった。この存在者にわれわれは、第一の力学的理念の媒介なしには昇っていくことができなかったのである。……ただ一つ自由の概念のみがわれわれが自分自身の外に出ることを要せずして、制約されたものに対して無制約的なるものを、感性的なるものに対して英知的なるものを見いだすことを許すのである」。『実践理性批判』がここからただちに、明確に把握された最高善の概念――この概念から要請が展開されて行く――をもって論を始めて行くのは全く斉合的である。そのさい、注目すべきことは、ふたたび、私の内に含まれているかぎりの英知的世界(魂の不死)からその究極の統一(神の存在)へと前進して行く。それに反して『純粋理性批判』では、英知的でありしかも理念として感官界に影響を持つことのできるような道徳的世界という仮設的な想定において自由の問題にまつわるいっさいの困難がくり返されて(六一二頁)後、ほとんど偶然のように、最高善の要求――根源的な最高善すなわち神の概念が実践的に実証された後は派生的最高善として現れてくるような要求――が立てられるにいたる。そして最後にふたたび個人的なることすなわち来生に還ってくるのである。かくして、『純粋理性批判』においては宗教的関心に裏づけられた三つの理念の実証に関して、経験的なるものから英知的なるものへ無理な跳躍が行われていることを確認した。それは、その間の距離の全幅がどれほどかはかってみたこともないという場合にのみ考えられるような冒険である。もしそう言えるとすると、『実践理性批判』の方は、ゆらゆらする丸木橋を通ってではあるがその深淵を越えて、まず自由を実証し、つぎに不死を、最後に神の存在を実証する。

この相異は、両者が「私の自己の永続」に実在性を与える位置において、また特にそのさいに用いる表現において、それぞれの特色をよく表わすような仕方ではっきり現れている。「宗教哲学的スケッチ」はずうっと「来生」について語っているが（六〇九頁、六一四頁参照）、『実践理性批判』は「不死」という表現を用い、この表現で、われわれの道徳的人格の無限の存続と発展とを考えている。「宗教哲学的スケッチ」では「来生」は、幸福の保証人であり配分者である神についての論述に加えて、その福を享ける主体が将来の世界においても自分を再認することができるということを言おうとした補足のように見える。『実践理性批判』においては、不死の理念は、主体の道徳的進歩の完成に関して問題になり、神の概念の前に実証されている。この両方の理念を以上のように並べてみると、そこにもまた、「宗教哲学的スケッチ」に比較して『実践理性批判』の道徳的立場における進歩が見える。この進歩はしかし、双方における神の概念のとらえ方を比較する場合には、明瞭になってこない。もちろんこの場合にも『実践理性批判』は、道徳的な世界支配者にして道徳的立法者という神の概念を、「宗教哲学的スケッチ」よりもずうっとはっきりきわ立たせてはいる。[1] しかし、個々別々の主体に関する徳と福との結びつきへの関係において神の概念が占める位置が、『実践理性批判』においてもそのまま固守されているかぎり、神の概念においては、自由の理念および不死の要請ほどには『実践理性批判』の進歩が見られないのである。

（1） 神概念の道徳的把握の進歩は、それが要請として実証されている章においてよりも、むしろ一六六頁（『実践理性批判』）に始まる章においてはっきり現れている。そこでは、神概念は形而上学に属するか、あるいは倫理学に属するかという問が立てられ、一六八頁でその答が与えられている。「従って神の概念はもともと、自然学に属する概念、すなわち理論理性のための概念ではなく、倫理学に属する概念である。そしてまた、理性の実践的使用における要請として上に論じたその他の理性概念についてもそれと同じことが言われうる」。ここで言われていることは、要請に対しては妥当する。しかし、神の「理念」ならば、実践理性の領域においてと同様理論理性の領域においても住民権ありと要求せざるをえないであろう。

さて『実践理性批判』と「宗教哲学的スケッチ」との比較の結果は簡単に次のようにまとめることができる。すなわち、『実践理性批判』は、「宗教哲学的スケッチ」における第二の系統の考えを斉合的に発展させ継続したもの——両者においてともに、個々別々の主体が前提となって考えの全体的組立てを支配しているかぎりにおいて——である。その場合、「宗教哲学的スケッチ」に比較して『実践理性批判』は二つの面で進歩している。すなわち、第一に、『実践理性批判』は「先験的弁証論の宗教哲学的プラン」を前提し、自覚的にふり返ってそれとの関係において、批判的観念論の宗教哲学を叙述しようと試みていること。進歩を示している第二の点は、道徳法則の本質についての把握に関する。すなわち、『実践理性批判』は、「宗教哲学的スケッチ」の場合よりもはるかに多くの道徳的な内容を、実証されたかの三者に与えているということである。以上に反して、他面次のごとき事態によってみるならば、『実践理性批判』は「宗教哲学的スケッチ」に比して思想内容の貧困化を示している。その事態とはすなわち、『実践理性批判』は「スケッチ」のうちのただ一つの系統の考えを受け継いでそれを斉合的に展開したのみであって、その「スケッチ」で主張されているもう一つの系統の考え——道徳的主体の普遍性と主体相互の働き合いと協同とに関する考え方——を全然顧慮していないということである。従って『実践理性批判』の諸概念には、道徳的な深化があるにもかかわらず、なにか一面的なところ、自然な道徳的感情からはどうしても貧困化として感じられるような一面性がつきまとっている。自由の概念はただ個人的な道徳的責任という点に関してのみ立てられかつ究明されていて、自由の概念が人類全体の道徳的活動および道徳的完成の可能性に対して持つ関係についてはどこにも音沙汰なしである。また最高善の概念さえもはや、道徳的世界の概念として道徳的な人類の完成において到達され、実現されうるもの——この考えは、「宗教哲学的スケッチ」の多くの章節に生き生きした朗らかな様相を与えていたものである——とは考えられず、単に個々の主体に関係せしめられかつ無限のかなたへと移されてしまっている。このような最高善の概念は純粋に英知的なものとして、道徳的主体の道徳的な働き合いと協同という考えを含んでいないので、個々の道徳的主体が具体的に道徳的に行為する場合の関心の外にある。『実践理性批判』では、ただ道徳的な世界把握のエネルギーによって——考えの歩みの内的必然的な展開によってではなく——最高善が個々の道徳的主体のこの世界における道徳的活動の対象だという命題が保持されているのである。『実践理性批判』の考え方の方向の持つこの一面性によって全体の組立ての輪郭が荒くけわしいところを帯びてくる。広漠たる草原にそびえ立つ三つの巨大な円錐形の山が突如現れる。岩石のどの岩角も裂けめも、単調一様な背景の前でくっきりと輪郭を描き出している。どこまで登っても木もなく花咲く草地もなく、旅人はただ最後に永遠に白皚皚たる嶺に至るのみである。この死せる岩石に生命を与える春もなく、不思議なベールで遠目にこのけわしい輪郭を柔らげて見せる秋もない。『実践理性批判』のどこを探しても、目的論的な考えの歩み――カントが「先験的弁証論」において神の概念に対するその重要性を正しく認めた後に、『判断力批判』で新たに勢を得てきた目的論的考え方――は、いかなる言葉においても顔を出していない。この目的論的な考え方は批判的観念論の宗教哲学のうちにはその場所を持っていないのである。しかしまさにその点において、批判的観念論の宗教哲学が現実的世界と道徳的世界の結びつきを成就することができず、どこまでも現象界と英知界との対立のうちに固着して、その対立の中に道徳的なエレメントを押し入れ、そのために道徳的エレメントを動かしている道徳法則の持つ道徳的な関心をひそかに放棄しているということが表われているのである。英知界が道徳的世界と一致すべきであるというこの主張に、批判的観念論の宗教哲学の本質と――それから、宿命とが存している。「宗教哲学的スケッチ」は「先験的弁証論の宗教哲学的プラン」を知らなかったために、批判的観念論の宗教哲学をまだ叙述しえず、それに反して『実践理性批判』は要請を立てることによってこのプランを遂行しようとしたゆえに、もはや批判的観念論の宗教哲学をその真の姿において叙述していない、ということの事実は、カントの叙述のうちに無自覚に働いているある法則的な必然性に基づいている。「先験的弁証論の宗教哲学的プラン」に従って批判的観念論の宗教哲学を斉合的に叙述することはそもそもできないことなのである。なぜかと言えば、それが完成したとすればそこに、この批判的観念論の宗教哲学という概念のうちに含まれている内的な矛盾がたちまち現れ、それがめらめらと燃えあがる焰となってまさにその完成の瞬間に大火事を惹き起し、全造築を焼き亡ぼしてしまうだろうからである。この危険な火花の発する音は、造築の下半分の完成の後上部構造の完成のために足場を設けようとし始めた時すでに、認められた。いっさいを焼き尽くしてしまうこの火事は、上部構造のために批判的観念論の設備が使用されない場合にのみ避けることができる。というのは、まさにこの設備こそが焔に油を注ぐ当のものだからである。『実践理性批判』一二七頁では建築監督は、ひそかに警告を発するこの声に従っている。すなわち、建物を救うために、上部構造に対して引火しやすい設備を用いることをあきらめ、「自由の理念」をもって始められた批判的観念論の宗教哲学の造築を二つの「要請」をもって終りにしようとしたのである。以下、研究のすべての糸が集まってくるこの個所の評価をおこなってから、『実践理性批判』の究明を終ることにしよう。

第三節　「宗教哲学的プラン」(および批判的観念論の立場)との関係からみられた『実践理性批判』のプラン。結論。

まず問題になる文章を引用しておこう。「道徳性によって、かの無制約的原因性とその能力すなわち自由が——この自由とともにさらに、感官界に属しながら同時に英知界に属するものとしての存在者(私自身)も——、単に無規定的にして蓋然的に考えられるばかりではなく(このことはすでに思弁的理性が可能なこととして突きとめることができた)、自由の原因性の法則に関してさえも明確に規定され実然的に認識されるのである。かくして、英知界の現実性が——しかも実践的見地において明確に規定されて——われわれに与えられたのである。理論的見地においては超越的(超絶的、すなわち、行き過ぎ）とも言うべきものが、実践的見地においては内在的なのである」。以上のように、道徳法則の事実に基づく自由の理念の実証によって道徳的主体の英知的性格が与えられ、同時にそれによって英知界の現実性が与えられる。ここではわれわれは批判的観念論の諸概念のきちんとした枠内を動いている。問題になっている主体は、同時に感性界と英知界に属するものとして表象されている。従って、道徳的な理性的存在に関係する諸現象〔行為と言われるもの〕の連関に対しても、諸現象の成立の英知的性格――それらの現象が道徳法則に還元されるかぎり――の認識によって、同時に、その主体の英知的性格という実在性が与えられている。この結論はしかし今やいっさいの現象の上に拡げられて行く。すなわち、われわれの悟性にとっては現象界のうちに示されてくるような英知界の実在性が証示され、その実在性は、英知的原因性の原理として道徳法則の経験を通して、認識される。批判的観念論において英知界といわれたものが、そのまま、道徳的世界といわれるものであり、道徳的世界の出来事の原理は英知的世界の原理である。道徳的世界と現象的世界との間には、英知界と現象界との間におけるのと同じ並行関係が成立している。われわれに対して現象界として現れてくる元のものは、英知的道徳的世界であり、われわれに対して自然のメカニズムのうちに現れてくる元のものは、道徳法則という英知的道徳的原因性だというわけである。このように論理的に進めていって結局、英知的なるものと道徳的なるものとを併合してしまうというやり方を、「宗教哲学的スケッチ」の方はなお避けることができた。「スケッチ」では「先験的弁証論の宗教哲学的プラン」をふり返るということがなかったからである。そのゆえに、英知的世界と道徳的世界との結びつきと等置との問題において、「ある一つの英知的世界すなわち道徳的世界」と語ることによって、「先験的弁証論」の説いた宗教哲学の観念論的-批判的な基礎工事の諸結果を避けることができたのである。『実践理性批判』は、自由の理念の実証において「先験的弁証論の宗教哲学的プラン」を遂行しているので、もはやその結果を避けるまわり道をとることができなかった。『実践理性批判』は英知界と道徳的世界との同一視を遂行せざるをえなかったし、また事実、それを一二七頁で自由の理念の実証と連関して遂行したのである。それによって『実践理性批判』では、道徳的世界と、道徳的な感官的存在が道徳法則の実行に努めるべき世界〔現実の世界〕とが、全くの並行関係——認識する主体としてのその同じ存在者に対して、批判的観念論で、英知界と現象界の関係が並行関係として規定されているのと同じ並行関係——のうちに置かれているのである。しかしそれによってその存在者の行為の道徳的評価の可能性は消えてしまう。なぜならばその場合には、現象として現れてくるすべての行為は、〔よかれあしかれ〕、道徳法則として認識されている英知的な原因性に還元されるからである。もし、現象界全体が英知界即道徳的世界（英知界は道徳的世界として始めて実在性を得たとされる）を時間空間的にひろげて示したものにすぎないとすれば、現象界のうちにおいては、もはや道徳的行為と不道徳的行為との区別がなくなってしまう。いっさいの出来事の英知的な原理は道徳法則だということだからであり、従って同質の現象があるだけだからである。これがすなわち、自由の問題において克服すべきであった対立と批判的観念論に含まれている対立とを道徳法則が同一視したところから、その道徳法則にふりかかってくる結論なのである。かくして自由の理念が実証されたその瞬間に、自由は実践的理念であることを止めるわけである。この点において、自由の根本的な問は批判的観念論が問題にする対立のかなたにあるものとして、予備的な自由の問において解決されたものと見なされてはならないという事実が力を持ってくるのは、必然的なことである。

英知界と道徳的世界とのやむをえない同一視において現れてくるこの欠陥は、実はすでに、『実践理性批判』における自由の問についての取扱いを研究したさいに企てられた理論的な究明において発見されていた。その欠陥は次の点に、すなわち、認識する主体と行為する主体との統一を基として言われることは、認識する主体そのものが立てるいろいろな規定には関係しない、ということが認識されていないところに存する。後の方の場合には認識する主体は、いっさいのものがただ認識する主体としてのこの主体への関係においてのみ存在するというふうに、決して自分自身から外に出ることはできないであろう。第二の場合には行為する主体は、行為する主体の多数性を確定し、同時に、行為する主体としての自分自身が認識する主体との同一関係に立っているところから、その多数の行為する主体をもやはり認識する主体と行為する主体との同一として把握するであろう。このようにして主体は、自分の行為からして他の行為を推しはかることができると信じ、かつ、道徳法則によって必要とされた、道徳的世界と英知界との等置の確定に対して、問題を「道徳的主体の行為」にかぎるという制限を保持することができると信じているのである。そして主体は、自分が行為する主体として言うところのことは、認識する主体と行為する主体との統一として、どうしても認識する主体の形で言い表わさざるをえない、ということを忘れている。つまり、主体の行為する世界は現象の世界へと、また道徳的世界は英知界へと、どうしてもひろげられざるをえないということ、かくして自由の先験的理念が自由の実践的理念を食い尽くしてしまうということを忘れているのである。

この危険を感じたために『実践理性批判』における考えの組立ては、「先験的弁証論の宗教哲学的プラン」を実現したその瞬間一二七頁でこのプランを放棄し、その後は、理論理性の理念をその実践的な使用において実証しようとする代りに、要請を立てたのである。しかしそれによって批判的観念論の領域を踏み越えることになった。というのは、この二つの要請は、批判的観念論が取り扱う対立の中では問題にならない高次の自由の問題が自分を告知し姿を現してくる形式にほかならないからである。これらの要請において実践的道徳的主体は、認識する自己から身を振りほどかんと努力し、自分自身をその英知的根拠において、発展する道徳的人格としてとらえるのである。

かくして一二七頁は『実践理性批判』で実際遂行された宗教哲学のプランを提示している。このプランは、一二七頁から一五八頁まで働きつづけて後、一五八頁以下では、三つの要請と三つの理念とを同一のものとしてとらえようとする努力によって事実上放棄され、そして三つの要請を基礎にした『実践理性批判』の元来のプランが遂行されたものと見なされている。そのさい、三つの要請と三つの理念との同一視において同時に、次のごとき前提、すなわち、『実践理性批判』の元来のプランが「先験的弁証論の宗教哲学的プラン」と一致するのみでなく、また『実践理性批判』において実際に遂行されたプランも、前の二つのプラン（同じだと考えられた『実践理性批判』の元来のプランと「先験的弁証論のプラン」）と全く同一だという前提が述べられているわけである。しかしこれはいずれの場合も事実ではなく、三つのプランは全く異ったものである。そして三つのうちの最後の『実践理性批判』において実際に遂行されたプランは、他の二つのプランから半々に合成されている。というのは、その前半は「先験的弁証論の宗教哲学的プラン」と一致し（自由の概念を受け継ぎそれを実証する点において）後半は『実践理性批判』のもともとのプランに従っている（要請を立てそれを実証する点において）からである。この二つのプランが一度も相互の統一に入ることができず、ただ並存しそして交替に現れてくるという点に、批判的観念論の宗教哲学において起っている相互矛盾と葛藤――批判的観念論とカントのとらえた道徳法則による深い道徳宗教との間の――が映されているのである。二つの要素は、尽きることのない動揺のうちで、たがいにひきつけ合い、合一の瞬間にまたたがいに逃げ去る。ここに、批判的観念論の宗教哲学の悲劇があり、また同時に認識論との結びつきに頼るような宗教哲学一般の悲劇がある。

以上おこなってきた『実践理性批判』の研究がカントの宗教哲学への理解に対して与えた成果を簡単にまとめておこう。

『実践理性批判』は、批判的観念論の宗教哲学を与えるべきカントの叙述を含んではいるが、しかしそれは、批判的観念論の宗教哲学を斉合的に展開して組み立てた考えを表わすものではない。なぜならば、それは、理論的使用と実践的使用とにおける純粋理性の統一に基づいている「先験的弁証論」の宗教哲学を半分だけ実行し、後は、次第に深くとらえられていった道徳法則のエネルギーによって批判的観念論の領域の限界を超え出て行くという内的本質を持った『実践理性批判』のもともとのプランに従っているからである。「先験的弁証論」の宗教哲学はその後カントによって全く実現されなかった。そのプランが実現されていたならば、『実践理性批判』がわれわれにすでに「純粋実践理性の宗教哲学」を与えたのに対して、「実践的使用における純粋理性の宗教哲学」ということになったであろう。

かくしてわれわれは『実践理性批判』の考察の最後に、カントの宗教哲学が、もはや批判的観念論の限界内には存しないような領域へ向かっての必然的な休みなき動きの中にとらえられているのを見た。この動きは『実践理性批判』では高次の自由の問題の出現において最もはっきりしている。そこで、この高次の自由の問題を取り扱ったさいわれわれがすでに手にした著作、すなわち『単なる理性の限界内における宗教』に移ることにしよう。

あとがき

これは、一八九九年当時二十四才のシュヴァイツァーがシュトラースブルク大学哲学部T・ツィーグラー教授およびW・ヴィンデルバント教授の下に学位請求論文として提出し、かつ同年フライブルクの著名な出版社であるJ・C・B・モール（パウル、ジーベック）から公刊された ,,**Die Religionsphilosophie Kants**, von der Kritik der reinen Vernunft bis zur Religion innerhalb der Grenzen der blossen Vernunft" の全訳である。

精魂をこめてカントに沈潜した若き日の哲学的精進の結晶であるこのシュヴァイツァー最初の大作は、カントの宗教哲学的思想を批判哲学以後の全般にわたって綿密周到に検討することを意図している。シュヴァイツァーは、通常なされるようにあらかじめ一つのまとまったカントの宗教哲学的思想という枠を想定せず、三批判書および『宗教論』における宗教哲学的な諸章節を個々に検討し、相互に比較して、カントの宗教哲学的思想の底を流れるいくつかの考えの系統とその発展深化の段階とを探ろうとする。そのさい、彼がカント著作中に宗教哲学的思想の所在を指摘する目やすにしたものは、「神」「自由」「魂の不死」の三概念であり（これは、古来から宗教的世界観や形而上学を構成する支柱となってきた「神」「世界」「人間」の三者が、批判的観念論の哲学を通して換骨奪胎されたものと言える）、そうしてとり出された宗教哲学的な諸章節を相互に比較する観点は、それぞれの個所でこの三者がどのような役目と概念内容をもち、相互にどのような連関で結びつけられているか、また総じてそのようなことが行われている前提は何かということである。このようにして、一方個々の主体に関して現象界と英知界とを峻別する見方を適用して行く考え方と、他方主体相互の働き合いと協同のうちに英知的世界が実現されて行くと見る考え方の二つの大きな流れをたどって、カント自身の思想の展開を明らかにすると同時に、批判的観念論の立場、道徳の立場、目的論的世界の立場等を貫いて働きつづけている宗教の問題そのものの豊かな姿を描き出している。克明に原典に即した鋭い分析と、シュヴァイツァー自身の広い宗教的関心からするカントの多岐にわたる思想の豊かな包容とが、この書に不朽の価値を与えている。

　この論文についてシュヴァイツァーは自叙伝のなかで（『わが生活と思想より』）、彼の論文試問の出来が論文から期待したほどのものではなかったとツィーグラー教授がもらした、ということをしるしているが、これはもちろん、両教授がこの論文をいかに高く評価したかを物語るものである。事実、この論文の出来によって、シュヴァイツァーはツィーグラー教授から哲学部の講師になるようにすすめられている。しかしすでに、天職を牧師に求めた彼の決心は堅く、哲学教授となる道を歩まず、以後神学部で神学の研鑽に励むことになるのである。そしてその成果はやがて『使徒パウロの神秘主義』という第二の大著となって現れる。

　この本は、もともと学位請求論文としての性格上、一般の読者を予想しない専門的研究であり、しかも微に入り細にわたった論議が展開されているので、読者にとっては必ずしも容易な本とは言えないであろう。しかし、現代世界における救いの光とも言うべきシュヴァイツァーの全人類的な活動が、堅い信仰に貫かれていると同時に、深い思想に裏づけられたものであること、しかもその思想も、ヨーロッパの哲学的伝統の中でのきびしい修練を経たものであることを、このような書を通して知ることは、私たち日本人にとって無駄ではないであろう。

*
* *

飜訳の分担に関しては、「序」、「緒論」および「第一部」を斎藤が、「第二部」を上田が受持ち、訳文を交換して術語に対する訳語の統一を計り、また問題と思われる個所を指摘し合って討議した。シュヴァイツァー自身がみずから一言せざるをえなかった（序参照）ほどの、長文でしかもがっちりと組み立てられたカント風の文体は、ドイツ語の文脈においてはなんらの混乱も曖昧もなく、むしろシュヴァイツァーの思索の強靱さを示すものであるが、それを全く文脈を異にし、特に論理的な分節性に乏しい日本文に訳すことは、未熟な訳者にとっては困難な仕事であった。原文の調子を出しながら明快な日本文になおすというところからほど遠いことを恥じている。また浅学のため思わぬ誤りを犯したところも多いかとおそれ、識者の御叱正をお願いする次第である。

原文では、第一部七〇頁、第二部一〇〇頁、ともに、全く章節の句切りなくびっしりと書きつづけられているが、訳文では、読者の理解に役立てばと思い、訳者が適当に章節を分かち、それぞれ見出しをつけてみた。また各部のはじめに、問題の大筋を解説しておいた。訳者の誤解から、章節の区切り方や見出しのつけ方に、妥当でないところがないかと惧れている。

カントの術語に関しては、このシュヴァイツァー著作集の性格上、一般に慣用されている訳語を用いた。例えば、transzendentale Dialektikを「超越論的弁証論」とせずに、「先験的弁証論」としたごとくである。またなるべく当用漢字で統一したいという編集部の当然の希望で、「叡知的」は「英知的」とした。哲学専攻の読者の語感にはそぐわないかと惧れたが、御了承をお願いしたい。

引用されているカント著作中の本文については、すでに世に行われているいろいろな翻訳を参照させていただいたことを感謝する。

最後に、この翻訳のお世話をいただき、また日頃から万事につけて御指導いただいている京都大学西谷啓治先生、武藤一雄先生に、特に御礼を申し上げたいと思う。

一九五四年五月

訳　者

本書は1959年に「シュヴァイツァー著作集」（第20巻）の第15巻として小社より刊行された

カントの宗教哲学（上）《新装復刊》

二〇〇四年六月一日印刷
二〇〇四年六月一五日発行

訳者© 斎《さい》藤《とう》義《ぎ》一《いち》
上《うえ》田《だ》閑《しず》照《てる》

発行者 川村雅之

印刷所 株式会社 三陽社

発行所 株式会社 白水社

東京都千代田区神田小川町三の二四
電話 営業部〇三（三二九一）七八一一
編集部〇三（三二九一）七八二一
振替 〇〇一九〇―五―三三二二八
郵便番号一〇一―〇〇五二
http://www.hakusuisha.co.jp
乱丁・落丁本は、送料当社負担にてお取り替えいたします。

松岳社（株）青木製本所

ISBN4-560-02446-4

Printed in Japan

アルベルト・シュヴァイツァー

イエス伝研究史　全三巻

過去の数々のイエス伝の歴史的実証的業績をシュヴァイツァー独自の見解、すなわち「徹底的終末論」によって検討しなおした壮大な研究史。イエス伝解釈を生き生きと浮き彫りにする歴史的思想的記述だけでも、同時に博士自身の「イエス伝」になっている。「史的イエス伝」に関する古典的名著。

遠藤　彰・森田雄三郎訳

■四六判■上406頁　中372頁　下372頁

■定価14700円（本体14000円）**分売不可**

ゲオルク・ヴィルヘルム・フリードリヒ・ヘーゲル

キリスト教の精神とその運命

ヘーゲルの初期神学論集。イエスの福音に哲学的釈義を加えたうえで、教会と国家、礼拝と実生活、篤信と徳行、聖職と世俗とがけっしてひとつに融合しえないというキリスト教全体の運命を詳論する。細谷貞雄・岡崎英輔訳

■四六判■158頁■定価2520円（本体2400円）

エーミル・ブルンナー

キリスト教と文明

存在〈実在〉、真理、時間、意味、宇宙における人間、人間と人間性、正義、自由、創造性など、人間の基本的な諸問題に対してキリスト教が与える解答の思想的な意味を論じた文明論。熊沢義宣訳

■四六判■233頁■定価3150円（本体3000円）

重版にあたり価格が変更になることがありますので，ご了承下さい．　（2004年5月現在）